게임에서
배우는
학습 원리

게임에서
배우는
학습 원리

제임스 폴 지 지음 | 조병영 옮김

사회평론아카데미

감사의 말

이 책을 여섯 살 아들 샘에게 바친다. 처음에는 샘에게 컴퓨터 게임을 가르쳐 주려고 했지만, 결국에는 샘이 나에게 게임을 가르쳐 주었다. 더 나아가 샘은 나에게 게임하는 법을 배우고 게임하는 것을 진지하게 받아들이면서도 항상 재미있게 하라고 가르쳐 주었다. 다음으로 이 책을 스물두 살 아들 저스틴에게도 바친다. 저스틴은 어릴 때 컴퓨터나 비디오 게임을 많이 하지 않았지만, 오락실에 갈 때마다 나를 철저히 이겼다. 초기 스타워즈에 대한 저스틴의 열정은 나의 첫 번째 안내자였고, 샘의 포켓몬에 대한 열정은 나의 두 번째 안내자였다. 사람들은 자신이 동질감을 느끼는 대중문화를 선택하고 종종 자기 나름대로 대중문화를 변형하고자 하는데, 샘과 저스틴의 열정은 나에게 사람들이 바로 이런 '대중문화'를 강력하고 창의적인 방식으로 학습할 수 있음을 알려 주었다. 마지막으로 컴퓨터와 비디오 게임을 하는 아이들, 청소년들, 그리고 나의 일란성 쌍둥이 형제와 지금은 나 자신을 포함한 네오테닉 성인들이 나의 세 번째 안내자가 되어 주었다.

엄밀히 말해 이 책은 게임에 관한 것이 아니다. 이 책은 학교 이야기다. 질문은 간단하다.

우리 아이들이 게임을 할 때만큼 진지하게 학교에서 공부할 수 있다면 얼마나 좋을까?

어른 아이 할 것 없이 게임을 좋아하는 사람들은 꽤나 긴 시간, 적지 않은 노력을 들여 게임을 즐기고 한 번쯤 끝을 본다. 하지만 학교에서 우리는 쉬이 지치고 지루해하며, 자주 우리가 배우는 것들에 대한 반복된 회의감으로 기억한다. 왜 우리에게 학교는 게임만큼 즐겁지 않은 걸까? 게임하는 시간은 아깝지 않은데, 학교에 머무는 시간은 왜 쓸모없게 느껴지는 걸까? 게임 내용은 술술 기억해 말하지만, 학교에서 배운 건 까맣게 잊어버리는 이유가 뭘까? 게임과 학교에서 각각 우리가 어떻게 배우는지 비교해 보면 어렵지 않게 대답의 실마리를 찾을 수 있다.

- 학교에서는 혼자 배우기 어렵지만, 게임은 스스로 배울 수 있다.
- 학교에서는 실패하면 끝이지만, 게임에서는 실패가 성공의 어

머니다.

- 학교에서는 주어진 내용을 기억해야 하지만, 게임에서는 실천적 문제 해결에 참여한다.
- 학교에서는 안간힘을 다해 성공해야 하지만, 게임에서는 기분 좋은 좌절을 통해 성장한다.

특별히 이 책은 '좋은' 게임에 집중한다. 좋은 게임에서 플레이어는 중요한 문제를 발견하고 탐구하며, 게임 세계의 타인(혹은 게임 캐릭터)과 기술, 자원, 환경, 공동체와 유연하게 상호작용하면서 '게임의 법칙'을 배워 나간다. 게임에 내장된 학습 원리의 도움으로 플레이어가 점진적인 성공과 효능감을 경험하여 비로소 게임의 승리자가 될 때, 이제 그들은 미래의 결코 쉽지 않을 일에서조차 '이 정도는 할 수 있을 것 같아!'라고 말할 수 있는 좋은 학습자, 주도적 학습자가 된다. 놀랍게도(아니, 당연하게도!) 우리 아이들은 이 모든 과정을 몸소 체험하기 위해 아낌없이 시간과 노력을 투자한다.

좋은 교육은 아이들이 '알아서' 생각하고 공부하게 풀어둠으로써 단지 그들을 '현실 세계의 자비'에만 맡기지 않는다. 마찬가지로 게임은 플레이어가 스스로 게임의 법칙을 배워 나갈 수 있도록 여러 장치를 동원하여 맥락화된 배움의 경험으로 그들을 초대한다. 이런 점에서 좋은 게임은 배움(게임하기)과 배우는 사람(플레이어)에 관한 깊은 이해를 바탕으로 정교하게 만들어진 하나의 온전한 '디자인'이다. 우리는 마치 좋은 게임에서처럼 효과적인 학습원리를 맥락과 목적에 맞게 조직하여 우리 아이들이 최선의 학습경험을 만끽할 수 있도록 책무성을 갖고서 좋은 교육을 설계할 필요가 있다.

대중 학술정보 데이터베이스인 구글스칼라에 따르면, 이 책은 2024년 7월 30일 현재 19,026회 인용되었다. 이 책은 게임과 교육, 게이미피케이션, 게임 기반 학습을 포함한 인지과학, 학습과학, 리터러시 분야에서 다양하게 학술적 가치를 인정받고 있다. 저자인 제임스 폴 지 교수는 저명한 언어학자이자 학습과학자로, 멀티리터러시 선언으로 익히 잘 알려진 뉴런던그룹(New London Group)의 핵심 멤버다. 그에게 리터러시, 즉 읽고 쓰는 일은 사회적 실천이며 존재 양식이다. 그래서 이 책에는 학습과학, 인지과학, 언어학 및 리터러시 분야에서 그동안 논의된 사회문화적 관점이 깊게 배어 있다.

옮긴이는 리터러시 연구자로서 이 책을 공부하면서 여러 사람과 함께 나누고 싶었다. 먼저 이 책이 게임을 즐기는 많은 대중에게 자신의 '게임하기'를 학습의 관점에서 조금 진지하게 되돌아볼 기회가 되면 좋겠다(내가 게임하면서 정말 이렇게 배우고 있었던 거야?). 물론 이 책에 등장하는 구식 게임이나 이미 사라진 게임을 여러분이 즐기는 최신 게임으로 바꾸어 본다면 책 읽기에 더욱 재

있게 몰입할 수 있을 듯하다. 게임을 잘 몰라도 리터러시와 학습이라는 주제에 관심 많은 이들에게는 이 책이 어렵고 딱딱한 이론을 흥미로운 예로 풀어낸 친절한 교재가 되기를 바란다. 이 책이 머리를 쥐어짜 읽어야 하는 난해한 논문 못지않게 견고한 이론적 관점과 견해를 여러분에게 쉽게 소개해 줄 것으로 생각한다. 마지막으로 학교 또는 교육에 종사하거나 이에 관계된 모든 어른들(교사, 학부모부터 양육자, 시민, 교육정책가에 이르기까지)에게 이 책을 권한다. 좋은 게임에 숨겨진 36가지 리터러시 학습의 원리를 읽은 후, 우리 스스로 학교의 한계를 재치 있게 들추어 내고 사람들 앞에서 넌지시 새로운 교육을 제안해 보는 일에 나서 보면 어떨까. 이 책이 '가고 싶은 학교, 배움이 일어나는 교실, 사회적 정신이 자라는 교육'을 생각하게 되는 신선한 자극이 되길 기대한다.

행당산 연구실에서
옮긴이 조병영

차례

01

리터러시 학습의 원리

: 게임에서 배우다

게임과 학습

자! 비디오 게임에 대해 이야기해 보자. 비디오 게임이라고 하면 먼저 폭력성이라는 말이 떠오르겠지만, 이 책에서 나는 '좋은 비디오 게임'이 지닌 제법 긍정적인 측면들을 이야기하고 싶다. 특히 게임 플레이어가 가상 캐릭터로 분하여 정교하게 설계된 게임 속 세계를 누비면서 갖가지 난해한 문제들을 해결하는 비디오 게임, 군대나 도시 심지어 인간 문명과 같은 복잡한 사회 시스템을 직접 설계하고 운영해야 하는 게임들을 살펴볼 것이다. 소니 플레이스테이션, 닌텐도 게임큐브와 닌텐도 위, 마이크로소프트 엑스박스와 엑스박스 360 같은 게임 플랫폼으로 할 수 있는 게임뿐만 아니라 가정용 컴퓨터로 즐길 수 있는 게임도 다룬다.

나는 1948년생이다. 이런 내가 도대체 비디오 게임으로 무엇

파자마 샘 평범한 소년 샘은 빨간 망토의 도움으로 슈퍼히어로 파자마 샘으로 변한다. 파자마 샘: 어둠을 잡아라에서 파자마 샘은 자신의 두려움에 맞서기 위해 어둠의 땅(샘의 옷장)으로 여행을 떠난다.

을 할 수 있단 말인가? 더군다나 이런 내가 비디오 게임에 관한 책을 쓴다는 것이 말이나 되는 걸까? 하지만 그 대답은 이렇게 시작된다. 이제 11살이 된 내 아들 샘은 꽤 어렸을 때부터 위니 더 푸를 시작으로 프레디 피쉬, 파자마 샘, 스파이 폭스와 같은 비디오 게임을 즐겼다. 샘이 게임을 할 때면 나는 옆에 앉아서 그의 플레이를 구경하곤 했다. 이건 꽤 흥미로운 일이었다. 한번은 파자마 샘: 어둠을 잡아라라는 게임을 하는 아들을 보면서 왠지 그를 도와주고 싶다는 생각이 들었다. 이 게임에 등장하는 위대한 영웅 '파자마 샘'은 '어둠의 땅'에서 일어나는 온갖 '문제들'을 해결하면서 결국에는 더 이상 그가 어둠을 두려워할 필요가 없다는 사실을 배워 나간다. 파자마 샘에게 닥친 전형적인 문제 상황은 예를 들면 이렇다. 이 게임에 나오는 '말하는 통나무 보트'는 물을 아주 무서워한다. 파자마 샘은 통나무 보트가 물을 무서워하지 않도록 안심시켜야 한다. 그래야만 자유롭게 물 위를 떠다니는 통나무 보트를 타고 자신이 원하는 곳으로 움직일 수 있기 때문이다. 나는 이런 문제 상황에서 아들 샘에게 코치해 줄 요량으로 나 혼자 몰래 이 게임을 해 보기로 했다(사실 샘은 내가 게임하는 법을 코치할 때마다 1달러를 내라고 한다. 그리곤 내가 상전 노릇을 한다면서 "나 혼자서도 할 수 있는데 대체 왜 참견하는 거죠?"라며 핀잔을 준다).

이 비디오 게임은 놀랍게도 나와 같은 어른들에게조차 꽤나 어려울 뿐만 아니라 상당한 양의 시간 투자를 요구한다. 더욱 놀라운 건, 아이들은 이 게임이 부팅되기까지 걸리는 시간을 전혀 아까워하지 않으며, 심지어 게임에서 펼쳐지는 다양한 문제 상황들에 기꺼이 도전한다는 사실이다. 학문적 삶의 후반기를 교육 분야에 몰두해 온 나로서는(전반기에는 언어학 이론에 전념했다.) 비디오 게임을 하면서 '만약 우리 아이들이 학교에서 어려운 자료로 공부할 때에도 이렇게 즐거운 마음으로 기꺼이 많은 시간을 투자할 수 있다면 얼마나 좋을까?'라는 생각을 하지 않을 수 없었다.

나는 어른들도 즐기는 성인용 비디오 게임을 직접 구매해서 시도해 보기로 했다. 여기서 '성인용 게임'이란 십 대 이상을 대상으로 만든 게임을 말한다(사실 비디오 게임 플레이어의 연령대는 세 살 아이부터 노년층에 이르기까지 매우 다양하고, 실제로 게이머의 평균 연령은 30세 정도라고 한다). 이때만 해도 나는 비디오 게임에 대해 아는 것이 거의 없어서 무작정 뉴 어드벤처 오브 타임머신이라는 게임을 고르고 말았다. 이 게임은 허버트 조지 웰스의 소설을 기반으로 짜릿한 모험뿐만 아니라 문제 해결이나 총 쏘기 등의 요소를 골고루 담고 있었다. 다른 비디오 게임처럼 타임머신도 제대로 하려면 상당히 많은 시간을 들여야 했다. 괜찮은 비디오 게임들이 그렇듯이, 아무리 게임을 잘하는 플레이어라도 적어도 30분, 많게는 100분 이상의 시간을 투자해야만 이 게임에서 승리할 수 있었다. 그러니 내게 이 게임은 너무 어려울 수밖에 없었다.

사실 이 지점에서 나는 비디오 게임에 관한 첫 번째 깨달음을 얻었다. 나중에야 이 깨달음이 다른 비디오 게임에도 적용된다는 걸 알았지만, 정말이지 이 타임머신을 하는 동안 나는 전혀 익숙하지 않은 방식으로 생각하고 배우는 완전히 '새로운' 플레이어가 되어야만 했다. 지금까지 살아오면서 공부 잘한다는 칭찬을 자주 들었지만, 그동안 내 몸에 배어 있던 베이비 붐 세대의 학습 방식과 사고방식이 이 게임에서는 전혀 먹혀들지 않았기 때문이었다.

비디오 게임에 관한 두 번째 깨달음은 여덟 시간 연속으로 타임머신을 하고 난 뒤에 참석한 어느 저녁 모임에서 내내 그 게임에 대해 떠들고 있던 나 자신을 발견한 순간에 찾아왔다. 종일 스크린을 너무 많이 쳐다봐서 머리가 깨질 듯 아팠는데도 나는 130kg 덩치의 플라스마 물리학자 옆에 앉아서 타임머신이 '삶을 풍요롭게 만드는 경험'이라는 말을 무슨 뜻인지도 모른 채 설파하고 있었다. 다행히도 플라스마 물리학자들은 대체로 다양한 인간 유형에 매우 관대한 편이다(그도 말했지만, 물리학자들이 다루는 플라스마란 피에서 얻은 혈장이 아니라 실은 물질의 상태를 의미한다. 내가 그에게 오늘 모임에 왜 아무것도 가져오지 않았냐고 물었을 때, 그는 플라스마는 너무 불안정하고 위험한 물질이라 만일 그걸 가져왔다면 파티를 열지 못했을 것이라고 대답했다).

나는 이렇게 비디오 게임을 하면서 새로운 방식으로 생각하고 배우는 일에서 좌절감도 맛봤지만, 그건 분명히 삶을 풍요롭게 만드는 매우 낯선 경험이었다. 그리고 이건 내가 대학원생일 때 그리고 학자 생활 초반에 연구 분야를 바꿨을 때 겪었던 새로운 경험과 꽤 많이 닮아 있었다. 그저 내가 오랫동안 특정한 방식으로 생각하고 배우는 일에 지나치게 익숙해진 나머지 이런 독특한 경험이 주는 느낌을 까맣게 잊고 있었을 뿐이었다. 이제야 배움이란 좌절감을 주기도 하지만 동시에 삶을 발전시키는 것이어야 한다는 뼈저린 깨달음을 얻게 된 것이다. 나는 이런 종류의 경험을 '즐거운 좌절'이라고 부르고 싶다. '어려운 것을 배우는 일이 삶을 풍요롭게 만든다'는 경험은 우리가 간단하고 쉬운 것만 배우는 일에 매몰되지 않게 도와준다.

앞의 두 가지 깨달음은 이제 세 번째 깨달음으로 이어진다. 나는 타임머신을 정복한 후, 여러 인터넷 사이트에서 올해의 게임으로 선정된 데이어스 엑스를 하기 시작했다. 데이어스 엑스는 타임머신보다 훨씬 더 길고 어려웠기 때문에 '도대체 왜 이렇게 어렵고 오래 걸리는 게임이 그렇게 잘 팔리는 거지?'라고 스스로 묻지 않을 수 없었다. 물론 얼마 지나지 않아 좋은 비디오 게임은 길이와 난도에 상관없이 몇백만 개씩 팔린다는 사실을 알게 되었지만 말이다.

가령 여러분 앞에 매우 길고 어려우며 도전적인 게임이 있다고 치자. 그런데 만일 당신이 이 게임을 어떻게 해야 하는지 전혀 알 길이 없다면, 당연하게도 그 게임을 즐길 수 없을 것이다. 아무도 할 수 없는 게임이라면 팔리지 않을 것이고, 결국 게임 회사도 파산하게 될 것이다. 물론 게임 개발자가 애초에 비디오 게임을 좀 더 짧고 좀 더 간단하게 만들 수도 있다. 이건 마치 우리의 학교가 학생들이 배워야 할 커리큘럼을 짧고 간단하게 만들려는 노력과 매우 비슷하다. 하지만 진지한 게이머들은 그렇게 짧고 쉬운 게임을 결코 받아들이지 않는다. 따라서 개발자는 복잡하고 어려운 게임을 만들면서도, 동시에 게이머들이 그걸 잘 배울 수 있도록 여러 가지 장치를 마련해야 한다. 그렇다면 어떻게 이런 일이 가능할까?

생각해 보면 비디오 게임의 설계 과정도 다윈의 진화론을 따른다. 이유를 불문하고 게임 디자인이 '좋은 학습 원리'를 갖추었다면, 다시 말해 게임 자체가 사람들이 게임을 잘 배울 수 있도록 안내하고 촉진할 수 있다면, 그 게임은 많은 이들이 즐기는 꽤 잘 팔리는 게임이 될 것이다. 다른 게임을 설계할 때도 이런 학습 원리에 기초한다면 한 단계 발전된 게임이 될 수 있다. 반대로 게임이 형편없는 학습 원리로 설계되었다면, 그 게임은 배우기도 즐기기도 어렵고 잘 팔리지도 않는 물건이 될 수밖에 없다. 게임이 좋은 학습 원리를 갖춘 것은 칼 마르크스가 말한 '자본주의적 창조성' 때문이겠지만, 결국 좋은 비디오 게임이 지닌 학습 디자인을 분석해 보면, 어떻게 학습자가 어렵고 도전적인 것들을 효과적으로 배울 수 있도록 양질의 학습 경험을 제공할 수 있을지에 관해 중요한 통찰을 얻을 수 있을 것이다.

그래서 좋은 비디오 게임이 지닌 학습 원리를 따져보는 일은 매우 흥미롭다. 플레이어가 게임 방법을 학습하도록 자체적으로 촉진하는 좋은 비디오 게임, 길고 어려워도 사람들이 몰입해서 즐길 수 있는 게임을 어떻게 설계할 수 있을까? 우리가 이 질문을 통해서 탐구하고자 하는 것은 바로 좋은 비디오 게임에 내재된 '학습 원리'다. 그리고 이 학습 원리는 비디오 게임의 디자인에서뿐만 아니라 그 게임을 즐기는 게이머들과 게임 커뮤니티를 통해서도 관찰된다. 물론 학문의 영역에도 인간이 가장 잘 배우는 법에 관해 연구하는 분야가 있다. 인지과학과 그 하위 분야인 학습과학이 그렇다. 그래서 '좋은 비디오 게임의 학습 이론'을 '인지과학의 학습 이론'과 비교해 볼 수도 있다. 그렇다면 둘 중 어느 것이 최적의 학습 이론을 제공할까? 좋은 비디오 게임에서 관찰되는 학습 이론은 인지과학이 이룩한 최신 학습 이론에 상당히 근접해 있다. 어떻게 이런 일이 가능할까? 비디오 게임 개발자들이 학습 이론서를 밤낮으로 섭렵했기 때문은 아니다.

'학교'는 배움이 일어나는 유일한 공간은 아니지만, 핵심적인 공간임은 분명하다. 그렇다면 좋은 비디오 게임의 학습 이론은 정규 학교에서 경험하는 학습 방식과 어떤 점에서 같고 어떤 점에서 다를까? '좋은 비디오 게임'의 학습 이론은 오늘날 학교에서 추구하는 '최신 과학 수업'의 학습 원리와 잘 맞아떨어진다. 좋은 수업은 전략적 사고와 문제 해결 과정을 강조하고, 대개는 협력적으로 이루어진다. 그런데 이런 양질의 과학 수업은 원래 드물기도 했지만, 단순 기능의 반복 훈련과 시험이 우리의 학교를 점령하면서부터는 점점 더 찾아보기 힘들어졌다. 앞으로 살펴보겠지만, 안타깝게도 오늘날 우리가 학교에서 발견할 수 있는 학습 이론은 좋은 비디오 게임이 지닌 학습 이론과는 꽤나 동떨어져 있다.

좋은 비디오 게임에 반영된 학습 원리가 정말 좋은 것이라고 가정한다면, 우리 아이들이 매일 다니는 학교보다 비디오 게임이 실은 더 나은 학습 이론을 갖추고 있다고도 말할 수 있다. 또한 학교에서 접하는 학습 이론이나 경험보다도 좋은 비디오 게임에 내재된 학습 이론이 오히려 어린이와 청소년들이 실제 살아가는 첨단 기술의 글로벌 세상에서 더욱 적합한 것일지도 모른다. 지금 우리가 살아가는 세상은 나와 같은 베이비 붐 세대가 자신들만의 이론에 기대어 발전시켜 온 세상과는 판이하다. 이렇게 본다면, 좋은 학생이든 나쁜 학생이든, 부유한 학생이든 가난한 학생이든 상관없이 우리 아이들이 학교를 그다지 좋아하지 않는 현실이 과연 놀라운 일일까?

읽기와 생각하기

본격적으로 비디오 게임에 대해서 이야기하기 전에 나의 연구 작업에 대해서 잠깐 언급하고 싶다. 나는 언어, 학습, 리터러시에 관심이 있는 언어학자다. 나는『사회 언어학과 서로 다른 리터러시』,『사회적 정신』이라는 두 권의 저서에서 리터러시와 사고가 한 개인의 정신적 성취이기도 하지만, 보다 근본적으로는 실제 벌어지는 사회적이고 문화적인 성취라고 주장한 바 있다. 우리가 '읽는다'고 말할 때, 그것은 늘 '특정한 방식'으로 무언가를 읽는다는 것을 의미한다. 우리는 결코 그저 '일반적인 방식'으로 읽지 않는다. 예를 들어 우리는 기독교 성경을 하나의 역사서나 문학 작품으로 읽기도 하지만, 자기계발서나 기타 다른 방식으로도 읽을 수 있다. 법률 문서, 만화책, 수필, 소설 등과 같은 텍스트도 마찬가지다. 우리는 다양한 유형의 텍스트를 저마다 특정한 방식으로 읽고 해석한다.

'사고'에 관한 생각도 '읽기'에 관한 주장과 다르지 않다. 우리가 '생각한다'고 말할 때 그것은 언제나 구체적인 방식으로 무언가를 생각하는 것이다. 이때 생각의 내용이 특별하지 않더라도, 결코 우리는 그것을 '일반적'인 방식으로 생각하지는 않는다. 가령 신념을 추구하려고 폭탄을 터트리고 자신의 목숨을 버리는 사람들을 볼 때, 우리는 그들을 살인자, 테러리스트, 자유 투사, 영웅, 정신병자 등 다양한 방식으로 바라본다. 우리가 여러 유형의 텍스트를 꽤 다르게 읽는 것처럼, 사람과 세상에 대해서도 꽤 다른 방식으로 읽고 생각한다.

그렇다면 무엇이 우리가 읽고 생각하는 방식을 결정할까? 읽고 생각하는 법을 결정하는 것은 성경 연구자, 진보적 변호사, 평화 활동가, 가족 구성원, 민족 결사체 동지나 교회의 신자 등 특정한 사회·문화적 집단에 소속된 구성원들과의 상호작용, 즉 '타인들과의 경험'이다. 이러한 집단은 그 집단에 소속된 구성원들이 '사회적 실천'으로서 텍스트와 세상사를 특정한 방식으로 읽고 생각하게 만든다.

그럼 우리에게는 원하는 대로 읽고 생각할 '자유'가 없다는 말일까? 그렇지 않다. 언제나 우리는 거리낌 없이 새로운 사람, 새로운 집단에 맞춰 스스로를 조율할 수 있다. 하지만 이는 우리가 어떤 집단의 외부자일 때 그 집단에 어울리는 방식으로 읽고 생각하기 어렵다는 것을 뜻하기도 한다. 다시 말해 우리는 어떤 텍스트나 세상사에 '사적 의미'를 부여할 수 없다. 이때 사적 의미란 오직 당사자에게만 통하는 것이다. 마치 누구와도 소통하지 않는 사회적 은둔자가 남들과 함께하지 않고서는 자신의 기억을 확인할 수 없는 것처럼, 사적 의미란 당신이 같은 것을 읽거나 생각하더라도 때때로 정확하게 기억하는지조차 확신할 수 없는 것이다. 철학자인 비트겐슈타인은 이미 오래전에 '사적 언어'가 불가능함을 논증한 바 있다. 이에 따르면 사적 언어가 없기에 '사적 정신'도 없는 것이다.

그런데 이런 주장이 마치 우리가 읽고 생각하는 방식에 따라 결정된 의미가 무엇이든 상관없다거나, 또는 어떤 의미도 진실일 수 없다고 말하는 것일까? 당연히 그렇지 않다. 다만 인간이 어떤 일을 할 때는 반드시 목적을 갖기 마련인데, 이때 특정 집단이 읽고 생각하는 방식이 다른 집단의 그것보다 그 목적을 달성하는 데 좀 더 효과적이라는 점에 주목해야 한다. 예컨대 당신이 멈춰 있는 차를 땀이 뚝뚝 떨어질 때까지 열심히 밀었다 하더라도 결과적으로 그 차가 전혀 움직이지 않았다면, 물리학 세계를 살아가는 물리학자들의 어법으로 볼 때 당신은 '일'을 하지 않은 것이다. 반면에 평범한 사람들의 일상 세계에서 살아가는 당신에게 그건 정말 열심히 일한 것이 된다. 이 두 가지 일의 의미 중 어떤 것도 옳거나 그르지 않다. 왜냐하면 각각의 의미가 서로 다른 사회적 세계에 속해 있기 때문이다. 하지만 좋든 싫든 물리학을 공부하고 싶다면 물리학자의 방식대로 '일'이라는 말을 사용하는 것이 최선이다. 그리고 이런 목적이라면 물리학자들이 '옳은' 것이다.

읽는다는 것과 생각한다는 것은 사회적 집단과 결부되어 있다. 이것이 우리가 서로 다른 집단의 구성원으로서(또는 마치 그 구성원이었던 것처럼) 읽고 생각할 때 그만큼 서로 다르게 읽고 생각하게 되는 이유다. 나는 지금까지의 다양한 소속과 경험 덕분에 기독교 성경을 신학이나 문학으로 읽는 것과 한껏 고양된 의구심을 가지고 성경을 읽는 것 사이에 어떤 차이가 있는지 잘 알고 있다. 특정하게 읽고 생각하는 방식은 사실 특정하게 세상에 존재하는 방식, 특정한 사람이 되는 방식, 특정한 정체성을 취하는 방식이다. 그런 의미에서 우리 개개인은 여러 정체성을 함께 가지고 있다. 성직자는 성경을 읽을 때 대개 성직자로서의 정체성에 특권을 부여하겠지만, 심지어 그들도 평론가로서, 역사가로서, 남성으로서 또는 흑인으로서 성경을 읽을 수 있다.

이런 점에서 게이머로서 읽고 생각한다는 것 또한 새롭게 설명할 수 있다. 가령 우리의 삶은 마치 월드 오브 워크래프트와 같은 대규모 다중 사용자 온라인 게임처럼 작동한다. 이런 비디오 게임에서 플레이어는 정체성을 여러 가지로 실현할 수 있는데(가령 여성 나이트 엘프 사제 또는 남성 타우렌 전사), 이 복합적 정체성은 플레이어가 지닌 현실 세계의 가치와 욕구, 게임 속에서 캐릭터를 더 훌륭하게 계발하는 데 필요한 기술, 가상 현실에서 만나는 게임 캐릭터라는 세 가지 요소 사이의 상호작용이 낳은 결과물이다. 이런 역동적인 상호작용 과정을 통해서 플레이어의 생각과 해석이 반영된 특정한 '관점'이 만들어진다. 이때 캐릭터(혹은 정체성)가 달라지면 (가상) 세계를 바라보고 느끼며 그것과 상호작용하는 방식도 달라진다. 나는 여성 나이트 엘프 사제, 남성 나이트 엘프 사냥꾼, 남성 타우렌 주술사 캐릭터로 게임을 해 봤는데, 그때마다 형성된 새로운 정체성에 따라 워크래프트의 (가상적 그리고 사회적) 세계를 각기 다른 방식으로 해석하고 대처해야만 했다.

나의 아들 샘 덕분에 비디오 게임을 시작하고 게임에 대해 생각하게 되면서, 나는 비디오 게임이 읽기와 사고의 '학습'을 설명하는 탁월한 방법일 수 있음을 깨달았다. 읽기나 생각하기와 마찬가지로 배움이라는 것은 일반적인 것이 아니라 구체적인 것이며, 사적 행위를 넘어서는 사회적 행위다. 학습의 구체성 측면에서 볼 때, 비디오 게임이 주는 교훈은 바로 '좋은 게임은 플레이어가 스스로 게임 방법을 배우게 하고 이를 비슷한 종류의 다른 게임에 적용하여 일반화할 수 있게 도와준다'는 것이다. 그래서 나는 모든 학습이 바로 '게임의 규칙과 방법'을 배우는 것이라고 주장한다. 예를 들어 문학 비평과 현장 생물학은 서로 다른 규칙에 따라 수행되는 서로 다른 '게임'이다. 이들은 다른 가치, 도구, 행동, 사고방식을 요구하는 활동이자, 다른 목표와 '승리' 요건을 가진 영역이다. 따라서 어느 영역이든 심층적으로 학습한다는 건 '게임하는' 방법을 배운다는 것이며, 적어도 우리는 배운다는 것이 일종의 '게임'이라는 점을 이해해야만 한다.

실제로 사회적 측면에서 볼 때, 비디오 게이머들은 능동적으로 다른 게이머들과 협력하거나 관련 게임 사이트의 구성원들과 적극적으로 상호작용한다. 그리고 게임을 제대로 배운 '게이머'가 되기 위해서는 게임에 필요한 자원을 적극적으로 구하고 활용할 수 있어야 한다는 사실을 너무도 잘 알고 있다. 가령 비디오 게임 전략 가이드, 단축키 사용법, 게임 개조법, 게임 정보 잡지, 게임 리뷰 사이트, 랜선 파티(온라인상의 파티), 심지어는 포켓몬 비법을 거래하는 학교 운동장도 이에 포함된다. 많은 젊은이가 게임 플레이를 거의 완벽한 형태의 사회적 활동으로 여기며, 비록 그 양상은 다양하겠지만 대체로 '멀티플레이어'라는 게임 설정을 선호한다(심지어 싱글플레이어 게임에서 앞뒤 사람이 컨트롤러를 주고받는 것까지도 포함하여).

여기서 잠깐 비디오 게임의 사회적 본질을 이야기해 보자. 나는 굳이 베이비 붐 세대에게 비디오 게임을 하라고 섣불리 권하고 싶지 않다. 대부분의 비디오 게임이 매우 어렵기 때문이기도 하지만,

새로운 환경에서 자신의 경직된 학습 근육에 맞설 의지가 없는 사람들은 상당한 좌절감을 맛볼 수도 있기 때문이다. 어떤 사람들은 이런 내 이야기를 듣고서도 섣불리 생애 첫 비디오 게임을 시도하기도 한다(사실 요즘엔 나이 많은 게이머가 점점 늘어나는 추세다). 실제로 내 주변에 비디오 게임 때문에 심각한 좌절감을 호소한 이가 있었다. 그에 의하면, 진지한 게이머인 21살짜리 아들이 자신의 방에 들어와서 "무슨 일 있어요?"라고 물었다고 한다. 그래서 그가 "이 빌어먹을 비디오 게임 좀 배워 보려고."라고 했더니, 그 아들이 이렇게 반응했다고 한다. "아무리 그래도 그렇지, 왜 이런 걸 혼자 하려고 하세요?" 이 대화에서 여러분은 게임뿐만 아니라 게이머에게도 내재화된 괜찮은 학습 원리 하나를 발견했을 것이다.

이 책에 대하여

이 책은 좋은 비디오 게임에 적용된 36가지 학습 원리를 설명한다(각 장 뒤에는 개별적으로, 마지막 부록에는 종합적으로 이 원리들이 나열되어 있다). 아울러 리터러시 학습을 이해하는 세 가지 중요한 연구 분야를 독자들에게 소개하고, 이들 분야를 서로 연관 지으면서 비디오 게임에 대해 논의하려 한다. 가장 먼저 소개할 분야는 '상황 인지'에 관한 연구인데, 상황 인지는 인간의 사고가 생활세계의 경험을 담고 있는 몸과 하나로 묶여 있다고 가정한다. 이 분야의 연구들은 인간의 학습이 한 사람의 머릿속에서 일어나는 문제이기도 하지만, 이러한 정신 과정이 물질적, 사회적, 문화적 세계 안에서 완전히 맥락화된다는 점을 강조한다.

또 다른 분야는 이른바 '뉴리터러시 연구'이다. 뉴리터러시를 연구해 온 학자들은 읽기와 쓰기가 사람들의 머릿속에서 이루어지는 정신적 성취일 뿐만 아니라 경제적, 역사적, 정치적 함의를 지닌 사회적이고 문화적인 실천으로 간주되어야 한다고 주장한다.

마지막으로 소개할 연구 분야는 인간이 강력한 '패턴 인식자(어지러운 현상 속에서 일련의 규칙적 패턴을 지각하고 파악하는 사람)'라는 점을 강조하는 이른바 '연결주의' 관점을 견지한다. 인간은 자신의 경험과 동떨어진 기계적이고 일반적이며 추상적인 학습 원리에 따라서 의미를 구성하고 사유하는 일에 최적화되어 있지 않다. 오히려 인간은 실제 경험을 통해서 지각하고 선택한 일련의 규칙성이나 유형적 이치를 따질 때 가장 잘 사유할 수 있다. 물론 이렇게 인지한 패턴이 시간이 지남에 따라 일반화되기도 하지만, 실제적인 학습의 경험이 본래 특정 영역에 깊게 뿌리를 두고 있다는 사실은 부정할 수 없다.

상황 인지, 뉴리터러시 연구, 패턴 인식이라는 세 가지 연구 분야 중 어느 것도 보편적으로 합의된 관점을 보여 주지는 못한다. 또한 이들 분야를 소개하기 위해 비디오 게임을 활용하는 나의 설명 역시 매우 선택적이고 제한적일 수밖에 없다. 그러므로 이 분야에 낯선 독자들은 내가 하는 설명의 큰 그림만을 포착하는 것으로도 충분하다. 반면에 이 분야의 지식을 갖추고 있는 독자라면, 내가 각 연구 분야의 모든 관점을 섭렵하기보다는 그것에 기반하여 '나만의 관점'을 발전시키고 있음을 금방 이해할 것이다. 그래도 나는 세 가지 연구 분야가 인간의 정신과 사고, 학습에 관한 핵심 원리를 타당하게 잡아내고 있으며, 우리가 좋은 비디오 게임을 배우고 즐기는 방식이 이러한 원리를 잘 보여 줄 수 있다고 믿는다.

오늘날 학교에서 진정한 학습 원리를 찾아보기란 쉽지 않다. 그래서 이 책은 학교에 관한 것이며, 더 나은 학습 원리를 근거로 새롭게 학교 교육을 만들어 나가자는 일종의 호소문이다. 학교 교육이 채택해야 할 중요한 학습 원리를 인지과학처럼 따분한 이름의 연구 분야가 아니라 비디오 게임에서 배울 수 있다면, 우리는 기꺼이 그것을 배워야 하지 않겠는가?

폭력성과 젠더의 문제

몇 가지 짧은 논의로 이 장을 마무리하려고 한다. 첫째, 이 책이 비디오 게임에 관해 많은 내용을 다루고 있긴 하지만, 사실 나의 진짜 의도는 비디오 게임이 가진 잠재성을 논의하려는 것에 있다.

비디오 게임은 끊임없이 빠른 속도로 정교하게 진화한다. 내가 이 책에서 논의할 것들도 비디오 게임이 발전하면 할수록 더욱 진실에 가까워질 것이다. 이 책에서 언급한 모든 게임이 어떤 플레이어들에게는 구식이 될 것이기에, 그들이 최신 게임을 대신 적용하여 이 책을 읽을 것이라는 점은 그나마 다행이 아닐 수 없다.

둘째, 나는 많은 독자가 이 책에서 다루는 특정 비디오 게임을 지금 하고 있지 않거나 전혀 해 본 적이 없다는 점을 잘 알고 있다. 따라서 특정 비디오 게임에 대해서 가능하다면 정확하고 명쾌하게 설명하여 독자들이 이 책에서 말하고자 하는 바를 큰 틀에서 이해할 수 있게 돕고자 한다. 다양한 종류의 비디오 게임을 자세하게 살펴보길 원하거나 게임의 이미지와 설명을 다운로드 받아서 참고하려는 독자들은 해당 비디오 게임을 다룬 인터넷 사이트에 접속해 보기를 적극 권한다.

셋째, 이 책은 나처럼 '늙은' 베이비 붐 세대에게 지금 당장 비디오 게임을 시작하라고 요구하지 않는다. 하지만 나는 기성세대가 비디오 게임을 즐기는 젊은이들과 그들의 게임을 진지하게 받아들일 때 실로 많은 것들을 배울 수 있다고 생각한다. 실제로 다문화주의를 지향하는 진보주의자들을 포함하여 정말 많은 사람이 비디오 게임과 같은 대중문화 현상을 단지 '또래 문화'라고 말하면서 관습적으로 비난하고 무시하기도 하는데, 나는 그런 모습을 보면서 항상 놀라곤 한다. 특히 다문화주의자의 입장에서 보자면, 실제로 모

심즈 플레이어는 자신만의 심(캐릭터)을 생성하고, 캐릭터를 조작하며 캐릭터의 생활을 관리하고, 욕구를 충족시켜야 한다. 또한 자신의 다른 심과 교류하면서 실제 인생의 여러 장면을 체험해 간다.

든 인종 집단과 사회 계층의 구성원들이 비디오 게임을 하고 있으며 점점 더 많은 여성이 일상적으로 게임을 즐긴다는 사실을 언급하지 않을 수 없다. 한 예로, 세계 최고의 베스트셀러 비디오 게임 중 하나인 심즈의 주 사용자는 여성 청소년과 성인 여성이다.

마지막으로 비디오 게임에 관한 글 대부분이 '폭력성'과 '젠더'라는 두 가지 문제에 집중한다는 점은 꽤 중요하다(가령 여성 청소년이 왜 게임을 하는지, 얼마나 하는지, 어떤 식으로 비디오 게임이 여성을 묘사하고 왜곡하는지 등). 그러나 이 책에서는 이런 문제들에 집중하지 않는다. 이미 다른 곳에서 폭력성과 젠더 문제에 관하여 활발한 논의가 이루어져 왔고, 실제로 학습과 관련된 내용을 제대로 다루면서 동시에 이 문제를 깊게 들여다보기에는 지면이 턱없이 부족하기 때문이다.

그럼에도 불구하고 비디오 게임의 폭력성과 젠더 문제에 대한 나의 생각을 짧게 정리하면 다음과 같다. 먼저 폭력성에 대해 말하자면, 비디오 게임을 한 후에 굉음 장치의 단추를 누르는 실험에서 캐슬 울펜슈타인과 같은 구식 잠입 탈출 게임을 한 사람이 미스트와 같이 정교한 어드벤처 게임을 한 사람보다 평균적으로 0.21초 더 길게 굉음 단추를 눌러 경쟁자를 이겼다고 한다. 또한 비디오 게임을 끝낸 직후 어린이들이 짧은 시간 동안 격분한다는 것은 분명해 보이지만, 이런 결과는 비디오 게임이 아닌 슈퍼히어로 흉내 놀이에서도 마찬가지로 관찰된다. 슈퍼히어로 셔츠를 금지한 학교가 상당히 많다는 사실에서 확인할 수 있듯이 말이다. 일부 상반되는 주장들이 있긴 하지만, 비디오 게임이 사용자의 공격성에 미치는 영향이 텔레비전의 영향보다 작다는 사실은 공격성과 비디오 게임 간에 특별한 상호작용이 있을 것이라는 주장에 의구심을 품게 한다. 물론, 앞으로 진행될 연구에서도 이에 대한 찬반양론을 뒷받침하는 추가 정보를 도출하지 못할 것이라는 의미는 아니다.

직접적이든 간접적이든 지금까지 진행된 어떤 연구에서도 비디오 게임이 예측할 수 있는 방식으로 현실 세계에서 폭력을 유발한다고 설명하지 않는다. 이미 많은 사람이 알고 있듯이, 보수 정치인들과 정책 입안자들은 자신들의 정책 효과를 생색내기 위한 지표로서 비디오 게임의 폭력성을 지적해 왔지만, 실제로 모탈 컴뱃이나 둠, 퀘이크와 같은 폭력적 비디오 게임이 출시된 1990년대 초 이후 폭력 범죄는 오히려 현저히 감소 추세를 보였다. 요컨대 폭력적 비디오 게임을 하는 것이 실제 폭력 사건의 통계적 증가로 이어진다면, 매년 폭력적 게임을 하도록 수천 명의 게이머들을 끌어들이는 '퀘이크콘' 이벤트가 벌어진 다음에는 반드시 폭력 범죄가 증가한다는 사실을 확인할 수 있어야 할 것이다. 그러나 지금까지 아무도 이런 추이를 관찰하지는 못했다. 반면에 일부 연구자들은 비디오 게임이 폭력성과 관련하여 오히려 유익한 측면이 있다고도 주장한다. 청소년들은 폭력적 게임을 분노 감정을 관리하기 위한 도구로 쓰거나 혼자서는 조절하기 어려운 감정의 배출구로 사용하기도 한다.

　비디오 게임의 폭력성 문제는 다소 과장되어 있다. 더군다나 주기적으로 발발하는 전쟁에서 수많은 사람이 죽어 나가고, 그런 광경을 건너편 세상에서 텔레비전으로 지켜보는 세상에서 말이다. 비디오 게임의 폭력성에 관한 논쟁의 대부분은 사회적, 경제적 맥락의 함의에 관한 것이라기보다는 그저 테크놀로지가 인간에게 저지르는 만행을 지적하는 또 하나의 방식에 지나지 않는다. 그렇다고 해서 내가 어린이들이 M등급(북미와 남미 지역의 오락용 소프트웨어 등급 기준에 의하면 성인용을 의미한다. 전반적으로 만 17세 이상의 사용자에게 적합한 콘텐츠로, 강도 높은 폭력, 피와 유혈, 성적인 콘텐츠 또는 심한 욕설이 포함될 수 있다.-옮긴이)의 게임에 빠지는 상황을 옹호하는 것은 아니다. 다만, 부모는 자녀가 어떤 게임을 하고 있는지 충분히 알아야 하며, 자녀를 훈계하려는 목적이 아니라 아이들과 부모가 함께 배울 수 있는 생산적인 대화를 꾸준하게 진행해 볼 것을 권한다.

매우 정교한 비디오 게임(시뮬레이션 게임이나 전략 게임) 중에는 전혀 혹은 그다지 폭력적이지 않은 것들도 많다. 그중 이 책에서는 몇 가지 학습 이론을 설명할 목적으로, 적의 공격을 피하면서 무기를 사용하는 '슈팅 게임', 정확하게 말하면 '가장 난도가 높은' 사례로 이런 게임들을 활용하고자 한다. 많은 과학자가 실제로 게임에 사용되는 시뮬레이션 기술을 사용한다는 점에서 심시티나 문명과 같은 시뮬레이션 게임도 분명 중요한 학습 원리를 수반한다. 동시에 이와 다른 종류의 게임에 내장된 주요 학습 원리에 대해서도 쉬이 놓치거나 소홀해서는 안 된다. 오히려 거기에서 더 많은 학습 원리를 찾을 수도 있기 때문이다.

어떤 이들은 게임 플레이어가 자신의 아바타를 통해 가상 세계에서 활동하기 때문에 비디오 게임이 영화나 책보다 인간의 폭력성에 미치는 영향이 훨씬 강력할 것으로 생각한다. 이는 마치 내가 하비스트 문에서 옥수수를 많이 심었다고 해서 곧장 집 밖으로 달려 나가 뒷마당에 옥수수를 심을 것이라고 주장하는 것과 같다. 그랜드 테프트 오토에서와 달리, 우리는 실제로 아무도 살해하지 않는다. 마찬가지로 하비스트 문에서와 달리, 실제 세계의 뒷마당에서 옥수수를 재배할 이유는 없다(물론 이 두 가지 경우 어떤 것도 완전히 배제할 수 없지만, 충분한 시간이 주어지더라도 이런 일이 일어날 확률은 매우 낮다. 말 그대로 가능성이 희박하다).

그런데 여기에 문제의 핵심이 있다. 영화, 책, 텔레비전, 비디오 게임과 같은 테크놀로지는 그 자체로는 좋든 나쁘든 어떤 영향도 미치지 못한다는 점이다. 비디오 게임(또는 컴퓨터든 텔레비전이든 당신이 가진 어떤 테크놀로지든)이 그 자체만으로 당신(또는 아이들)에게 좋은지 나쁜지에 대해 질문하는 것은 별 의미가 없다. 테크놀로지는 특정 상황에 맥락화되었을 때에만 그 효과가 발휘된다. 그래서 우리는 항상 테크놀로지가 어떤 맥락에서 어떻게 사용되는지 질문해야 한다. 텔레비전을 반성적으로 시청하는 경우, 구체적으로는 어른과 아이가 상호작용하면서 함께 보고 있는 것에 관해 토론할 때, 텔레비전이 아동의 인지적 성장에 유익하다는 것은 널리 알려진 사실이다. 반면에 아이가 텔레비전을 수동적으로 소비하고 있다면 그건 그다지 유용하지 못한 것이다. 더욱이 폭력이나 학대의 문화에서 자란 아이는 실제 타인과의 상호작용에서는 말할 것도 없고 미디어를 분노와 혼란의 증폭제로 사용할 수도 있다. 이때 당연히 정책 입안자들은 아이들이 보는 가상 세계 이미지에 대해서뿐만 아니라 그들의 현실 세계에서 증식되는 폭력과 학대의 문화에 대해서도 목소리를 낼 수 있어야 한다.

이제 젠더의 문제로 넘어가 보자. 대부분의 대중문화 양상에서도 보듯이, 비디오 게임의 콘텐츠는 지나치게 젊고 풍만하고 예쁜 여성의 이미지를 부각시킨다. 툼 레이더의 '라라 크로프트' 또는 메트로이드의 웅장한 '사무스 아란' 등 몇몇 경우를 제외하면, 여성이 게임의 주인공인 경우도 거의 없다. 그래도 매우 느리긴 하지만, 상황이 조금씩 변하고 있다. 대다수 롤플레잉 게임에서는 플레이어가 자신의 캐릭터를 디자인할 수 있기 때문에, 자연스레 게임 캐릭터의 체형이나 피부색 같은 것들의 선택 범위도 넓어지고 있다. 예컨대 하프라이프 2와 같은 게임에서는 더욱 강력한 여성 캐릭터가 등장하기도 한다. 하지만 여전히 비디오 게임이 우리의 삶에서 바뀌어야만 할 문화를 담을 수밖에 없다는 것 또한 현실이다.

비록 심즈처럼 여학생이나 성인 여성들이 선호하는 게임의 종류가 다르긴 하지만, 이들은 비디오 게임 전반에서 남학생이나 성인 남성 사용자들을 빠르게 따라잡고 있다. 대개 남성에게 더 잘 어울릴 법한 슈팅 게임 같은 것들을 즐기는 여성 게이머를 위해 만들어진 전용 웹사이트들도 꽤 많다. 오늘날 상당수의 여학생은 비디오 게임을 하면서도 대개는 중학교 무렵에 게임을 포기해 버리는 경향을 보이기도 한다. 이 시기는 여학생들이 과학과 수학을 '여성스럽지 않다'라는 이유로 포기하는 시기와 거의 일치한다. 사실 이런 현상은 우리가 매우 걱정해야 할 사안이다. 적지 않은 수의 남학생이 비디오 게임을 하거나 게임을 개조하는 과정에서 정보기술 능력을 익히는데, 이는 IT 관련 직업을 선택하게 되는 하나의 경로 역할을 한다는 점에서 의미가 크다. 최근에 나는 도심 지역의 6학년 학생들과 함께 그들이 비디오 게임에 얼마나 관심이 있고, 게임과 학습에 대해서 어떻게 생각하고 있는지 이야기할 기회가 있었다. 그런데 이 교실에 있던 여학생 모두가 매우 열정적이고 능숙한 게임 플레이어였다. 수업의 끝에 이 학생들 앞에서 나는 "여자들은 비디오 게임을 하지 않아."라고 사람들이 말하는 것을 자주 본다고 말했다. 그러자 한 소녀가 분개하며 일어서더니, 누가 내게 그런 말을 했는지 알고 싶다고 따져 물었다.

02

기호 영역

: 게임은 정말 시간 낭비인가

리터러시와 기호 영역

새로운 비디오 게임을 배운다는 것은 곧 새로운 리터러시를 배운다는 것이다. 이때 리터러시의 의미는 우리가 일반적으로 받아들이는 뜻과는 조금 다르다. 전통적으로 리터러시는 읽고 쓰는 능력으로 간주되지만, 우리가 여기서 말하는 리터러시는 그보다 훨씬 더 확장된 개념이다. 그렇다면 왜 우리는 지금 리터러시를 더 넓게 생각해야만 하는 것일까?

두 가지 이유가 있다. 첫째, 더 이상 언어는 유일무이한 의사소통 수단이 아니다. 지금 우리는 문자 언어를 넘어 이미지, 그래프, 도식 등의 시각적 기호를 의사소통 수단으로 활발하게 활용하고 있다. 이미 신문이나 잡지, 교과서 등에서 이미지는 문자 언어와 함께 대등하면서도 통합적으로 사용되고 있다. 특히 이미지는 오늘날 학교 교과서에서 차지하는 양적 비중이 커지기도 했지만, 문자 언어와 구별되는 독특한 의미를 표현한다는 점에서도 매우 중요하다. 이제 이미지를 읽지 못한 채 문자 언어를 독해하는 것만으로는 더 이상 텍스트가 가진 의미를 온전하게 이해하기 어렵게 되었다. 가령 생물 교과서에서 세포 분열 과정을 표현하려고 고안된 정교한 다이어그램에는 본문에 나열된 단어들만으로는 온전히 설명하기 어려운 특유의 정보가 담겨 있다.

여러 정보 표현 양식이 섞여 있는 복합양식 텍스트에서 이미지와 문자는 서로 변별되는 독립적 정보와 의미를 표현하면서도, 이 두 양식이 결합하면서 각각이 개별적으로 표현하는 것 이상의 통합적 의미를 독자에게 전달한다. 이런 복합양식성은 이미지와 문자에 더하여 소리, 음악, 동작 등 감각 일체를 포괄한다는 점에서 단어와 이미지가 개별적으로 표상하는 의미의 범위를 훨씬 뛰어넘는다. 따라서 이 책을 통해 여러분은 비디오 게임을 한다는 것이 매우 탁월한 방식으로 복합양식 리터러시를 실천하는 일이라는 사실을 깨닫게 될 것이다.

둘째, 활자에 기반한 리터러시 역시도 다중적이다. 우리가 읽고 쓰는 방식은 사실 꽤 다양하다. 우리는 신문, 법률 서적, 수필, 시, 랩의 가사 등 수많은 텍스트를 모두 똑같은 방식으로 읽고 쓰지 않는다. 각각의 영역에는 고유한 규칙과 요건들이 있다. 법률 서적을 읽기 위해서는 법의 리터러시가 필요한데, 이는 물리학책이나 슈퍼히어로 만화책을 읽을 때 필요한 리터러시와는 다르다. 그렇다고 너무 성급하게 후자의 리터러시를 무시해서는 안 된다. 슈퍼히어로 만화는 단지 평범한 어른들을 어리둥절하게 하는 것을 넘어서 현대 문학 평론가들의 심장을 두근거리게 만드는 탁월한 문학 장치를 가득 담고 있다.

리터러시의 다면성을 이해하면, 읽기와 쓰기를 생각할 때 활자나 종이 글의 경계를 넘어서야 한다는 점을 깨닫게 된다. 법률, 랩의 가사, 학술 논문, 슈퍼히어로 만화와 같은 특정 영역의 읽기와 쓰기는 단지 인쇄물을 해독하는 차원에만 국한되지 않는다. 특정 영역의 리터러시는 그 영역에 속한 사람들이 일을 수행하고, 사유하고 판단하며, 이 과정에서 주변 사람들과 상호작용하는 방식과 따로 떼어 놓고는 생각하기 어렵다. 왜냐하면 리터러시는 다양한 '사회적 실천'과 결부되기 때문이다. 어떤 영역에서든 해당 영역의 사회적 실천을 이해하지 못한 채 그 일부일 뿐인 해당 영역의 리터러시를 말하는 것은 별로 의미가 없다. 예를 들어 법리 영역에서의 법률 언어와 법률 리터러시는 실제의 법적 행위와 밀접하게 관련된다. 비디오 게임에서 게임 언어와 (게임의 용어, 이미지, 동작, 사운드 등과 관련된) 게임 리터러시도 '게임하기'라는 실천, 즉 세상사의 활동으로서 게임하기와 하나로 묶인다. 음악으로서 랩, 언어로서 랩, 리터러시로서 랩도 힙합의 실천 및 힙합이 추구하는 가치와 결합된다.

리터러시는 (단어와 이미지 같은 것들을) '해독'하는 것 이상의 능력을 요구한다. 리터러시란 특정한 사회적 과정에 참여하거나 적어도 그것을 이해할 수 있는 능력을 요구한다. 따라서 우리는 언어, 수식, 이미지와 같은 '코드' 또는 '표상'에 집중하는 것으로 그치지 않고, 특정 영역에서 이러한 코드와 표현이 어떻게 사용되는지에도 주목해야 한다. 이 점에서 우리는 기호 영역이라는 개념에 대해서 생각해 보아야 한다. 기호학이란 간단하게 말하면 기호에 관한 학문이다. 조금 어렵게 들리긴 하지만, 이 말은 사실 우리가 어떻게 이미지, 소리, 몸동작, 움직임, 그래프, 다이어그램, 방정식, 사물 등의 기호를 이해하고 활용하는지, 심지어는 아기, 산파, 엄마와 같은 특정 사람이 어떤 방식으로 '의미'를 갖게 되는지를 조금 멋지게 표현한 말일 뿐이다(이 모든 것은 역사적〔시간적〕으로, 사회적〔공간적〕으로 서로 다른 지점에 존재하며, 따라서 각기 다른 의미를 지닌다). 이때 단어만이 의미를 가진 유일한 기호가 아니다. 말과 단어 이외의 많은 것이 상황, 맥락, 관습, 문화, 역사적 시기에 따라서 각기 다른 의미를 '뜻하는' 기호(또는 상징이든 표상이든 그것을 뭐라 부르든)가 될 수 있다. 가령 '십자가'의 이미지는 기독교 사회의 맥락에서는 그리스도 또는 그리스도의 죽음을 의미하지만, 어떤 아프리카 종교의 사회적 맥락에서 보면 동서남북이라는 나침반의 네 지점을 의미한다. 18세기 미국에서 '출산'은 집에서 가족이나 친구들과 함께 경험하는 자연스러운 사건으로 간주했지만, 현대 의학과 의료 체계가 발달한 이후로 출산의 의미는 병원에서 의사와 간호사가 수행하는 의료 행위로 규정된다(요즘 많은 사람이 출산을 자연스러운 가정사로서 다시 생각하기 시작했음에도 말이다).

이 책의 독자들에게 기호학이라는 전문 용어가 다소 불편하게 다가올지도 모르겠다. 혹시 이 말이 어렵게 느껴진다면, '기호 영역'이란 '사람들이 특정한 방식으로 생각하고, 행동하고, 판단하는 활동 영역' 정도로 가볍게 이해해 보자. 기호 영역에는 비디오 게임, 조류 관찰, 물리학, 애니메이션 등 모든 영역이 포함되는데, 각각의 대영역(가령 게임)은 다시 여러 가지 하위 영역(가령 실시간 전략 게임, 시뮬레이션 롤플레잉 게임, 1인칭 슈팅 게임 등)을 포함한다는 점도 염두에 두자.

기호 영역이란 해당 영역에서의 특수한 의미를 전달하기 위해 한 가지 또는 그 이상의 양식(음성 언어, 문자 언어, 이미지, 방정식, 상징, 소리, 몸동작, 그래프, 인공물 등)을 활용하는 거의 모든 유형의 '실천 현장'을 의미한다. 기호 영역의 예를 목록으로 만든다면, 가령 세포생물학을 시작으로 포스트모던 문학 비평, 1인칭 슈팅 비디오 게임, 고급 패션 광고, 로마 가톨릭 신학, 근대 회화, 출산 보조, 랩 음악, 와인 감정 등에 이르기까지 끊임없이 변하는 우리 삶의 거의 모든 영역을 포함하게 될 것이다.

전통적 개념의 읽기와 쓰기의 관점이 아닌 기호 영역의 관점에서 볼 때 해당 영역에서 ('읽기'에 상응하는) 의미를 이해하고 ('쓰기'에 상응하는) 의미를 생산할 수 있는 사람이라면 누구든지 리터러시 능력을 부분적으로든 완전하게든 갖추었다(또는 그렇지 않다)고 판단할 수 있다. 특정 영역의 사회적 실천과 결부된 다양한 형식의 읽기와 쓰기의 방법이 있다고 하더라도, 영어나 러시아어와 같은 언어로 된 인쇄 글을 읽고 쓸 수 있는 사람들을 그 언어에 대한 '활자 리터러시' 능력을 갖추었다고 말할 수는 있다. 반대로 랩 음악을 이해하고 작곡할 수는 있지만 정작 랩에 관한 글이나 악보를 읽지 못하는 랩 아티스트는 랩 음악이라는 기호 영역의 리터러시 능력은 갖추었지만(그래서 랩으로 의미를 주고받을 수는 있지만) 그 영역 안에서 사용되는 인쇄 기반의 활자 리터러시 또는 악보 리터러시 능력을 갖추었다고는 말할 수 없다.

그런데 현대 사회에서는 인쇄 기반의 활자 리터러시를 갖추는 것만으로는 충분치 않다. 물론 사람들이 여러 가지 상이한 기호 영역 안에서 글을 읽거나 써야 하기에 본질적으로 상당한 수준의 인쇄 글 읽기와 쓰기 능력이 요구된다. 그러나 대부분의 기호 영역은 활자 이외의 상징적이고 표상적인 '기호 자원'을 수반하며, 일부 영역에서는 기호 자원으로서의 '활자'가 전혀 필요하지 않은 경우도 많다. 더욱 중요한 것은 사람들이 평생 살아가면서 늘 새로운 기호 영역이 요구하는 새로운 리터러시를 배울 수 있어야 한다는 점이다. 첨단 과학 기술 중심의 글로벌화된 현대 세계에서 관찰되는 중요한 특징은 새로운 기호 영역들이 끊임없이 창출되면서 동시에 기존의 기호 영역들도 과거에 비할 수 없이 빠른 속도로 변화한다는 것이다.

비디오 게임에도 다양한 유형과 장르가 있기에(1인칭 슈팅 게임, 판타지 롤플레잉 게임, 실시간 전략 게임, 시뮬레이션 게임 등), 나는 이 책에서 비디오 게임을 하나의 기호 영역, 즉 같은 계열의 서로 다른 하위 영역이 모여 있는 집합적 개념으로 다루려고 한다. 물론 이 책의 독자 중에는 비디오 게임에서 사용되는 여러 기호로 의미를 주고받는 리터러시 능력을 이미 갖추고 있는 이들도 많을 것이다. 그러나 나는 여러분이 이 책을 읽으면서 비디오 게임이라는 특정 영역을 넘어서서 다른 기호 영역에서도 일반화해 적용할 수 있는 학습, 리터러시, 기호 영역에 대한 자신만의 관점을 갖추기를 바란다.

리터러시를 학습하는 하나의 기호 영역으로서 비디오 게임에 대해 진지하게 논의할 때, 반드시 제기되는 문제가 하나 있다. 바로 비디오 게임을 하지 않는 많은 사람, 특히 나이 든 사람들은 비디오 게임을 '시간 낭비'로 본다는 점이다. 다음 글에서 여섯 살 아이가 비디오 게임을 플레이하는 상황을 예로 들어 이런 주장에 대한 나의 견해를 밝혀 볼 생각이다.

학습과 내용

비디오 게임이 시간 낭비라는 주장에 대한 내 생각을 설명하기 위해서는 여섯 살짜리 소년이 즐겼던 피크민이라는 게임에 대해 이야기해야 한다. 피크민은 닌텐도 게임큐브(가정용 콘솔 기기) 게임인데, E등급이라서 모든 연령대에서 즐길 수 있다(2004년에 속편 피크민 2 출시).

피크민에서 게임 플레이어는 '올리마 선장'의 역할을 맡는다. 올리마는 (25센트짜리 미국 동전만 한 크기의) 작은 몸집의, 대머리에 귀가 크고 주먹코인 천체물리학자로 자신이 조종하던 우주선이 혜성과 충돌하는 바람에 외계 행성에 불시착하게 된다. 올리마는 (다시 말해 플레이어는) 행성에 가득한 유독 가스로부터 자신을 보호해 주는 우주복에 의지하면서 행성 전체에 흩어져 버린 우주선 부품을 회수해야 한다. 게임 플레이어는 올리마 선장이 입고 있는 우주복의 손상 정도를 수시로 점검해야 하고 필요하다면 직접 수리도 해야 한다. 더 복잡한 문제는 우주복의 생명 유지 장치가 30일 후에 고장 날 것이기에(하루 게임 시간을 15분이라고 생각해 보자), 그 기간 안에 유실물들을 모두 찾아야 한다는 것이다. 그래서 이 게임은 시간과의 싸움이며 게임을 끝까지 하더라도 질 수 있는 보기 드문 게임이다.

불행 중 다행으로 올리마 선장에게는 도우미가 있다. 낯선 행

피크민 올리마 선장은 피크민 군단을 통솔하여 행성을 탐험하고, 미션을 수행하기 위해 아이템을 회수해야 한다.

성에 도착한 직후부터 그는 자신을 기꺼이 도와줄 원주민 생명체에 의지한다. 양파같이 생긴 대형 생물체에서 뻗어 나온 새싹들은 작고 귀여운 생명체로 자라나는데, 올리마는 자신보다 훨씬 작은 이 생명체들을 고향 행성의 당근 이름을 따서 '피크민'이라고 명명한다. 이 생명체들은 올리마를 꽤 마음에 들어 하고 두말없이 그의 지시를 따른다. 올리마 선장은 각기 다른 기술을 가진 빨강, 노랑, 파랑 세 가지 색상의 피크민을 키우는 법을 스스로 배운다. 피크민을 훈련하는 법도 배워서 색깔과 관계없이 피크민을 세 가지 각기 다른 가장 강력한 동료로 성장시킨다(피크민이 자라면 머리에서 잎사귀, 새싹, 또는 꽃이 돋아난다).

올리마 선장의 다채로운 피크민 군단은 그를 따라서 위험한 생물체들을 공격하고, 돌담을 허물고, 다리를 건설하면서 잃어버린 우주선 부품을 찾기 위해 낯선 행성의 곳곳을 탐험한다. 이 과정에서 피크민이 죽기도 하는데, 이때 올리마 선장은 죽은 피크민을 남아 있는 다른 피크민으로 대체할 수 있다. 하지만 모든 피크민이 전멸되는 일만은 어떻게라도 막아야 한다. 게임에서는, 그리고 어린 게이머들은 이런 사태를 '피크민 멸종'이라고 부른다.

　여섯 살짜리 아이가 올리마 선장이 되어 여러 색깔의 피크민 군대를 이끌면서 함께 적과 싸우고, 작전 활동 범위를 넓히기 위해 교량을 건설하고, 더 많은 피크민을 키워 낯선 지형을 탐험하며 우주선 부품을 회수하고, 이를 위해 복잡한 문제들을 해결하는 과정은 꽤 볼만했다. 아이는 피크민에게 무거운 부품을 우주선으로 운반하도록 명령한다. 이 아이의 할아버지는 몇 시간 동안 아이가 게임하는 것을 지켜보면서 "손과 눈의 협응력을 키우는 데에는 좋겠지만, 배울 내용이 전혀 없어서 게임은 시간 낭비일 뿐이야."라고 말할지 모른다. 나는 이것을 학습 과정에서 발생하는 내용의 문제라고 명명하고자 한다.

　학습을 이해할 때, 내용의 문제는 학습이나 지식, 학교 교육에 대해서 사람들이 지닌 일반적인 태도에 기인한다. 말하자면 아이들이 알아야 할 중요한 지식이란 물리학, 역사, 예술, 문학과 같이 대개 학교에서 얻을 수 있는 지적, 학문적 정보로서의 '내용'이라는 것이다. 그래서 아무리 재미있고 흥미로워도 그 자체로 내용학습을 포함하지 않는다면 그런 활동은 '무의미한 놀이'일 뿐이다. 이렇게 보면 비디오 게임도 당연히 이 범주에 속할 것이다.

　하지만 내용 중심의 학습이라는 관점이 지닌 문제가 있다. 어떤 학문 영역(또는 기호 영역)의 본질이 사실과 원리만으로 이루어진 '내용 그 자체'로 규정되지 않는다는 점이다. 기호 영역으로서 학문은 근본적으로 역사를 거쳐 얻어진 독특한 '산 경험'인 '사회적 실천'의 집합으로 보아야 한다. 따라서 해당 영역에 최적화된 방식으로 생각하고, 말하고, 판단하고, 행동하고, 읽고, 쓰는 사회적 실천을 통해서 그 '내용'이 생성되고, 논의되고, 변형된다.

　잠깐 '농구'를 기호 영역이라고 생각해 보자. 여러분 중 누구도 농구를 실제 '경기'와 동떨어진 '내용'으로만 취급하지는 않을 것이다. 농구를 하거나 농구 경기를 본 적이 없는 아이들이 농구에 관한 모든 사실과 규칙이 담긴 교과서를 읽는다고 상상해 보자. 그들이 이 교과서를 얼마나 잘 이해할 수 있을까? 그들이 교과서에 담긴 내용을 배우려는 동기가 얼마나 될까? 그런데 학교에서 수학이나 과학 같은 영역을 가르칠 때 우리는 늘 이런 식으로 접근한다.

　분명히 우리에게는 학습과 지식을 바라보는 대안적 관점이 있다. 다음에서 나는 이 관점에 대해서 살펴볼 것이다. 앞으로 자주 언급되겠지만, 이런 대안적 관점에서 보자면 비디오 게임이 반드시 '시간 낭비'는 아니라는 사실이 더욱 분명해질 것이다.

학습과 지식을 바라보는 대안적 관점

이 책에서 제안하는 대안적 관점은 '일반적 학습'이라는 것이 실제로는 없다는 주장에서 출발한다. 우리는 항상 무언가를 배운다. 그리고 학습의 내용은 어떤 식으로든 항상 특정한 기호 영역과 관련된다.

따라서 무엇이 배울 가치가 있는 것인지 걱정되거나, 비디오 게임이나 기타 무엇이든 그것이 시간 낭비인지 아닌지 우려된다면, 다음과 같은 질문으로 고민을 시작해 볼 수 있다. 이 배움을 통해서 나는 어떤 기호 영역으로 진입하게 되는가? 그것은 가치 있는 영역인가? 어떤 의미에서 가치가 있는가? 학습자가 단지 해당 영역에서 의미를 이해하는('읽는') 방식을 넘어, 새로운 의미를 생성하면서('쓰면서') 그 영역에 더욱 온전하게 참여하는 방식도 함께 배우는가?

여기서 한 가지를 명심하자. 현대 사회에는 우리가 지금 학교에서 일반적으로 다루는 것(교과목)보다 잠재적 가치가 훨씬 더 크고 중요한 수많은 기호 영역이 존재한다.

앞서 제시한 질문들을 실제 상황에 적용해 생각해 보면, 누군가가 무엇을 배우는 동안 어떤 기호 영역에 진입하는가를 결정하는 일이 상당히 까다롭다는 사실을 알게 될 것이다. 예컨대, 첫 물리학 수업에서 좋은 성적을 받고 통과한, 그래서 뉴턴의 운동 법칙 공식을 종이에 술술 적을 수 있는 대학 신입생들이 있다고 가정해 보자. 지금 이 학생들은 어떤 기호 영역에 새롭게 진입했는가? 내용만 보면 틀린 말이 아닐 것이나 "그건 물리학이지."라고 간단하게 답하고 끝날 문제가 아니다.

많은 연구에서 알 수 있듯이, 뉴턴의 운동 법칙을 아는 학생 중 다수가 "공중에 던져진 동전에 어떤 힘이 작용하는가?"라는 간단한 질문에 정확하게 답하지 못한다고 한다(그 해답이 실제로 뉴턴의 법칙에서 추론될 수 있음에도 불구하고). 마찰의 개념을 제쳐 두고서라도 학생들은 '추동력', 즉 손이 동전에 전달한 힘과 중력이라는 두 가지 힘이 작용한다고 주장한다. 그런데 사실 뉴턴의 법칙에 따르면 동전이 공중에 있을 때 공기 마찰을 제외하고 동전에 작용하는 유일한 힘은 중력뿐이다. 아리스토텔레스가 그렇게 생각했었고 물리학을 전공하는 학생들을 포함하여 많은 사람이 일상생활에서 힘과 운동을 두 가지 힘의 방식으로 바라보지만, 뉴턴의 법칙에 의하면 추동력(물체의 운동을 바라보는 원시적 개념)은 사실 존재하지 않는다.

이 사례에서 학생들은 물리학이라는 기호 영역을 수동적으로 배워야 할 내용의 문제로 접근했지만, 바로 그 내용을 세계를 관찰하고 이해하기 위한 원리로 적용하는 법을 배우지는 못했음을 알 수 있다. 그래서 학생들은 물리학이라는 영역 안에서 물리학적 의미를 생성할 수 없었고, 물리학을 지식 생산자의 입장에서 이해하지 못했다. 따라서 새로운 방식으로 세상을 경험하는 법을 배우지 못한 것이다.

새로운 기호 영역을 내용의 관점에서 수동적으로 배우는 것을 넘어서서 보다 능동적인 방식으로 학습할 때 다음의 세 가지 결과를 기대할 수 있다.

1 능동적 학습을 통해서 새로운 방식으로 세상을 경험하는 (보고, 느끼고, 작동하는) 법을 배울 수 있다.
2 영역의 구성원들은 해당 기호 영역의 고유한 사회적 실천을 공유하므로, 능동적 학습을 통해서 해당 영역의 사회적 공동체에 소속되어 협력할 수 있는 잠재적 기회를 얻을 수 있다(비록 이 사람들 모두 또는 누구도 실제로 직접 대면할 수는 없을지라도).
3 능동적 학습을 통해서 해당 영역 및 관련 영역에서 경험할 수 있는, 앞으로의 배움과 문제 상황에 대비하는 데 필요한 쓸모 있는 학습 자원들을 얻을 수 있다.

이렇게 '능동적 학습'을 통해서 새로운 방식의 세상 경험하기, 새로운 소속 및 협력 관계의 형성, 향후 학습을 위한 준비가 가능해진다.

그러나 능동적 학습은 '비판적 학습'에는 못 미친다. 어떤 배움이 능동적일 뿐 아니라 비판적이기 위해서는 필요한 것이 하나 더 있다. 학습자는 특정 기호 영역 안에서 의미를 이해하고 생성하는 법을 익혀야 하며, 나아가서는 해당 영역의 여러 요소가 복잡하게 상호 연결된 시스템 자체에 대해서 '메타적'으로 사고하는 방법까지도 배워야 한다. 학습자는 해당 기호 영역 안에서 스스로 혁신하는 방법, 다시 말해 해당 영역의 전문가들이 가치를 두는 새롭고 예상치 못한 의미를 창안하는 방법도 배워야 한다.

지금까지 말한 이 모든 것이 실제 어떤 의미가 있을지 이해하려면 기호 영역의 개념에 대해 좀 더 논의해야 한다. 그래야 비판적 학습의 의미를 더욱 분명하게 이해할 수 있다.

기호 영역에 관한 첨언 1: 상황적 의미

모든 언어, 상징, 이미지, 생산물 등은 특정 기호 영역과 특정 상황(맥락)에 적합한 구체적인 의미를 지닌다. 이것들이 표상하는 '일반적'인 의미는 없다.

나는 한때 통조림 공장의 노동자였다가 나중에 학자가 되었다. 두 경우 모두에서 나는 '일'이라는 단어를 사용했지만, 그 말이 갖는 의미는 사뭇 달랐다. 통조림 공장에서의 일이란 집으로 무사히 돌아가 '진정한' 삶을 누리기 위해서 견뎌야 하는 하루 여덟 시간의 생존 노동을 의미했다. 반면에 학업에서의 일이란 내 직업의 일부로서 생각하고 읽고 쓰고 가르치기 위해 자발적으로 선택한 노력, 즉 하루 여덟 시간의 노동에 얽매이지는 않아도 되는 노력을 의미했다. 낭만적인 인간관계의 영역에서 '일'이라는 말은 가령 "관계를 유지하는 것도 일이다."라는 문장에서처럼 사뭇 다른 의미로 쓰인다. '일'이라는 말조차도 통조림 작업, 학업, 또는 연애와 같은 개별 영역 안에서 각각 다른 의미로 쓰이며, 또한 그 영역 내의 상황과 맥락에 따라 의미가 변한다.

의미는 영역 구체적이면서 동시에 상황 구체적(맥락 구체적)이다. 그러므로 하나의 영역 안에서도 똑같은 말의 의미가 상황에 따라 달라진다. 이와 관련하여 '일'이라는 말의 예를 다시 들어 보자. 학자들이 활동하는 기호 영역에서 '일'이라는 단어가 뜻하는 상황 구체적 의미역은 연애, 통조림 제조, 극 연기 등 다른 기호 영역에서 이 말이 담고 있는 상황 구체적 의미역과는 상당한 정도로 다르다.

어느 동료 학자를 두고 "그가 한 일은 상당한 영향력이 있었지."라고 이야기할 때, '일'이라는 말은 그가 일련의 연구 작업을 통해서 발전시킨 '아이디어'를 의미한다. 그러나 이와는 다른 상황, 가령 그 동료 학자가 위원장을 맡은 특정 위원회와 관련하여 같은 말을 한다면, 이때 '일'이란 그가 종사하는 분야 또는 기관 안에서 이루어진 '정치적 노력'을 의미한다. 이 경우들에서 '일'이라는 말의 뜻을 이해하기 위해서는 그 말이 쓰이고 있는 상황이 무엇이며(학문에서의 지적 기여에 관해 이야기하고 있는지, 아니면 학계에서의 정치력에 관하여 말하는 것인지), 어떤 기호 영역이 문제가 되고 있는지(여기서는 통조림 공장이나 영화 세트장이 아닌 학문 세계) 질문해야 한다.

상황화 또는 맥락화의 원리는 모든 기호 영역에 두루 적용된다. 물리학이라는 엄밀한 기호 영역에서도 서로 다른 상황(맥락)에서 '빛'이라는 단어에 각기 다른 특정 의미가 부여된다. 따라서 물리학에서조차도 누군가 '빛'이라는 단어를 사용할 때, 파동과 입자에 관한 논쟁을 하고 있는지, 레이저 또는 색상에 관한 설명 중인지, 아니면 전혀 다른 어떤 것에 관한 대화를 하는지 '빛'이라는 단어가 쓰인 구체적 맥락을 정확하게 알아야 한다(아마도 일반 전자기학 이론에 대해 이야기하고 있을지 모른다). 물론 '빛'은 다른 기호 영역에서는 물리학과는 매우 다른 의미로 쓰인다. 가령 종교에서는 '주님의 빛으로 목욕함'에서처럼 '은총'이라는 의미로, 연극에서는 '빛의 효과'에서처럼 '조명'이라는 의미로 사용된다.

요컨대, 상황(맥락)의 중요성을 이렇게 공들여 설명하는 데에는 두 가지 이유가 있다. 첫째, 의미를 이해하는 일은 (많은 경우에 무의식적으로 이루어지지만) 우리가 속한 기호 영역과 특정한 상황(맥락)을 동시에 성찰하는 능동적 작업이기 때문이다. 어떤 의미를 특정 기호 영역과 주어진 맥락 '안에 놓고' 이해하는 것이다. 둘째, 기호 영역의 학습에서 결정적으로 중요한 것은 어떤 영역이 수반하는 다양한 상황들에 해당 영역의 특수한 의미들을 맥락화하고 구축하는 방법을 배우는 것이다. 그러므로 진정한 학습이란 세상을 경험하는 새롭고 능동적인 방법을 배우는 것일 수밖에 없다.

기호 영역에 관한 첨언 2: 내적 관점과 외적 관점

기호 영역을 제대로 바라보기 위한 두 가지 관점이 있다. '내적 관점'과 '외적 관점'이다. 기호 영역을 내적으로 바라볼 때, 모든 영역은 일종의 '내용'이라고 말할 수 있다. 그러나 기호 영역을 외적으로 바라보면, 그것은 해당 영역에 속한 사람들이 참여하는 일련의 '사회적 실천'을 말한다. 예를 들어 하나의 기호 영역으로서 '1인칭 슈팅 게임'은 고유한 내용을 가지고 있다. 이런 게임들의 내용을 간단히 말하자면, 게임 플레이어는 1인칭 시점으로 가상 세계 공간에서 이동하면서(플레이어는 자신이 들고 있는 무기만을 볼 수 있고, 마치 그것을 들고 있는 것처럼 움직인다) 무기를 사용하여 적과 싸운다. 물론 내용상의 다른 특징을 더 나열할 수도 있다. 이렇게 1인칭 슈팅 게임의 전형적 내용을 부각하고 이해하는 것은 기호 영역을 내적으로 바라보는 관점이다.

그런데 사람들은 1인칭 슈팅 게임을 사회적 실천으로 즐긴다. 때로는 혼자서, 때로는 인터넷으로 다양한 게임 플랫폼이나 컴퓨터를 연결하여 다른 사람들과 함께 게임을 한다. 다른 플레이어들과 게임에 관해 대화하거나 게임 잡지와 게임 사이트를 찾아 읽기도 한다. 그리고 해당 게임에서 다른 사람들보다 훨씬 능숙한 이들이 있다는 것을 알게 된다. 게임을 할 때 적어도 그 게임에 관해서는 사람들이 특별한 정체성을 취한다는 것도 알게 된다. 가령 1인칭 슈팅 게임을 하는 사람들이 비디오 게임의 폭력성에 반대할 가능성은 적지만, 이 게임에서 폭력성이 어떻게 작용하는지에 대해서는 나름의 확고한 견해를 갖고 있을 것이다.

1인칭 슈팅 게임과 같이 어떤 기호 영역에 참여하는 사람들의 모임을 일종의 친교 집단이라고 부를 수 있다. 친교 집단의 구성원들은 그들 집단에서 누가 얼마나 '내부자'인지를 파악할 수 있다. 이들은 집단의 여러 구성원과 직접 대면하지 않더라도 인터넷에서 누군가와 교류하거나 관련된 글을 읽을 때, 자신의 영역에 속한 사람들이 생각하고, 행동하고, 상호작용하고, 판단하고, 신념을 갖는 전형적인 방식을 따르고 있음을 금방 알아챈다. 나아가 해당 기호 영역에 통용되는 전형적인 사회적 실천뿐만 아니라 그 영역의 구성원들이 어떻게 생각하고, 행동하고, 상호작용하고, 판단하고, 신념을 갖는지에 대해서도 논의할 수 있다. 이런 설명은 기호 영역을 외적으로 바라볼 때 가능하다.

1인칭 슈팅 게임을 내적으로도 볼 수 있고 외적으로도 볼 수 있다는 사실은 다른 모든 기호 영역에도 적용된다. 예컨대 물리학이라는 학문 분야와 입자물리학이라는 하위 학문 분야를 설명해 보자. 내적 관점을 취하여 어떤 사실이나 이론, 원칙과 같은 내용을 설명할 수도 있고, 구성원들이 연구 분야에서 상호작용하는 사회적 실천을 설명하기 위해 외적 관점을 취할 수도 있다.

그렇다면 기호 영역의 내적 측면과 외적 측면은 서로 관련되는 것일까? 어떤 학문 분야를 기호 영역이라고 가정할 때, 대다수 학자는 이 질문에 '아니요'라고 답할지 모른다. 하지만 그 대답은 사실 '예'다. 기호 영역의 내적 요소인 내용은 그 영역 안에서 살아 온 사람들과 그들의 사회적 상호작용에 의해 구성된다. 그들이 사회적으로 역사적으로 문화적으로 존재해 온 방식, 그들이 공유하는 신념과 가치, 그들이 세상과 상호작용하면서 세상을 이야기하고 바라보는 과정을 통해 해당 영역의 내용이 구축되는 것이다. 그렇게 구축된 내용은 해당 영역의 구성원들에게 중요한 영역 정체성을 규정한다. 이 정체성은 점점 심화된 사회적 상호작용을 통해서 지속적으로 발달하면서, 새로운 방식으로 영역 내용을 지속적으로 수정하는 과정에 영향을 미친다. 결국에 새로운 내용은 구성원들이 영역 정체성을 더욱 발전키기고 변화시키는 과정을 촉진한다. 이렇게 내적 측면과 외적 측면은 상호보완적 관계를 맺는다.

기호 영역에 관한 첨언 3: 디자인 문법

기호 영역에는 두 가지 디자인 문법이 기능한다. 내적 디자인 문법과 외적 디자인 문법이다. '내적 디자인 문법'이란 어떤 기호 영역에서 무엇이 허용되고 허용되지 않는지 그 전형적 '내용'을 판단할 때 요구되는 일련의 원리와 패턴을 의미한다. '외적 디자인 문법'이란 기호 영역과 관련된 사회적 공동체에서 수용할 수 있는 것과 없는 것, 즉 그 공동체의 사회적 실천과 영역 정체성의 전형성을 판단하는 데 필요한 원리와 패턴이다.

혹시 여러분은 어떤 건물들이 모더니즘 건축으로 인정받는지 알고 있는가? 만약 그렇다면 당신은 의식적으로든 무의식적으로든 모더니즘 건축이라는 기호 영역의 내적 디자인 문법을 알고 있는 것이다.

그런데 여러분이 알고 있는 전부가 단지 지금까지 지어진 모더니즘 건축물의 목록뿐이라면, 당신은 해당 영역의 내적 디자인 문법을 다 알고 있지는 못한 것이다. 왜 그럴까? 만약 내적 디자인 문법을 알지 못한다면, 즉 어떤 것이 모더니즘 건축으로 간주될 수 있는지 결정하는 기본 원리와 패턴을 알지 못한다면, 전에 본 적이 없는 건물이나 아직 지어지지 않은 골판지 모형 건물에 대해서는 어떤 판단도 내릴 수 없기 때문이다. 여러분이 가진 건축물의 목록만으로는 그 목록에 없는 항목을 판단할 수 없다.

그렇다면 여러분은 모더니즘 건축에 푹 빠진 사람처럼 여겨질 수 있는 생각하기의 특성, 행동하기의 특성, 상호작용하기의 특성, 가치 판단하기의 특성에 대해서는 얼마나 알고 있는가? 그런 사람이 자신의 영역에서 어떤 정체성을 취하는지 분별할 수 있는가? 나아가 모더니즘 건축의 공동체 구성원들이 가치 있는 사회적 실천으로 간주하는 것이 무엇인지 그리고 그런 사회적 실천에 적합하게 행동한다는 것이 어떤 것인지 판단할 수 있는가? 이 질문들에 대한 답이 '예'라면, 당신은 모더니즘 건축이라는 기호 영역의 외적 디자인 문법을 의식적으로든 무의식적으로든 알고 있는 것이다.

기호 영역의 내적, 외적 문법도 시간이 지나면서 변한다. 예컨대, 한때 언어학자들 사이에서는 기독교 성경을 아메리카 원주민의 언어로 번역하는 작업에서 발생하는 문제를 파고드는 것이 언어학자로서의 정체성과 언어학이라는 학문 활동의 핵심이라고 생각하던 시절이 있었다. 이들은 기독교 선교사들의 작업을 북돋우려고 매우 노력했는데, 그것은 언어학을 연구하는 것과 종교적 목적을 섬기는 것 사이에 어떠한 충돌도 없다고 보았기 때문이다. 성경 번역에 관여하지 않았던 언어학자들도 당시에는 이런 상황에 대해 크게 이의를 제기하지는 않았지만, 그렇다고 종교적인 언어학자의 전문성을 그다지 존중하지도 않았다. 어쨌든 당시에 언어학이라는 기호 영역의 외적 문법은 (분명 당시의 거시적인 문화 환경에 영향을 받은 것이었고) 학문으로서의 언어 연구와 종교적 헌신이 명백하게 서로 연결되는 것을 허용한 것이다. 그래서 이 영역의 내적 문법(즉 영역 내용)은 번역 관련 쟁점들에 관한 수많은 연구를 낳았고, 동시에 (아메리카 원주민 등) '근대적이지 않은' 사람들의 '근대화'에 기여했다.

오늘날 대다수 언어학자는 언어학과 종교 사이의 연관성에 대해 회의적이다. 그들은 선교 작업을 장려할 목적으로 기독교 성경을 비기독교 문화권의 언어로 번역하는 일이 언어학 분야의 중심에 위치하게 되는 상황을 더 이상 보고 싶어 하지 않는다. 오늘날 언어학 분야의 외적 디자인 문법은 언어학과 종교 작업이 엮이는 것, 그렇게 형성된 언어학자의 정체성이나 사회적 실천을 쉽게 허용하지 않는다. 또한 성경의 번역이나 각색에 관한 언어학적 내용은 언어학의 내적 문법 측면에서도 더 이상 중요하게 부각되지 않는다.

그런데 내가 왜 이렇게 '디자인 문법'이라는 용어를 강조하는 것일까? 그것은 1인칭 슈팅 게임, 건축, 언어학 등의 기호 영역이 내적 또는 외적으로 누군가에 의해 디자인된 것이며, 지금도 계속 새롭게 디자인되고 있다는 사실에 대해서 진지하게 생각해 볼 필요가 있기 때문이다. 1인칭 슈팅 게임이라는 기호 영역을 디자인한 사람은 도대체 누구일까?

진정한 게임 디자이너와 제작자는 실제로 게임을 설계하는 과정에서 1인칭 슈팅 게임이 주목해야 할 내용이 무엇인지를 서사와 이미지, 그리고 게임 플레이의 측면에서 결정한다. 게임을 구성할 때 특별한 원칙, 유형, 절차를 적용함으로써 작업이 진행될수록 1인칭 슈팅 게임의 내용이 점점 더 분명하게 인식될 수 있는 형태를 갖추게 된다. 그래서 사람들이 "아, 맞아! 이건 1인칭 슈팅 게임이야." 또는 "아냐, 그건 1인칭 슈팅 게임이 아니지."라고 반응하는 것을 넘어, "그렇지, 그건 전형적인 1인칭 슈팅 게임이야." 또는 "아니야, 그건 정말 획기적인 1인칭 슈팅 게임이라고."와 같이 판단할 수 있게 된다. 게임의 팬들은 '모딩'(게임과 함께 제공되는 소프트웨어를 사용하여 게임 디자인을 수정하는 것)과 같은 행위를 통해서 1인칭 슈팅 게임의 내적 문법을 내용 측면에서 더욱 잘 정의하게 된다.

게임 디자이너와 프로듀서는 1인칭 슈팅 게임의 외적 문법을 구축하는 사람 중 일부에 불과하다. 게임을 디자인하고 제작하는 단 몇 사람들뿐 아니라, 실은 게임을 실행, 검토, 토론하는 수많은 사람이 지속적인 사회적 상호작용을 통해서 1인칭 슈팅 게임이라는 기호 영역의 외적 디자인 문법을 정교하게 형성해 나간다. 1인칭 슈팅 게임 영역의 친교 집단에 속한 사람들은 이런 사회적 상호작용에 꾸준하게 참여함으로써 그들 영역에서 통용되는 원리와 패턴을 스스로 결정하며, 그러한 전형적인 생각하기, 말하기, 읽기, 쓰기, 행동하기, 상호작용하기, 가치 판단하기, 신념 갖기의 특성을 통해 그들 영역의 구성원을 인식하고 판단한다.

한편으로 사회적 실천과 정체성의 측면에서 기호 영역의 외적 디자인에 기여하는 사람들의 행위가 때로는 그 영역을 내용 측면에서 내적으로 디자인하는 사람들의 행위에 바람직하지 않은 영향을 미치기도 한다. 왜냐하면 해당 기호 영역과 관련된 공동체의 구성원들에게 영역의 내용은 자신들을 만족시키는 것을 넘어 새로운 구성원들을 강력하게 끌어들일 수 있어야 하기 때문이다. 그러나 반대로 내용 측면에서 기호 영역을 디자인하는 사람들의 행위가 일련의 사회적 실천과 정체성을 통해서 외적으로 해당 영역을 디자인하는 사람들의 행동에 나쁜 결과를 가져올 수도 있다. 영역의 내용이 사회적 실천과 정체성 형성에 지대한 영향을 미치기 때문이다. 그러므로 기호 영역의 내적 문법과 외적 문법이 어떻게 서로를 지원하고 변화시키는지를 관찰하고 이해하는 것이 중요하다.

다시 피크민으로: 비판적 학습

학습이 능동적으로 이루어지려면 반드시 새로운 방식으로 세상을 경험할 수 있어야 한다. 어떤 영역 안에서 일어나는 능동적 학습이란 지금 바로 그 영역에서 배우는 일을 넘어 해당 영역 및 관련 영역에서 향후 이루어질 배움에 대한 준비까지도 포함한다.

앞서 언급한 것처럼 '비판적 학습'을 위해서는 단계 하나가 더 필요하다. 능동적 학습에서 학습자는 무의식적으로라도 자신이 배우고 있는 기호 영역의 내적 디자인 문법과 외적 디자인 문법을 이해하고 작동시킬 수 있어야 한다. 그러나 비판적 학습에서는 학습자가 한 걸음 더 나아가 '메타 수준'에서 의식적으로 디자인 문법을 관찰하고, 숙고하고, 비평하고, 운용할 수 있어야 한다. 즉, 학습자는 기호 영역을 일종의 디자인 공간으로 인식함으로써 영역 내적으로는 내용을 구성하는 다양한 요소들이 상호 관련된 시스템을 평가하고, 영역 외적으로는 관련 공동체 구성원들의 정체성을 이루는 사고, 행동, 상호작용, 가치 판단의 방식을 분석적으로 비평할 수 있어야 한다.

부연 설명을 위해서 피크민을 하는 아이로 다시 돌아가 보자. 먼저, 이 아이가 '능동적 학습자'로서 게임을 하기 위해서는 무엇이 필요할까? 플레이어는 자신이 하는 게임 또는 그와 유사한 게임이 속한 기호 영역에서 맥락화된 의미를 구체적으로 파악하고 생성할 수 있어야 한다. 피크민의 내용 요소(가령 노랑 피크민)는 게임의 세계에서 단지 보편적 의미나 단일한 의미만을 갖지는 않는다. 학습자는 영역 내에서 벌어지는 다양한 상황에서 이 요소가 지니는 특정한 의미를 맥락화하여 이해하는 방법을 배워야 한다.

예를 들어 플레이어가 암벽을 마주하고 있는 상황에서 (돌 폭탄을 던질 수 있는) 노랑 피크민은 빨강 피크민이나 파랑 피크민과 달리 '폭탄을 사용할 수 있는 피크민'이라는 상황적 의미를 지닌다. 왜냐하면 이 게임에서 벽을 부수는 좋은 전략은 노랑 피크민을 시켜서 폭탄을 던지게 하는 것이기 때문이다. 그런데 이 게임의 첫 단계에서 등장하는 뚱뚱하고 위험한 포식자인 '점박이 곰차피'를 공격할 때는 노랑 피크민이 '다른 피크민보다 더 멀리 던질 수 있는 피크민'이라는 또 다른 상황적 의미를 지닌다. 올리마 선장이 이렇게 큰 생물체와 싸울 때 사용할 수 있는 좋은 전략 중 하나는 고지대에서 노랑 피크민을 던지며 공격하는 동안 빨강 피크민에게는 신속하게 적의 후방으로 이동하여 공격하라고 명령하는 것이기 때문이다.

플레이어는 게임 내부의 디자인 문법이 어떤 유형과 조합이 내용 요소를 허용하는지도 알아야 한다. 각 요소의 유형과 조합이 지니는 상황적 의미를 파악해야만 어떤 행동을 취할 때에 그것이 전체 게임 내용의 규칙과 원리에 어떻게 맥락화되는지를 알 수 있기 때문이다.

가령 피크민의 내적 디자인 문법에 따르면, 플레이어는 올리마 선장과 피크민들을 조종하여 '피크민, 암벽, 작은 돌 폭탄 깡통'이라는 하나의 조합을 만들 수 있다. 물론 이 게임에서 이런 유형이나 조합이 반드시 허용될 필요는 없다. 피크민의 내적 디자인 문법은 사실 이와는 다르게 만들어졌을지도 모른다. 그러나 디자인 문법이 이 조합을 허용하더라도, 여전히 플레이어는 자신이 이 조합 안에서 각각의 내용 요소에 부여한 상황적 의미를 연결하여 해당 조합의 통합된 상황적 의미를 도출할 수 있어야 한다. 가령 암벽을 통과해야 하는 상황에서 노랑 피크민이 '폭탄 투척이 가능한 피크민'이라는 상황적 의미를 감안할 때, 플레이어는 이 조합의 상황적 의미를 '돌 폭탄을 가진 노랑 피크민을 이끌고 폭탄을 투척하여 암벽을 폭파하자.'와 같이 구성할 수 있을 것이다.

게임의 내적 디자인 문법에서 허용하는 내용 요소 조합의 예를 하나 더 들어 보자. 피크민 게임에서 플레이어는 종종 곰차피(피크민을 통째로 삼킬 수 있는 거대한 이빨과 턱을 가진 포식자)가 훤히 드러난 지형에서 한가하게 잠들어 있는 것을 발견한다. 이때 영역 내적 디자인 문법은 '곰차피, 수면, 노출 지형'이라는 조합을 허용한다. 플레이어는 자신이 처한 상황에 따라 이 조합에 여러 가지 상황적 의미를 부여할 수 있다. 예를 들면 '곰차피가 깨어나기 전에 조심스럽게 후방에서 공격하라.'라는 의미일 수 있다. 또는 '괜히 문제를 일으키지 말고, 곰차피 옆으로 조용히 몰래 통과해 목적지로 이동하라.'라는 의미를 만들 수도 있다. 심지어는 '곰차피를 깨워 좀 더 흥미진진(하고 정정당당?)한 싸움을 하라.'와 같이 플레이어가 어떠한 제약도 없이 전혀 예상치 못한 방식으로 이 내용 요소 조합의 상황적 의미를 구성할 수도 있다.

아이가 피크민에서 성공적으로 암벽을 부수고 곰차피를 공격할 수 있다면, 그 아이는 이 영역(게임)의 내용 요소 및 조합에 어울리는 상황적 의미를 이해하고('읽고') 생성할('쓸') 수 있는 것이다. 이것은 상황을 '알맞게' 능동적으로 주도하면서 게임을 플레이하는 것으로, 아이는 게임의 상황적 의미와 디자인 문법을 활용하여 순간순간 가장 적절한 의미와 행동 전략을 이해하고 생성할 수 있게 된다. 물론 플레이어가 게임에 의례적으로 반응하며 모든 상황에서 천편일률적인 전략을 시도할 수도 있겠지만, 이는 다양한 상황에 능동적으로 대처하면서 게임하고 학습하는 일은 아닐 것이다.

맥락화된 의미와 행동은 능동적 학습의 결과물이지만, 그것을 분석적 비평이나 독창적 의미 구성 또는 내용 영역 자체의 변화를 이끌어 낼 목적으로 메타 수준에서 반성적으로 디자인 문법을 활용하는 '비판적 학습'이라고는 아직 말할 수 없다. 여기서 눈여겨볼 것은 바로 어린아이도 게임을 하면서 이런 고차원적인 수준에까지 도달할 수 있다는 점이다. 아이들이 게임을 배우는 과정은 단순히 능동적일 뿐만 아니라 점차 비판적인 방식으로 발전해 나간다.

이제 피크민 게임을 하는 아이가 유실된 우주선 부품 서른 개 중 다섯 개를 찾고 나서 일명 '숲의 배꼽'이라 불리는 새로운 지역을 탐험하게 되는 상황을 가정해 보자. 이 지역의 풍경은 이전에 갔던 곳에 비해 훨씬 더 거칠고 위험해 보인다. 숲의 배꼽에는 불을 뿜어대며 다닥다닥 떼로 몰려다니는 아주 위험한 생물체들이 잔뜩 도사리고 있다. 배경 음악도 바뀐다. 이미 다섯 개의 부품을 찾았기 때문에 게임에서 플레이어는 처음 시작할 때보다 훨씬 더 능숙해졌다고 간주된다. 따라서 게임의 지형지물과 생물체는 점점 다루기가 어려워지고 그만큼 도전적인 상황으로 전개된다. 게임의 상황 변화는 귀여운 요정 이야기가 어두운 생존 투쟁으로 바뀌는 새로운 게임의 분위기를 잘 전달한다.

아이 역시 이 변화에 대해 생각하고 평가할 수 있었다. 아이는 이제 배경 음악이 '무섭게' 들리고 풍경도 전보다 훨씬 거칠어 보인다고 말했다. 그리고 이런 변화가 게임에서 제시될 문제 상황이 점점 어려워질 것이라는 신호임을 짐작하고 있었다. 나아가서는 기존의 게임 전략과 게임 상황 사이의 관계를 다시 생각해 보라는 신호라는 것도 알고 있었다. 그는 숲의 배꼽보다 게임의 초반 상황이 자기 또래의 아이들이 플레이하기에 더 적합하게 만들어진 것 같다고 말하면서, 이 게임이 이제 '너무 무서워진 것은 아닌지'도 고민하게 되었다. 이제 아이는 불을 뿜는 생물체들을 피해 새로운 영역을 조금씩 조금씩 탐험하고, 숲의 배꼽에서 새로운 자원(가령 파랑 피크민)을 얻어 이전 지역으로 돌아가 더 많은 부품을 빠르고 쉽게 찾는 전략을 사용하기로 했다(모든 부품을 획득하는 데에 불과 30일밖에 주어지지 않았기 때문에, 플레이어는 가능하다면 쉽고 빨리 부품을 찾고 싶어 한다는 점을 기억하자).

피크민에서의 비판적 학습은 게임의 내적 디자인(특정한 방식으로 플레이어를 참여시키고 심지어 조종하기까지 하는 복잡한 시스템으로서의 게임)에 대하여 생각하고 판단하는 역량에서 드러난다. 즉, 게임을 시스템 또는 디자인된 공간으로 사유하는 '메타적 사고'인 것이다. 메타적 사고는 게임 비평의 가능성을 열어 준다. 메타 수준의 사고는 종종 게임 제작자가 전혀 예상하지 못했던 방식의 독창적인 게임 플레이 방식과 전략으로 이어지기도 하는데, 이것이 바로 내가 말하는 비판적 학습과 비판적 사고이다. 이 여섯 살짜리 아이는 피크민과 같은 비디오 게임에 관한 비판적 학습의 과정을 이제 막 경험한 셈인데, 참 좋은 출발이다.

아이는 피크민 또는 이와 비슷한 게임이 가진 내적 디자인 문법인 '내용 문법'에 대해 성찰하는 법을 배우고 있다. 동시에 이 아이는 다른 사람과 상호작용하면서 외적 디자인 문법인 '사회적 실천 및 정체성의 문법'에 대해 성찰할 기회도 얻을 것이다. 예를 들어, 아이는 게임 속 '부활절 달걀(게임을 하는 동안 찾을 수 있는 메시지나 깜짝 선물 등을 이르는 말)'을 포함하여 게임 플레이에 유용한 정보를 인터넷에서 검색할 수 있다는 사실을 이미 배웠다. 그리고 이 팁들을 게임의 중요한 부분으로 고려한다. 반면에, 이 아이는 게임에 대한 어른들의 조언을 '이러쿵저러쿵 참견'하는 것으로 규정하고, '나도 스스로 할 수 있다'고 주장한다.

이것은 아이가 비디오 게임의 공동체, 공동체 구성원이 참여하는 특별한 사회적 실천, 그리고 그들이 공동체 맥락 안에서 취하는 정체성을 접하는 초기 입문 과정이라고 말할 수 있다. 이 아이가 외적 측면에서 '게임하기'라는 영역에 비판적으로 참여하기 위해서는 자신의 행위와 정체성(스스로 발견하거나 발견하지 못한)의 유형과 가능성에 대해서 분명하게 되돌아보아야 한다. 다시 말해, 이건 기호 영역의 외적 디자인 문법에 대해 성찰하는 것이다. 현재 11살이 된 이 아이는 그가 좋아하는 나루토 게임에 관한 웹사이트를 적극적으로 이용하면서, 사이트를 방문하는 동료들을 위해 '자주 묻는 질문(FAQ)'과 '경진 대회'를 제작해 올린다. 사이트에 마련된 나루토 전용 게시판을 방문해 다른 사람들과 적극적으로 교류하기도 한다. 이런 일련의 사회적 실천에 참여하면서, 아이는 나루토 게임 또는 애니메이션 기반의 게임, 영화, 책에 관한 친교 집단의 진지한 일원이 된다. 이제 그에게는 나루토 게임이나 이와 유사한 게임, 또는 애니메이션 영역에 관한 외적 디자인 문법(사회적이고 상호작용적인)에 대해 비판적으로 사고할 기회가 훨씬 많아졌다.

비판적 학습은 '디자인 공간'인 기호 영역이 어떻게 우리를 특정 방식으로 조작(이 말이 가진 부정적 의미를 배제하고 사용할 때)하는지, 또는 우리가 어떻게 그것을 특정 방식으로 조작할 수 있을지 생각하는 법을 배우는 것이다. 나아가 비판적 학습은 어떻게 디자인 공간들이 서로 연결되고 다른 기호 영역과 관련되는지를 배우는 것이다. 어떤 디자인 공간은 기호 영역으로서 비디오 게임과 긴밀하게 연결되지만, 어떤 것은 그저 헐겁게 관련될 뿐이다. 다시 말해, 피크민을 하는 아이는 긴밀하게 또는 느슨하게 연결된 기호 영역들의 '계열' 또는 '집합'인 보다 광범위한 디자인 공간으로서의 기호 영역에 대해 생각하고 행동하는 법을 배우게 된다.

그렇다면 왜 디자인 공간으로서의 (독립적이거나 서로 관계가 있는) 기호 영역에 관하여 메타 수준에서 생각하고 배우는 것을 비판적 사고와 비판적 학습이라고 말하는 것일까? 기호 영역은 사람들이 특정한 방식의 생각과 학습에 몰입하도록 디자인된 문화적, 역사적 창조물이기 때문이다. 기호 영역은 그 내용과 사회적 실천을 통해서 특정 방식으로 사람들이 생각하고, 행동하고, 상호작용하고, 가치를 부여하고, 느끼도록 이끈다.

조금 더 구체적으로 논의해 보자. 피크민과 같은 비디오 게임은 여섯 살 아이가 다양한 특질로 구성된 복잡한 정체성을 취하게끔 이끈다. 이 게임은 아이가 스스로를 적극적으로 문제를 해결하는 사람, 실수해도 포기하지 않고 문제를 끝까지 해결하려고 애쓰는 사람, 자신의 실수를 오류로 여기기보다 반성과 배움의 기회로 삼는 주체적인 사람으로 생각하게끔 독려한다. 이 게임은 아이가 의례적으로 문제 해결책을 찾기보다는 이미 숙달한 것을 다시 고쳐 나가면서 새로운 상황의 새로운 문제를 해결할 새로운 방법을 모색하는 과정에 열려 있는, 진정한 문제 해결자로 자라게 한다.

동시에 피크민은 이 아이가 특정 판타지 인물(올리마 선장)과 그의 충실한 조력자들(피크민)의 입장에서 문제 해결 과정을 바라보면서 자신의 '실세계' 정체성에서 한 걸음 물러나 '관점'과 '정체성'이라는 개념을 가지고 놀 수 있도록 촉진한다. 그래서 가상이지만 '살아 있는' 생명체를 살상하는 것에 대해서 걱정하기보다는(매우 희박하기는 하나, 게임을 하는 동안 아이가 그런 생명체를 해치지 않으려고 회피하거나 또는 몰래 그 상황을 빠져나올 수도 있지만), 자신의 새로운 가상 정체성과 문제 해결 과정에 집중하도록 권장한다. 이때 학습자는 게임이 제공하는 가상 정체성을 어느 정도 맞춤 제작할 수 있는데, 이것은 좋은 비디오 게임이 갖춘 매우 중요한 기능이다.

피크민이 플레이어에게 권장하는 정체성은 플레이어가 다른 영역에서 취하는 정체성과 다양하게 연결된다. 가령 피크민이 권장하는 정체성은 학교에서 제공하는 양질의 과학 수업이 학습자에게 요구하는 능동적 정체성과 매우 닮아 있다. 이런 능동적 과학 학습은 피크민과 마찬가지로 탐색, 가설 검증, 위험 감수, 과거실패로부터의 회복력, '실수'를 새로운 발전과 학습의 기회로 바라보는 마음가짐 등을 권장한다.

만약 이것이 사실이라면, 우리의 여섯 살짜리 아이는 (능동적·비판적으로) 피크민 같은 게임을 할 기회가 전혀 없는 아이들에 비해 여러 가지 이점을 경험하게 될 것이다. 이때, 비디오 게임이든 과학이든 상관없이 능동적·비판적 정체성 자원의 '접근'과 '분배'

라는 측면에서 심각한 '사회 정의'의 문제가 제기된다. 이 소년이 학교의 과학 수업 밖에서 어린 나이에 많은 시간에 걸쳐 (실제 학교에 있는 시간을 생각해 보면 얼마 되지 않더라도) 게임을 하면서 능동적·비판적 정체성을 실천하고 있다는 점에 주목하자. 반면에 다른 아이들은 웬만해선 거의 일어나지 않지만, 학교가 능동적·비판적 과학 학습(사실적 정보들을 외우게 하는 것이 아니라 실제로 '과학하기'를 촉진하는 과학 학습)에 투자한 매우 제한된 시간에만 이러한 정체성을 실현할 수 있게 된다.

비디오 게임은 시간 낭비일까?

지금까지 특정 기호 영역에서 '능동적·비판적 과정'을 강조하는 대안적 학습 관점에 대해 논의했다. 그리고 이제 피크민을 하는 아이가 '내용'을 배우지 않았다는 이유로 비디오 게임이 완전히 '시간 낭비'라는 할아버지의 말로 돌아가 보자. 아이들이 (마찬가지로 어른들도) 능동적이고 비판적인 학습 방식으로 비디오 게임을 한다는 것은 다음과 같은 몇 가지 중요한 의미를 지닌다.

1 새로운 방식으로 세상을 경험하는(즉, 세상을 바라보고 세상에 반응하는) 법을 배운다.

2 잠재적으로 새로운 친교 집단에 참여하여 협력할 가능성을 얻는다.

3 게임과 관련된 다양한 기호 영역에서 향후의 학습과 문제 해결에 쓸 다양한 자원을 축적한다.

4 기호 영역이 특정 방식으로 사람들을 몰입시키고 '조작'하는 (부정적 의미를 배제하고) 디자인 공간이라는 점에 대해서 스스로 생각하는 법을 배우고, 결국 사회 정의의 측면에서 중요한 함의를 갖는 다양한 사회적 관계를 형성한다.

어떤 새로운 기호 영역이든 간에 위의 네 가지는 사람들이 해당 영역에 능동적이면서도 비판적으로 참여할 때 배울 수 있는 것들이다. 따라서 특정 기호 영역에 이를 적용할 때 다음과 같은 질문을 던질 수 있다. 세상을 경험하는 새로운 방식들은 얼마나 유익하고 가치 있는가? 새로운 공동체는 구성원들과의 협력 측면에서 얼마나 유익하고 가치 있는가? 해당 기호 영역의 학습 자원들이 앞으로 참여하게 될 유익하고 가치 있는 다른 영역의 학습에 어떻게 적용될 수 있는가? 디자인 공간(과 정체성)은 디자인 공간들이 가진 복합적 관계에 대한 성찰적 사고를 촉진하며, 비평과 혁신, 유익하고 가치 있는 생각과 행동을 이끌어 내는가?

이 질문들에 대한 대답은 여러 변수에 따라 달라질 것이나, 적어도 앞에서 할아버지가 말했던 '내용'보다 훨씬 더 중요한 배움이 비디오 게임에 숨겨져 있음을 함의한다. 사람들이 게임을 하면서 능동적·비판적 학습에 참여하는 한, 우리는 좋은 비디오 게임에 관한 (모든 게임이 좋은 게임은 아니지만) 이런 질문들에 긍정적으로 대답할 수 있을 것이다.

그렇다면 플레이어가 능동적·비판적으로 학습하고 사고하면서 비디오 게임을 할 수 있게 만드는 요인은 무엇일까? 사실 어떤 것도 반드시 이런 방식으로 게임을 하도록 보장하지는 않는다. 더욱이 사람들은 여러 가지 면(가령 얼마나 자기 자신과 경쟁할 의지가 있는가의 정도)에서 차이가 날뿐더러, 매우 다양한 목적을 가지고 게임을 한다는 점에서도 무엇이 이렇게 능동적·비판적으로 게임을 하게 만드는지 만드는지 단언하기란 쉽지 않다. 하지만 앞에서 논의한 것처럼, 다음의 두 가지 요인은 비디오 게임에서의 능동적이고 비판적인 학습을 이끄는 데 도움이 된다.

첫째, 게임 자체의 내적 디자인이다. 좋은 비디오 게임은 플레이어의 능동적이고 비판적인 학습과 사고를 안내하고 촉진하게끔 그 내용이 설계되며, 언제나 이 지점에서 게임의 질이 향상된다. (물론, 그렇다고 해서 모든 플레이어가 게임 디자인이 제안하는 것을 있는 그대로 받아들인다는 의미는 아니다.) 둘째, 게임 학습자 주변의 사람들이다. 여기에는 다른 게임 플레이어들이나 게임을 직접 하지 않아도 게임과 관련해 교류하는 모든 사람이 포함된다. 만약 이들이 특정 게임의 디자인, 더욱 일반화된 의미로서 비디오 게임의 디자인이나 관련 기호 영역들의 디자인 나아가 그것들의 복잡한 상호관련성에 관하여 성찰적 방식의 '메타대화'와 사고 및 행동을 장려할 수 있다면, 이 역시 능동적이고 비판적인 학습을 안내하고 촉진할 수 있다. (물론, 게임 디자인이 플레이어들에게 수용되지 않을 수도 있다.) 하지만 실제로 게임 관련 인터넷 사이트에서 쉽게 증명되듯이, 비디오 게임의 친교 집단에서는 게임 디자인에 관한 '메타적 수준의 반성적 사고'를 독려하는 경우가 아주 많다.

비디오 게임과 같은 기호 영역이 얼마나 가치 있는 것인지를 판단하기 위해 고민해 봐야 할 중요한 쟁점이 또 있다. 한 사회의 기호 영역들은 매우 다양하고 복잡한 방식으로 서로 연결되어 있다. 이런 연결성을 고려할 때, 어떤 영역의 지식이 다른 영역을 학습하는 데 좋은 '선행자'가 될 수 있다는 점에 주목할 필요가 있다. 선행 영역에서 의미 구성 능력을 온전히 습득하고 관련 정체성을 취하는 것은 새로운 영역의 학습을 촉진한다. 또한 선행 영역의 공동체 구성원이 되는 것이 새로운 영역의 공동체 구성원이 되는 것을 좀 더 용이하게 만들기도 하는데, 이는 선행 집단의 가치, 규범, 목표, 실천 양상이 어떤 면에서는 새로운 집단의 가치, 규범, 목표, 실천 양상과 닮아 있기 때문이다.

기호 영역의 연결성에 관해 구체적 예를 들어 보자. 비디오 게임이라는 상위 기호 영역(대영역)에서 1인칭 슈팅 게임 또는 3인칭 슈팅 게임들은 좀 더 분명하게 정의된 하위 기호 영역(소영역)

들이다. 그런데 슈팅 게임에서 스페이스 인베이더나 팩맨, 프로거 등 민첩하게 손과 눈의 협응력이 중요한 아케이드 게임과 비슷한 자질과 요소가 발견된다(실제로 울펜슈타인 3D는 1인칭 슈팅 게임이라는 장르의 시작을 알린 최초의 작품 중 하나이지만, 다른 아케이드 게임들과 매우 유사한 방식으로 작동한다). 따라서 비록 신작 슈팅 게임에 새로운 요소가 많이 포함되어 있더라도, 아케이드 게임의 영역을 완수한 사람은 슈팅 게임을 위한 선행 영역 하나를 완수했다고 평가할 수 있다.

판타지 롤플레잉 게임 역시 비디오 게임에서 꽤 잘 정의된 하위 영역 중 하나이다. 이미 던전 앤 드래곤이라는 게임의 기호 영역(역할 게임 또는 책과 카드로 하는 게임)을 완수한 사람들은 판타지 롤플레잉 게임을 할 때 매우 유리하다. 비록 지금은 판타지 롤플레잉 게임 영역에 새로운 요소가 많이 추가되었지만, 이 영역의 게임들은 드래곤 게임에서 발전한 것이기 때문이다.

슈팅 게임 영역과 판타지 롤플레잉 게임 영역은 서로 다른 선행 영역도 있지만, 일부 선행 영역을 공유하기도 한다(가령 가상 정체성의 캐릭터로 수행하는 게임은 이렇게 상호 공유된 선행 영역의 예가 된다). 또한 비디오 게임의 (하위) 영역 중 어떤 것들은 다른 기호 영역의 선행 영역 역할을 하기도 한다. 예를 들어 심시티, 심즈, 레일로드 타이쿤이나 문명과 같은 이른바 신종 시뮬레이션 게임에서 대중적으로 잘 알려진 (하위) 영역 게임들은 생물학이나 인지

던전 앤 드래곤 1974년 개발된 판타지 테이블 탑 롤플레잉 게임. 판타지 세계관에 규칙을 도입하여 게임화한 최초의 롤플레잉으로, 이후 많은 롤플레잉 게임에 영향을 미쳤다. 플레이어는 모험가가 되어 던전을 탐험하고 몬스터를 사냥하며 보물을 획득하는 모험을 즐길 수 있다.

과학 교육에서의 컴퓨터 시뮬레이션 기반 탐구 학습 영역과 상당한 정도의 영향을 주고받는 일종의 선행 영역이 될 수 있다.

우리 연구팀이 게임 플레이어들과 수행한 인터뷰 조사에서는 상당히 많은 경우에 청소년들이 컴퓨터 관련 기술이나 이와 관련된 기호 영역을 학습할 때 비디오 게임이 매우 유익한 선행 영역의 역할을 한다는 사실을 발견했다. 실제로 이들 중 많은 학생이 대학에 진학하여 컴퓨터 과학이나 관련 분야를 전공했다.

그래서 우리는 질문할 수 있다. 비디오 게임이라는 상위 영역에 속한 다양한 하위 영역이 앞으로 언젠가 학교 안팎에서 벌어질 배움들을 용이하게 만들어 주는 선행 영역의 역할을 담당할 수 있을까? 나는 피크민과 같은 좋은 비디오 게임이 요구하는 '능동적이고 비판적인 디자인 학습과 문제 해결자로서의 정체성'이 적어도 우리가 과학과 같은 영역에서 가르치고 배운다는 것을 토론할 때에 깊게 관련되지 않을 수 없다고 믿는다. 과학은 고정된 사실 정보를 수동적으로 암기하는 것이 아니라, 지식을 구성하고 문제를 해결하기 위해 능동적으로 탐구하는 과정이기 때문이다.

나는 능동적이고 비판적으로 비디오 게임을 하는 일이 '시간 낭비'가 아님을 확신한다. 비디오 게임을 하는 이들은 여섯 살 꼬마의 할아버지보다 실제로 '내용'을 더 잘 배운다. 비록 문명과 같은 게임에는 엄청나게 많은 사실적 정보가 담겨 있지만, 이 게임에서 배우는 내용은 일반화된 학교 지식처럼 수동적으로 배우는 내용이 아니다. 비디오 게임을 능동적이고 비판적으로 플레이하면서 플레이어가 배우는 내용은 바로 '어떤 문제를 해결하기 위해 여러 상황을 직접 경험해 봄으로써 게임이라는 복합양식적 공간 속에서 다양한 의미를 맥락화한다.' 또는 '상상으로 구축된 세계의 디자인과 현대 사회의 실제 및 가상의 사회적 관계와 정체성의 복잡다단한 디자인을 성찰한다.'와 같은 것이다. 그다지 나쁘지 않은 이런 내용을 배우는 것은 사실 무척 유쾌한 일이기도 하다. 그래서 오늘날의 학교가 비디오 게임과 경쟁하기 어려운 것은 매우 자연스러워 보인다.

학습 원리

피크민과 같은 좋은 비디오 게임은 다양한 학습 원리를 제안한다. 이 중에 어떤 학습 원리들은 다음 장들에서 논의할 것보다 좀 더 일반적이다. 지금부터 이것들을 목록화해 보자.

우선 매우 근본적인 학습 원리 다섯 가지를 제시한다. 이 외에 앞선 논의에서 다룬 다른 원리들은 앞으로 더 자세히 설명할 것이다. 이 원리들이 제시되는 순서는 중요하지 않다. 이 중 일부는 같은 주제의 여러 측면을 반영한 것이어서 서로 중복되기도 한다. 또한 이 원리들은 구식 비디오 게임과 관련된다기보다는, 플레이어가 스스로 성찰하도록 촉진하는 환경에서 펼쳐지는 좋은 비디오 게임 잠재성과 관련된 것들이다(분명히 좋은 비디오 게임이 성찰을 촉진하는 것은 사실이나, 이런 자질은 플레이어뿐 아니라 직간접적으로 게임과 관련된 이들의 참여를 통해서 크게 향상될 수 있다).

각각의 원리를 비디오 게임 학습뿐만 아니라 교실에서의 내용 영역 학습(과학과 같은)에도 적용할 수 있도록 설명하면 다음과 같다.

◀ LEARNING PRINCIPLE ▶

1 **능동적·비판적 학습 원리.** 기호 영역의 디자인과 구현 방식을 포함한 모든 측면에서 수동적 학습이 아니라 능동적이며 비판적인 학습을 촉진할 수 있도록 학습 환경을 설계한다.

2 **디자인 원리.** 기호 영역의 디자인과 디자인 원리를 배우고 평가하는 것이 학습 경험의 핵심이다.

3 **기호 원리.** 이미지, 언어, 행동, 상징, 인공물 등 여러 가지 복잡한 기호 체계가 갖는 내적·통합적 상호 관계성에 대해 배우고 그것을 평가하는 것이 학습 경험의 핵심이다.

4 **기호 영역 원리.** 기호 영역을 일정 수준으로 숙달하고 해당 기호 영역과 관련된 친교 집단(들)에 일정 수준으로 참여해야 한다.

5 **기호 영역에 대한 메타적 사고 원리.** 해당 기호 영역이 다른 기호 영역과 맺는 관계들에 대하여 능동적이고 비판적으로 사고해야 한다.

03

학습과 정체성

: 하프엘프가 된다는 건 어떤 의미인가

아케이넘의 학습과 정체성

나는 2장에서 사람들이 새로운 기호 영역에 진입하게 되면 그것에 어울리는 새로운 정체성을 취하고 즐길 수 있어야 한다고 주장했다. 그리고 피크민을 하는 동안 여섯 살짜리 아이에게 부여된 '탐구적 문제 해결자'의 정체성에 관해서도 논의했다. 어떤 기호 영역에서든 학습이란 곧 새로운 정체성을 형성하는 것이며, 이는 학습자의 과거 정체성과 새로운 정체성을 연결하는 일종의 다리를 놓는 일과 같다.

진정한 과학 수업 시간에 학생들은 수동적 학습을 넘어 탐구 활동에 참여해야 하는데, 이를 위해 그들은 과학 사상가나 과학적 문제 해결자 또는 과학 실천가의 정체성을 적극적으로 수용할 수 있어야 한다. 그리고 수업에서 강조하는 과학 정체성과 이미 자신이 가지고 있던 삶의 정체성을 연결하여 학습자 자신의 정체성을 통합적으로 이해할 수도 있어야 한다. 학습자가 원래 가지고 있던 정체성이 좋은 과학 수업에서 새롭게 경험한 정체성에 어울리지 않거나 그것과 충돌한다면, 혹은 새로운 정체성이 기존 정체성을 위협하는 상황이라면, 그건 새로운 것을 배우는 일에 별로 도움이 되지 않는다. 가령 어떤 학생이 복잡한 과학 기술 문제를 공부할 때 모든 일에 '서투른 사람'이라는 정체성을 이미 가지고 있다면 어떻게 될까? 과학 수업 중에 '학교를 싫어하는 사람'이라거나 '과학이나 학교 공부에 무관심한 가정의 아이'라는 부정적 정체성이 특히 부각되는 상황이라면, 또는 생물학 수업에서 '창조론을 신봉하는 기독교인'이라는 기존 정체성이 새로운 과학 정체성과 충돌하는 경우라면 어떨까?

나는 이 장에서 정체성이 학습 과정에서 어떻게 작용하는지를 비디오 게임을 사례로 조금 더 자세하게 설명하려고 한다. 비디오 게임은 학습자가 다양한 정체성을 발휘하게 요구하면서도, 동시에 학습자 스스로 새로운 정체성을 형성하는 과정을 분명하고 진지하게 성찰하기를 권장한다. 만일 학교가 이런 방식으로 작동한다면, 우리 아이들의 배움은 2장에서 논의한 것처럼 능동적이면서도 비판적인 학습이 될 것이고, 따라서 그 배움은 더욱 성공적이고 강력할 것이다. 이런 이유로 이 장에서는 특별히 아케이넘: 오브 스팀워크 앤 매직 옵스큐라라는 판타지 롤플레잉 게임을 분석

아케이넘: 오브 스팀워크 앤 매직 옵스큐라 산업 혁명을 겪고 있는 판타지 세계를 배경으로 진행되는 롤플레잉 게임이다. 플레이어는 비행선 추락 사고의 생존자가 되어 누가 비행선을 공격했는가를 밝혀 내야 한다.

하면서 학습과 정체성의 관계를 살펴볼 것이다. 엘더스크롤 3: 모로윈드와 후속작 엘더스크롤 4: 오블리비언, 고딕 2와 속편 고딕 3와 같은 게임도 좋은 예가 될 것이다.

  이 장에서는 먼저 어떻게 비디오 게임이 다양한 정체성을 요구하는지 그 작동 방식에 대해 논의한다. 다음으로 학교에서 일상적으로 경험하는 학습 과정과 아케이넘과 같은 비디오 게임에서 체험하는 학습 과정을 서로 비교 대조하여 분석한다. 마지막으로 2장에 이어, 좋은 비디오 게임이 권장하는 학습의 특징을 밝히고,

이를 근거로 게임 외의 영역에서도 두루 적용할 수 있는 강력하고 효과적인 학습 원리를 도출한다. 자, 이제 아케이넘의 게임 세계로 들어가 보자.

아케이넘은 수많은 국가와 도시로 이루어진 '아케이넘'이라 불리는 거대한 가상 세계에서 벌어진다. 과거에 아케이넘은 '마법'이 지배하는 세계였다. 그러나 점차 '기술'이 발달하면서 아케이넘은 고대 문자 문명과 산업용 증기 발전 공장이 함께 뒤섞인 공간이 되었고, 마법과 기술이 팽팽한 긴장 관계 속에서 불안한 균형을 유지한 채 공존하는 땅으로 변모했다. 인간, 요정, 게놈, 난쟁이, 오르크와 오크, 아울러 한 명의 인간 부모를 둔 하프엘프, 하프오르크, 하프오크 등 다양한 인종이 함께 존재하는 이곳은 마법과 기술이 곳곳에서 부딪히며 충돌하는 갈등의 세계이다.

아케이넘을 시작하기 위해서는 반드시 자신만의 캐릭터를 만들어야 한다. 아케이넘에 등장하는 다양한 인종과 성별의 게임 캐릭터들은 각기 천부적 특성을 갖는다. 예를 들어 나는 '비드비드'라는 이름의 여성 '하프엘프(반은 인간 반은 엘프인 게임 캐릭터)'를 선택했는데, 다른 인종과 마찬가지로 하프엘프는 하프엘프만의 독특한 능력, 체형, 재능, 매력, 지성, 의지, 감각, 카리스마를 소유하고 있다. 이런 특성은 두 가지 측면에서 당신이 선택한 캐릭터(동시에 바로 '당신')에 영향을 미친다. 하나는 당신(의 캐릭터)이 아케이넘 세계에서 대화하고 행동하는 방식이고, 다른 하나는 게임 속 등장인물들(게임 캐릭터들)이 당신(의 캐릭터)에게 반응하는 방식이다. 게임 중 당신(의 캐릭터)이 적과 싸워서 이길 만큼 충분히 강하지 않다면, 이런 문제 상황에서 벗어나기 위해 당신(의 캐릭터)은 아주 현명하게 판단하거나, 아니면 다른 사람들이 당신(의 캐릭터)을 돕고 싶은 마음이 들 만큼 충분히 매력적이거나 카리스마 넘치는 인물이어야 한다.

아케이넘의 초반부에서는 다양한 인생 배경, 즉 당신의 캐릭터가 겪은 과거 삶의 배경도 선택할 수 있다. 가령 당신의 캐릭터는 젊은 시절에 부유한 사교계의 여성이어서 여전히 다른 사람들의 협력을 이끌어 내는 데 필수적인 탁월한 사회성을 갖추고 있을 수 있다. 또는 어린 시절에 영웅적인 부모로부터 특별한 능력과 자원을 물려받았지만, 지금은 정의의 사도라는 명예를 추구하는 부모의 기대에 부응하며 살아야만 하는 인물일 수도 있다. 물론 이 외에도 다양한 선택지들이 있다.

게임이 시작되면 다섯 개의 '포인트'가 주어지는데, 당신은 캐릭터가 가진 선천적 능력을 개선하는 데 이 점수를 나눠 쓸 수 있다. 가령 내가 선택한 여성 하프엘프인 비드비드는 타고난 힘이 7점이었지만, 나는 그녀를 더욱 강한 캐릭터로 만들기 위해 보유하고 있던 5점 중 1점을 사용했다. 게임 속에서 캐릭터가 더 많은 세상 경험을 쌓을수록 더 많은 포인트를 얻을 수 있고, 이렇게 모은 포인트를 잘 사용하면 당신이 원하는 대로 게임 캐릭터를 만들어 나갈 수 있다.

게임을 하면서 획득한 포인트는 힘, 손재주, 지능 등 캐릭터가 지닌 기본 특성들을 향상하는 데 투자할 수도 있지만, 활과 화살을 다루거나 잠금장치를 해체하는 기술, 타인을 설득하는 기술처럼 후천적 능력을 향상하기 위해서도 사용할 수 있다. 또한 다채로운 마법 주문을 걸거나 공격 무기 등의 전투 장비들을 마련할 때나 캐릭터가 어려운 과제를 수행하는 중에 더 빨리 회복하고 덜 피곤해지는 능력을 증진할 때도 이 포인트를 적당히 배분해서 사용할 수 있다. 이렇게 해서 당신은 마법에 특화된 게임 캐릭터나 기술에 특화된 캐릭터를 만들 수 있고 또는 이 두 능력이 혼합된 캐릭터도 선택적으로 만들어 나갈 수 있다.

당신은 아케이넘의 세계에서 수많은 캐릭터와 대화하고 교류하면서 그들로부터 선악의 평판을 얻게 된다. 게임 캐릭터들은 선과 악이라는 잣대로 당신(의 캐릭터)이 보유한 설득력, 아름다움, 카리스마와 같은 특성들을 종합적으로 판단하여 당신과의 협력 여부를 결정한다. 당신은 게임에서 획득한 금을 사용해 당신의 캐릭터나 그 추종자들을 위해 필요한 옷이나 갑옷, 장비 등을 구매할 수도 있다. 추종자 무리 중 누군가가 이렇게 마련한 물건들을 몰래 가지고 도망칠 수도 있으며, 어떤 경우에는 당신에게 만족하지 못한 추종자들이 아예 당신을 떠나버리기도 한다. 한 예로 나(의 캐릭터)의 추종자 중 하나는 다소 독선적인 인물이었는데, 내

(비드비드)가 다른 사람들을 대상으로 소매치기를 할 때마다 나를 떠나겠다고 계속해서 으름장을 놓았다. 하지만 나는 소매치기를 그만두기보다는(적어도 그가 보고 있을 때만은 실업자 신세였지만) 거리의 불쌍한 거지들에게 적선하는 척하면서 그를 안심시켰는데, 왜냐하면 이런 류의 행동은 그가 괜찮다고 인정했기 때문이다.

아케이넘의 모험은 대재앙에서부터 시작된다. 당신의 캐릭터는 '재퍼'라는 거대 비행선의 승객이었다. 그런데 수상한 비행기두 대가 나타나 재퍼호를 자폭 공격한다. 재퍼호는 곧바로 불길에 휩싸인 채 땅으로 곤두박질치고 마는데, 이 추락 사고에서 당신의 캐릭터와 어느 노인만이 유일하게 생존하게 된다. 크게 다쳐 죽어가던 노인은 안간힘을 다해 암호 문자가 새겨진 반지를 당신에게 건넨다. 그는 당신에게 이 반지를 가져가 '어떤 소년'에게 전달해 달라고 호소하면서, 거대 악이 모든 것을 파괴하기 위해 다시 돌아올 것이라고 말한다. 노인은 그 소년이 "무엇을 해야 할지 알 것"이라고 당신을 확신시키고는 끝내 숨을 거둔다. 비행선 추락 사고의 유일한 생존자로 남게 된 당신은 이제 아케이넘의 한 종교적 추종자인 '버질'이라는 불가사의한 인물을 만나게 되는데, 나중에 당신이 원한다면 그는 당신과 동행하면서 당신을 도와주게 된다(물론 당신은 아직 이 사실을 모르기에 홀로 중요한 결정들을 내려야 한다).

이렇게 당신의 '퀘스트'가 시작된다. 이 게임은 기본적으로 죽은 노인의 소원을 수행하는 주요 퀘스트와 이 퀘스트를 완수하기 위한 여러 개의 하위 퀘스트를 중심으로 전개되며, 동시에 아케이넘에서 만나는 다양한 캐릭터가 부여하는 추가적 퀘스트도 제공한다. 당신은 퀘스트를 해결하면서 다양한 경험을 쌓고, 조금 더 나은 캐릭터를 계발하기 위해 더 많은 포인트를 사용하게 된다. 하지만 퀘스트를 수행할지 말지는 전적으로 당신의 결정에 달려 있다. 따라서 게임을 끝마치는 순간에 당신의 캐릭터는 다른 플레이어들의 캐릭터들과는 매우 다른 모습을 갖게 될 것이고, 아케이넘 역시 당신이 게임 캐릭터를 어떻게 계발하고 구축했는가에 따라 처음과는 완전히 다른 게임이 된다.

세 가지 정체성: 가상 정체성, 실세계 정체성, 프로젝트 정체성

아케이넘 같은 비디오 게임을 하려면 여러 가지 흥미롭고 유의미한 정체성을 잘 가지고 놀아야 한다. 아케이넘은 세 가지 유형의 정체성이 동시에 움직이는 일종의 롤플레잉 게임이다. 이때 정체성은 '가상 캐릭터(즉, 비드비드)로서 실제 인물(즉, 제임스 폴 지)'이 갖는 모든 관계를 반영하는 것으로, 각각이 따로 떨어진 부분으로서가 아니라 서로 이어진 하나의 전체로서 작동한다.

먼저 가상 정체성이다. 이는 아케이넘이라는 가상 세계에 존재하는 가상 인물의 정체성을 뜻한다. 내 경우에 하프엘프인 비드비드가 그것이다. 나는 이 정체성을 '비드비드로서의 제임스 폴 지'로 표현하고자 한다. 여기서 비드비드를 강조했는데, 이는 아케이넘이라는 가상 세계에서 활동하는 가상 캐릭터로서의 비드비드를 강조하기 위한 것이다. 나는 게임을 하면서 비드비드의 역할을 맡고 비드비드를 계발한다.

비드비드가 여성 하프엘프인 데다가 내가 지금까지 어떻게 그 캐릭터를 계발해 왔는지를 돌아볼 때, 나는 아케이넘의 가상 세계에는 비드비드가 할 수 있는 것과 할 수 없는 것이 있다는 점을 깨닫게 된다. 예를 들어 게임 속 특정 장소에서 비드비드는 마을 지도자를 기쁘게 할 목적으로 기념비 건립 기금 마련을 위한 마을 회의를 개최하려고 한다. 이런 일을 하려면 우선 똑똑해야 하기도 하지만, 그만큼의 설득력도 함께 갖추어야 한다. 하프엘프는 본래 아주 총명하지만, 게임을 하면서 나는 이에 더해 비드비드가 강력한 설득력을 보유하도록 만들었다(즉, 그녀의 설득력 향상을 위해서 포인트를 사용했다). 비드비드는 마을 회의를 열어 원래 자신이 계획했던 일을 이룰 수 있었다(나의 캐릭터가 만일 다른 재능을 가진 하프오크라면 이렇게 사람들을 잘 설득해서 말끔하게 일을 완수할 수 있었을지 의구심이 든다). 비드비드가 지닌 지혜와 설득력, 그녀가 마을 회의에서 성사시킨 (마을의 캐릭터들로부터 정말 많은 칭찬을 받은) 업적은 모두 나의 가상 정체성의 일부를 이룬다.

가상 존재로서 비드비드(가상 정체성의 나)의 성공과 실패는 내가 게임 속에서 수행한 일과 수행하지 않은 일들이 절묘하게 결합되어 얻어진 결과물이다. 내가 직접 비드비드를 계발했기 때문에, 부분적으로나마 나는 그녀의 성공에 대해서 칭찬을 들어야 하지만, 반대로 실패에 대해서는 그에 따른 비난을 받아 마땅하다. 그러나 비드비드는 여성 하프엘프이며, 아케이넘의 세계를 헤쳐 나가면서 부분적으로는 내가 창조하지 않은 아케이넘이라는 세계에 의해 형성된 존재이기도 하다. 이 부분에 관한 한 그녀의 성공과 실패에 대해 내가 따로 책임질 필요는 없다. 이건 마치 많은 부모가 자녀에게 갖는 감정과 유사한데, 달리 말하면 '나(제임스 폴 지)'는 곧 '내 아이(비드비드)'와 동격이라는 것이다.

　　아케이넘과 같은 비디오 게임에서 작동하는 두 번째 정체성은 바로 실세계 정체성이다. 이것은 컴퓨터 게임을 하는 비가상 인물인 '제임스 폴 지', 즉 나 자신의 정체성을 의미한다. 나는 이 정체성을 '비드비드로서의 제임스 폴 지'로 표현하고자 한다. 이 정체성에서 비드비드는 내가 게임을 운용하기 위해 활용하는 일종의 도구인 데 비하여, 강조 표시한 제임스 폴 지는 실시간으로 아케이넘을 하는 실제 인물 제임스 폴 지에 주목한 것이다.

　　나는 현실에서 다양한 종류의 비가상적 정체성을 지닌다. 교수, 언어학자, 백인 앵글로 아메리칸, 베이비 붐 세대의 중년 남성, 부모, 열성 독자, 중산층 밖에서 성장한 중산층, 한때 독실했던 가톨릭 신자, 영화 애호가 등 수많은 정체성이 이에 해당한다(사실 내 정체성의 대부분을 여기서 자세하게 언급할 필요는 없다). 물론 이 정체성들은 아케이넘을 즐기는 비디오 게임 플레이어로서의 내 정체성에 실제로 영향을 미치거나, 또는 게임하는 과정에서 선택적으로 걸러질 때만 게임과 유의미한 관련성을 갖게 된다. 솔직하게 말하면 아케이넘을 할 때마다 나의 실세계 정체성 중 어떤 것들은 정말 깊숙하게 작용한다. 가령 내가 비드비드에게 부자들을 대상으로 소매치기를 시키면서 희열을 느꼈을 때, 나의 실세계 정체성 중 어떤 것이 긍정적 혹은 부정적으로 작용했을까? 애초에 내가 여성 하프엘프가 되기로 선택했을 때는 어떤가? 칼을 들고 난투극을 벌이는 남성 못지않게 강력한 여성을 만들기 위해서 포인트를 사용하기로 했을 때는 또 어떤가?

아케이넘과 같은 비디오 게임에서 중요한 역할을 하는 세 번째 정체성은 바로 프로젝트 정체성이다. 여기서 '프로젝트'라는 단어는 두 가지 뜻으로 풀이될 수 있는데, 가상 캐릭터(비드비드)에게 자신의 가치와 욕망을 '투영'한다는 의미(투영적 정체성)와 가상의 캐릭터를 만드는 과정 자체를 일종의 '과업'으로 보는 것 둘 다 의미한다(과업 정체성). 비드비드라는 가상 캐릭터는 일정한 시간의 궤적을 그리며 제임스 폴 지라는 실세계 인물이 원하는 캐릭터가 무엇이고 그 캐릭터가 어떻게 되기를 바라는지에 의해 (물론 비드비드가 가진 역량의 한계와 게임 디자이너가 내게 준 자원의 한도 안에서) 결정되는 완전히 새로운 창조물이다. 프로젝트 정체성은 가장 설명하기 어려운 개념이지만, 아케이넘과 같은 게임이 지닌 힘을 이해하는 데 가장 중요한 정체성이기도 하다. 나는 이 정체성을 '비드비드로서의 제임스 폴 지'로 표현하고자 한다. 여기서 '~로서의'라는 말을 강조했는데, 이는 프로젝트 정체성이 실제 인물과 가상 캐릭터의 경계선 위에 있다는 점을 강조하기 위한 것이다.

아케이넘이라는 비디오 게임은 플레이어인 내가 비드비드라는 가상 캐릭터를 만들어 나가는 과정에서 어느 정도의 자유를 허용한다. 투영적 정체성의 범주 안에서 나는 그녀(비드비드)가 어떤 유형의 '인물'이 되어야 할지, 내가 게임을 끝마칠 때까지 그녀가 어떤 종류의 '인생사'를 겪어야 할지 고민한다. 이때 나는 비드비드라는 가상 인물과 그녀의 인생사가 내가 지닌 가치관을 반영해 주기를 원한다. 동시에 나는 그런 나의 가치관을 되돌아보고 비판적으로 분석할 수도 있어야 한다. 왜냐하면 비디오 게임을 하기 전에는 내가 사는 세상을 하프엘프에 투영할 필요가 없었지만, 적어도 게임에 몰입하는 동안에는 게임 속 인물의 인생사가 내가 아케이넘의 땅에서 비드비드로 살아가면서 배운 것들을 반영하기 때문이다. 잘 만들어진 롤플레잉 비디오 게임은 언제나 실세계의 인물인 내가 무엇을 소중하게 생각하고 무엇을 그렇게 생각하지 않는지를 다시금 돌아보게 만든다.

다양한 정체성의 실존 인물인 제임스 폴 지, 즉 '나'라는 창조물 역시 어떤 식으로든 수정된다는 점 또한 직시해야 한다. 비록 나는 다른 모든 인간과 마찬가지로 계속해서 변하겠지만, 어떤 특정 순간에 나는 현재의 나일 수밖에 없다(나는 머리카락이 더 많으면 좋겠지만 그렇지 않다. 나는 날씬하면 좋겠는데 그렇지 못하다. 나는 더 좋은 게임 플레이어가 되고 싶지만 그렇게 되기 어렵다). 따라서 적어도 당분간은 스스로의 한계를 안고 살아가야 한다. 나의 가상 분신인 비드비드 역시 게임 속에서 어떤 순간에 특정한 방식으로 수정되는 피조물이다. 그녀는 어떤 분야에서는 능숙하지만 다른 분야에서는 서툴 것이다(소매치기에는 능하지만 자물쇠 따기에는 서투르다). 그러므로 나는 적어도 게임 속에서 주어진 시간만큼은 그녀의 한계를 안고 살아가야 한다.

앞으로 비드비드가 이렇게 되면 좋겠다고 생각하는 인물상과 그녀가 경험하기를 바라는 인생사, 요컨대 내가 비드비드를 통해서 구축하고 싶은 인물과 인생이 바로 '과업 정체성'이다. 이것은 비드비드에 대한 나의 욕망이기 때문에 과업 정체성은 내 것이기도 하고 그녀의 것이기도 하며, 그녀의 한계와 나의 한계를 모두 초월할 수 있는 공간을 만들어 내기도 한다.

프로젝트 정체성이 무슨 뜻이고, 그것이 비드비드라는 가상 정체성이나 제임스 폴 지라는 실세계 정체성과 어떻게 다른지 좀 더 명확하게 알기 위해서는 이 세 가지 정체성이 각기 다른 방식으로 '실패'할 수도 있음(또는 성공할 수도 있음)을 가정해 보아야 한다.

가상의 게임 캐릭터인 (내 분신으로서) 비드비드는 전투에서 상대 캐릭터를 꺾는 데 실패할 수도 있다. 그 시점에서 하프엘프로서 비드비드가 이런 험난한 전투에서 승리할 정도로 강력하지 않기 때문이다. 이는 내가 비드비드가 되고 싶다면 감수해야 할 한계이다. 따라서 비드비드라는 역할 안에서 내가 필요로 하거나 원하는 것을 성취하기 위해 어떻게 해야 할지 깊게 고민하고 숙고해야만 한다(나는 체력이 너무 약해서 실제로 그런 능력이 없다).

실세계 인간인 게임 플레이어(제임스 폴 지)가 게임을 효과적으로 하지 못할 때, 비드비드는 매우 연약한 생명체와의 싸움에서조차 패할 수 있다. 그렇다고 해서 한창 진행 중인 게임을 끝내고 저장할 수도 없는 노릇이다(이길 수 없는 싸움이라고 중도에 게임을 포기하는 것은 바람직하지 않다). 플레이어인 나는 (비드비드의 선천적 특성으로 인해) 공간 지각 능력이 특히 부족해서 게임 속 미로에서 나(비드비드)의 길을 제대로 찾지 못할지 모른다. 심지어는 내가 예전부터 믿어 왔던 가톨릭의 금기 때문에, 나는 공짜로 환락가로 데려다주겠다는 어느 낯선 노파의 제안을 비드비드가 절대 수락하지 못하게 할 거라는 점도 깨달을 것이다.

이런 것들은 게임 플레이어로서의 내가 현실 세계에서 부닥치는 한계들(다른 많은 정체성과 정체성이 교차하는 지점들)이자, 동시에 게임을 끝까지 해서 결국 더 잘하길 원한다면 반드시 감수해야 할 제한점들이다. 나와 같은 베이비 붐 세대가 비디오 게임을 하면서 깨닫는 뼈저린 한계가 하나 있는데, 우리 세대가 선호하는 배움의 방식이나 생각의 방식이 이런 비디오 게임에서는 전혀 도움이 되지 않는다는, 심지어 해롭기까지 하다는 사실이다(우리 세대 사람들은 충분히 이곳저곳을 돌아다니거나 탐험하지 않은 채, 무조건 원하는 목적지에 빨리 도달하기만을 원한다).

실제의 나(제임스 폴 지)라는 사람이 비드비드(가상의 나)가 원하지 않거나 해서는 안 되는 일들을 그녀에게 강요한다면, (나의) 과업으로 만들어진 비드비드의 프로젝트 정체성이 실패할 수도 있다. 가령 나는 게임을 시작하자마자 비드비드가 제퍼호의 노인에게서 건네받은 반지를 다른 사람에게 팔게 했다. 이런 행위는 게임 플레이의 측면에서 보면 실수라고 보기 어렵다(나는 정말로 이런 실수를 하지 않는다). 그것은 게임의 내적 디자인 문법이 허용한 행동이고, 게임 세계에서 특별히 나쁜 결과를 초래하지도 않는다. 또한 하프엘프의 능력이 부족해서 할 수 없는 일이거나, 그들이 너무 원칙적이거나 욕심이 없어서 하지 못하는 일도 아니다. 따라서 반지를 팔게 만드는 일이 반드시 가상 캐릭터로서 비드비드의 정체성에 위배되는 것은 아니다.

하지만 그런 행동은 내가 원하는 피조물이 비드비드라는 점에서 보자면, 뭔가 잘못된 것이었다(혹은 게임이 끝날 무렵에 부분적으로라도 그건 잘못된 일이었다). 내가(비드비드가) 그 반지를 팔았을 때, 나는 그녀가(비드비드가) 경험하지 말았어야 할 인생사를 만들고 있음을 깨달았다. 나는 비드비드가 좀 더 똑똑하고 사려 깊게 행동하면서 마지막에는 후회 없이 자신이 한 일들의 역사를 돌아볼 수 있는 인물이 되기를 바랐다. 하지만 나는 '비드비드를 실망시켰고', 그래서 게임을 멈추고 처음부터 다시 시작하기로 결정했다. 다시 말해 프로젝트 정체성(나의 과업으로서 비드비드)의 측면에서 보자면, 나는 게임 세계의 경계를 넘어서 내가 창조한 세계의 영역으로 들어가려는 나의 감정과 동기를 비드비드에게서 찾고 있었던 것이다.

젊은 세대의 게임 플레이어들은, 헤일로의 '마스터 치프'와 같은 슈퍼히어로가 등장하는 일인칭 슈팅 게임 도중에도 '캐릭터를 실망시켰다'는 이유로 해당 전투 장면에서 게임을 끝내고 처음부터 다시 시작하는 경우가 흔하다(심지어 일인칭 슈팅 게임의 캐릭터는 비드비드와 달리 선택하거나 계발할 수 없는, 있는 그대로 받아들여야 하는 캐릭터다). 왜냐하면 그들은 슈퍼히어로에 걸맞은 방식으로 정말 멋지게 전투에서 승리하기를 원하기 때문이다. 동시에 게임 캐릭터에 대한 일종의 책임감 같은 것을 느끼기 때문이기도 하다. 즉 게임 플레이어는 가상 세계에서 활동하는 자신의 캐릭터가 어떤 인물이 되어야 하며 그 캐릭터가 수행하는 행동의 궤적이 어떻게 그려져야 하는지를 결정하면서 자신의 정체성을 투영하는 것이다.

마찬가지로 (물론 예외는 있겠지만) 대다수의 게임 플레이어는 일인칭 슈팅 게임 캐릭터인 슈퍼히어로가 나쁜 적들뿐만 아니라 무고한 '일반인들'까지도 죽이게 내버려 두지 않을 것이다. 게임 플레이어들은 이런 행위가 자신들이 바라는 슈퍼히어로(악당을 물리치기 위해서 자신들의 세상에 투영시키고 있는 인물상)의 모습으로는 적합하지 않다고 보기 때문이다. 실제로 나는 비드비드가 성가신 닭을 죽였을 때 정말 크게 후회한 적이 있었는데, 앞에서 언급한 나의 독선적 추종자는 여지없이 이런 나(비드비드)의 행동을 비판했다. 플레이어는 자신의 캐릭터가 어떤 모습이어야 하고 또 어떤 모습이 될 수 있을지에 관해 자신이 옳다고 생각하는 가치와 비디오 게임이 가르쳐 준 교훈에 근거하여 정체성을 투영한다.

'가상 캐릭터로서의 플레이어'라는 관계를 고려할 때 정체성(가상 정체성, 실세계 정체성, 프로젝트 정체성)의 삼위일체적인 작동 방식은 매우 강력하다. 이것은 소설이나 영화의 캐릭터들에 작용하는 정체성의 한계를 초월한다. 이 세 가지 정체성이 비디오 게임에서 작동하는 방식은 능동적이면서도 성찰적이다. 일단 플레이어가 가상 캐릭터에 관해서 어떤 선택을 하게 되면, 가상 캐릭터는 현재 플레이어가 의도하는 특정 요소들을 반영하게 된다. 동시에 이렇게 만들어진 가상 캐릭터는 게임 플레이어의 향후 행동에 영향을 미친다.

비디오 게임 플레이어로서 나는 게임이 끝났을 때 비드비드를 아주 자랑스럽게 여겼다. 소설이나 영화에서는 등장인물과 나를 동일시한 적은 있어도 그들에게 자랑스러운 감정을 가졌던 적은 지금껏 한 번도 없었다. 물론, 소설이나 영화의 등장인물들이 해 낸 자랑스러운 행동과 업적을 생각하면서 그들 스스로가 느꼈을 자긍심에 감정이입이 되기는 했다. 하지만 이와 달리 비드비드에게 느끼는 나의 만족감은 다양한 수준에서 '그에 대한 자부심'과 동시에 '나에 대한 자부심'과 연결되어 있었다(물론, 게임 속 사건들이 다르게 전개되었다면 나의 자부심이 후회로 바뀌었을지도 모른다). 그리고 이런 생각은 결코 이기적인 것이 아니다. 어떤 면에서 이건 게임을 즐기면서 (나를 현실 세계 밖으로 데려가) 내가 살고 있는 현실 세계를 성찰하고 초월하게 해 준 것들에 대한 자부심이기에 오히려 이타적인 것이라고 할 만하다.

정체성과 학습

이 책의 주제를 한마디로 말하자면, 좋은 비디오 게임의 디자인에는 좋은 학습 원리들이 반영되어 있다는 것이다. 이와 관련한 몇 가지 중요한 학습 원리를 살펴보고, 아케이넘에서 다양한 정체성으로 게임하는 것이 어떻게, 왜 비디오 게임 밖의 세계에서 벌어지는 학습과 관련되는지도 토론해 보자.

아케이넘을 잘하기 위해서는 다양한 정체성을 진지하게 취급할 수 있어야 한다. 사실 모든 형태의 '심층 학습', 즉 능동적이고 비판적인 학습의 과정에서는 다양한 정체성이 여러 방식으로 작동한다. 우리가 시간과 노력을 들여 학습의 과정에 적극적으로 참여하며 온전히 몰입하려는 의지가 없다면, 해당 기호 영역의 맥락 안에서 무언가를 심층적으로 배우기 어려워진다. 이렇게 학습 과정에 몰입하고 헌신하기 위해서는 학습자가 기꺼이 스스로를 새로운 정체성을 가진 사람, 다시 말해 새로운 기호 영역의 내용을 배우고 사용하고 판단할 수 있는 그런 사람으로 바라볼 수 있어야 한다. 결과적으로 누구든 어떤 영역에서 성공적인 학습자가 되기 위해서는 그 영역의 공동체에 속한 사람들이 그 학습을 가치 있게 받아들일 것이라는 믿음이 있어야 한다.

미국에서는 빈곤한 가정의 일부 흑인 어린이와 청소년이 학교에서 배우는 읽기와 쓰기를 거부하기도 하는데, 그 이유가 흑인 학생들은 학교에서 배우는 리터러시가 그들과 그들의 가치를 무시하는 '백인적인 것'이라고 보기 때문이라는 주장이 있다. 이 흑인 학생들은 학교에서 아무리 성공적으로 잘 읽고 쓴다 해도, 결국에 인종주의 사회가 그들이 좋은 직업과 신분, 권력을 갖게 되는 상황을 허락하지 않을 것이라고 믿는다. 따라서 이들은 학교에서의 성공을 위해 필요한 새로운 정체성, 즉 학교에 적합한 읽기 및 쓰기 능력을 가치 있게 여기고 이를 배워 사용함으로써 자기 자신의 가치를 인정받고 존중받는 '그런 사람'으로서 자기 자신을 상상하지 않을 것이다. 새로운 정체성에 대한 확신이 없으면, 심층 학습이 일어날 수 없다. 이 경우 학생들은 능동적, 비판적 학습에서 요구되는 시간과 노력을 투자하지 않을 것이며, 헌신적으로 능동적이고 비판적인 학습의 과정에 참여하지도 않을 것이다. 결국 이 흑인 학생들은 학교에서 경험하는 학습 정체성이 오히려 자신들이 추구하는 삶의 정체성에 해를 끼칠 수 있다고 여겨서 학교에서 배우는 일 자체를 거부할 것이다.

아케이넘과 같은 게임에서 다양한 정체성이 삼위일체적으로 작동하는 양상은 학교에서 능동적이고 비판적으로 교과 내용을 공부할 때뿐만 아니라 다양한 기호 영역에서 능동적이고 비판적인 학습을 할 때도 핵심 근간이 된다. 학교에서 이루어지는 바람직한 과학 수업을 예로 생각해 보자.

먼저, 가상 정체성에 대해서 생각해 보자. 바람직한 과학 교실에서 가상 정체성은 매우 중요한 역할을 한다. 이 교실에서 아이들은 '과학자로서의 학습자'라는 정체성을 형성하는 데 도움이 되는 다채로운 언어적 경험, 사회적 상호작용, 교실 활동에 참여한다. 그런데 이때 도대체 무엇을 어떻게 하라는 말일까? 세상에는 다양한 과학 영역이 있고, 다양한 과학자가 있다. 그래서 교사는 특정한 영역의 과학자가 된다는 것이 무엇인지를 잘 보여 주는 방식으로 학생들 앞에서 말하고, 행동하고, 상호작용할 수 있어야 한다. 또한 그런 유형의 과학자가 지닌 가치관과 신념 등을 몸소 실천할 수도 있어야 한다. 즉, 특정 과학 분야에 어울리는 특정 관점을 취하고 발전시키는 과정을 일련의 인지적, 사회적 실천으로 보는 것이다. 당연히 교실의 학생들은 '진짜' 과학자가 아닐 뿐 아니라, 가까운 미래에 반드시 그들이 전문 과학자가 되리란 법도 없다. 따라서 과학 교실에서의 정체성은 과학자 자체가 아니라 '과학자로서의 학습자'라는 가상 정체성인 것이다.

내가 아케이넘에서 비드비드란 캐릭터를 선택해 정체성을 계발했던 것처럼, 과학 수업에서 학생들은 이 가상 정체성(특정한 영역의 과학자가 되는 것)이 자신들이 공부하는 (과학) 기호 영역의 역사와 작동 방식에 결부되어 있을 뿐만 아니라, 그들 스스로 이 가상 정체성에 관해 (그 영역과의 호환성이 인정되는 한에서) 어떤 선택을 할 수 있을 만큼 열린 태도를 지녀야 한다는 점도 분명하게 인지해야 한다. 내가 초등학교 4학년 교실에서 관찰했던 아이들은 생장 속도가 매우 빠른 식물에 관한 실험 학습을 했었는데, 이때 실제로 그 식물을 길러낸 과학자(과학자가 어떻게 생각하고, 판단하고, 행동해야 하는지에 대해 확고한 견해를 가지고 있던 과학자)와 교사(학생들이 과학을 배울 때 어떻게 생각하고, 판단하고, 행동하기를 원하는지에 대해 확고한 견해를 가지고 있던 교사)의 협력 지도를 받았다. 이 교실에서 아이들은 선생님이 설정한 '과학을 하는 과학자'의 방식으로 행동하고 상호작용하면서, 그런 방식으로 과학의 언어도 사용해야 했다. 또한 학생들은 과학자라는 가상 정체성으로 학습하는 동안 자신들만의 독특한 스타일도 선택할 수 있었다.

실제로 내가 관찰한 효과적인 과학 수업에서도 학생들은 어떤 질문을 탐구하고 싶은지, 그 질문에 답하기 위해 어떤 실험을 해야 하는지 스스로 선택할 수 있었다. 이 과정에서 어떤 아이들은 다른 학생들에 비해서 더욱 긴밀하게 협력 학습의 과정에 참여했다. 어떤 아이들은 실험을 하기 전에 남들보다 더욱 꼼꼼하게 관련 자료를 조사했고, 또 다른 학생들은 실험이 끝난 후에 다른 사람들보다 더 치밀하게 연구 결과를 검토했다. 어떤 학생들은 이전 실험에서 품은 의문점 때문에 해당 실험 결과를 다시 확인하려고 재실험을 했지만, 어떤 아이들은 남들이 하지 않은 새로운 실험을 창의적으로 시도하기도 했다. 더욱이 아이들의 인종적, 언어적 배경으로 인한 발음이나 억양의 차이에 상관없이, 이 교실에서는 모두가 과학 학습의 규칙을 준수하기 위해 식물에 관한 과학 용어와 어휘, 표현을 적극적으로 사용하려고 노력했다.

이번에는 실세계 정체성에 대해 생각해 보자. 바람직한 과학 교실에서는 '과학자로서의 학습자'라는 실세계 정체성도 중요하게 작동한다. 모든 학습자는 실세계 정체성을 과학 교실에 날것 그대로 가지고 들어온다. 내가 아케이넘을 할 때도 그랬듯이 학생들 각각은 다양한 실세계 정체성을 지니고 있는데, 가령 어떤 학생은 중산층, 남자, 아프리카계 미국인, 포켓몬 애호가, 랩 음악 전문가 등 여러 정체성으로 설명되기도 한다. 그러나 내가 아케이넘을 할 때 여러 실세계 정체성이 게임 플레이어의 정체성을 통해서 걸러졌던 것처럼, 과학 교실에서 공부하는 아이들의 다중적인 정체성 역시 '학습자, 학교에서 공부하는 학습자, 학교 과학 시간에 과학을 공부하는 학습자'라는 정체성을 통해서 걸러진다.

그런데 만일 어떤 학생이 교실에 가지고 오는 '학습자, 학교에서 공부하는 학습자, 과학을 공부하는 학습자'로서의 실세계 정체성이 과거의 불행한 경험으로 인해 이미 상처받은 것이라면(많은 아이가 실제로 그렇다), 그렇게 망가진 정체성이 회복되지 않는 한 이 학생에게서 능동적이고 비판적인 학습을 기대하기란 쉽지 않다. 예컨대 여러분이 이전에 어떤 비디오 게임이나 롤플레잉 게임을 배우는 일에 실패했던 경험을 지닌 채 아케이넘을 처음 배우기 시작했다고 상상해 보자. 예전에 에이지 오브 엠파이어, 스타워즈: 갤럭틱 배틀그라운드 또는 워크래프트 3 같은 실시간 전략 게임을 배우려고 했을 때, 나 역시도 이런 일을 겪었다. 최근까지도 나는 시간과의 싸움이라는 생각에 주눅 든 나머지, 실시간 전략 게임을 그다지 잘하지도, 즐기지도 못했다. 그래서 일종의 정체성 '치유'가 필요했고, 한동안 '상처받은' 플레이어들이 실시간 전략 게임을 잘 배울 수 있게끔 고안된 라이즈 오브 네이션이라는 비디오 게임을 해야 했었다.

그런데 과학 수업 시간에 아이들이 자신의 실세계 정체성과 과학 학습자라는 가상 정체성(즉 특정한 유형의 과학자)을 연결할 수 없다면 어떻게 될까? 더군다나 교사나 주변 사람들이 이 학생들의 연결 작업을 도와주지 않거나 심지어 그 연결 고리를 끊어 버린다면 어떻게 될까? 그들의 학습은 또다시 큰 위험에 봉착할 수밖에 없다. 예를 들어 스스로를 테크놀로지 학습에 능숙한 가정의 일원이라고 믿는 아이들은 실세계 정체성 중의 하나("우리 같은 사람들은 테크놀로지에 관한 것들을 잘 배우지. 그런 걸 배우는 건 정말 별것 아니야.")와 과학 수업에서 중요한 가상 정체성("특정 영역의 과학자들은 교실에서 다루는 테크놀로지 학습을 두려워하거나 미루지 않아.")을 튼튼한 다리를 만들어 연결할 수 있다는 점에서, 그렇지 않은 아이들에 비해 과학 수업에서 매우 유리한 위치에 놓인다. 따라서 만일 어떤 아이에게 실세계 정체성과 가상 정체성을 연결할 능력이 없거나 그 아이가 아예 그렇게 하려 하지 않더라도 '정체성 치유 작업'이 이루어져야 한다.

그렇다면 이런 정체성 치유 작업은 어떻게 수행될까? 사실 쉽지 않은 일이다. 하지만 어떤 점에서 정체성 치유 작업은 사회적, 문화적 다양성이 큰 교실에서 요구되는 바람직한 교육의 모습이 어떠해야 하는지 넌지시 일러준다. 사실, 교수학습 방법으로서 정체성 치유 작업은 그런 치유가 필요한 학생들뿐만 아니라 수업에 참여하는 다른 모든 학생에게도 두루 도움이 되는 상당히 진일보한 형식의 교육을 가능하게 한다.

이런 종류의 효과적인 교수·학습을 위해서는 다음의 세 가지 문제를 고려해야 한다.

1. 학습자가 배움을 두려워하는 이유를 극복하고 새로운 배움을 시도할 수 있도록 도와주어야 한다.
2. 학습자가 배우고자 하는 동기가 부족한 상태에서 학습을 시작하더라도 더 많은 노력을 기울일 수 있도록 도와주어야 한다.
3. 학습자가 충분한 노력을 다했을 때, 그것은 반드시 의미 있는 성공을 거둘 수 있는 학습이어야 한다.

여기서 중요한 학습 원리 세 가지를 알 수 있는데, 첫째, 학습자에게 특정 영역에서 새로운 것을 시도할 의지가 없다면 학습자는 딱히 그 일에 노력하지 않을 것이며, 둘째, 노력이 없는 성공은 보람이 없을 것이고, 셋째, 아무리 열심히 노력해도 성공으로 연결되지 않는다면 그 역시 부질없다는 것이다.

이것은 매우 기초적인 학습 원리들이다. 하지만 최근의 거창한 교육 담론들은 이렇게 기초적인 것들을 그다지 진지하게 취급하지 않는 듯하다. 특히 학생들이 학교에 가지고 오는 다양한 정체성이 어떻게 배우고자 하는 동기와 노력에 영향을 미치는지 대해서는 깊게 논의하지 않는다.

비디오 게임은 적어도 어떤 학습자에게는 이 세 가지 측면에서 특별한 쓸모를 지닌다. 예를 들어 비디오 게임을 처음 시작했을 때 나는 게임 플레이어로서 내 안에 있던 두려움과 손상된 정체성을 떠올렸다. 나는 옛날부터 비디오 게임 같은 것들을 한 번도 잘해 본 적이 없다. 어린 시절에 아주 초기 형태의 비디오 게임을 할 때마다 나의 일란성 쌍둥이 형에게 항상 졌던 기억이 전부다. 나중에는 어떤 것이든 새롭게 성공하기에는 이미 너무 늦어 버렸다고 스스로 느꼈다. 게다가 게임을 처음 시작할 때 나의 실세계 정체성 중 어떤 것이 과연 가상 세계 상황 및 정체성을 연결하는 다리 역할을 할 수 있을지 전혀 상상할 수 없었다(가령 나는 항상 외계인을 좋아했지만 게임에서는 외계인을 폭파시켜야 했다).

그렇다면 어떻게 나는 비디오 게임이라는 새로운 시도를 할 수 있었을까? 사실 그 시작은 내 아들이 위니 더 푸를 시작으로 파자마 샘, 프레디 피쉬, 풋풋, 스파이 폭스로 옮겨가면서 비디오 게임을 하는 모습을 지켜보았을 때였다. 나는 그 게임 중 일부를 직접 해 보기도 했다(그냥 아들을 도우려고). 그리고 게임 가게에서 '무작위로' 고른, 별로 유명하지도 않은 게임이었던 뉴 어드벤처 오브 타임머신을 시도했다. 당연히 이 게임이 가진 문학(허버트 조지 웰스의 책 『타임머신』)과의 연관성이 내 흥미를 자극했기에 실세계 정체성 측면에서 좀 더 잘 받아들일 수 있었다. 아이로 인해 게임에 몰입하게 되면서, 나는 비디오 게임이라는 기호 영역에서 초보자 수준의 성공을 거두려면 어느 정도의 실력이 있어야 하는지 감을 잡을 수 있게 되었고, 계속해서 연습하고 노력해서 점점 더 나아질 수 있었다. 어떤 영역에서든 상처받은 학습자가 치유되기 위해서는 일종의 스토리가 필요한 것이다(물론 학습자의 개인차만큼이나 다양한 스토리가 가능할 것이다).

정체성 치유의 경험을 통해서 나는 심지어 비디오 게임이 심리학자 에릭 에릭슨이 말한 일종의 심리사회적 유예기 상태를 만들어 낸다는 점도 배웠다. 심리사회적 유예기는 실제 삶에 미치는 영향이 크지 않아서 학습자가 기꺼이 위험을 감수하면서 배울 수 있는 여지를 만들어 준다. 그러니까 당신이 게임 도중에 실패하더라도 언제든 그 시점에서 게임을 저장하고 다시 시작할 수 있는 것이다. 또한 처음부터 게임의 난이도를 조정(일종의 맞춤 제작)할 수도 있다. 따지고 보면 하고 싶은 게임을 선택할 수도 있다. 어떤 비디오 게임은 잘하기 위해 상당한 노력을 기울여야 하지만, 상대적으로 실패 비용이 적으면서 성공 보상은 큰 게임도 많다. 그렇다고 해서 이런 게임들이 마냥 쉬운 것은 아니라서 플레이어들이 어떤 부분에서는 어려워하기도 하고 어떤 부분에서는 좌절하기도 한다(사실 정말 그렇다). 물론 비디오 게임 플레이어들은 그들이 얼마나 잘할 수 있을지 걱정도 하지만, 중요한 것은 이 걱정이라는 비용이 학교에서만큼 엄두도 못 낼 정도로 비싸지는 않다는 점이다.

내가 처음 비디오 게임을 일단 시도해 보자는 마음이 들었을 때, 도대체 무엇 때문에 기꺼이 큰 노력과 긴 시간을 들여 그렇게 열심히 게임에 집중했던 것일까? 잘만 선택한다면 비디오 게임은 꽤 설득력 있는 가상 세계를 제공한다. 나는 뉴 어드벤처 오브 타임머신의 가상 세계가 정말 놀랍다는 것을 알았다. 특히 어떤 빛의 물결이 세상을 지나갈 때 게임에 등장하는 모든 어른 캐릭터가 자기 아이들의 자아로 바뀌고 또한 모든 아이가 어른의 자아로 바뀌어서, 내가 선택한 가상 캐릭터인 브랜든 웨일즈가 때로는 소년일 수도 때로는 어른일 수 있다는 점이 특히 맘에 들었다. 나를 게임에 몰입하게 한 이 힘이 당신에게는 같은 방식으로 적용되지 않을 수도 있다. 실제로 내가 게임을 처음 시작할 때 작용했던 이 힘은 지금 내가 게임을 지속하게 만드는 힘과는 또 다른 것이다. 하지만 학습 맥락으로서의 가상 세계와 가상 정체성이 학습자에게 어느 정도 설득력을 갖지 못한다면, 심층적 학습을 기대하기란 쉽지 않다. 왜냐하면 해당 기호 영역에 숙달하기 위해서 요구되는 일정 정도의 노력과 실천을 학습자가 원하지 않을 것이기 때문이다.

뉴 어드벤처 오브 타임머신에서 특별히 나를 매료시킨 부분은 내가 선택한 게임 속 가상 캐릭터와 그가 활동하는 가상의 세계를 나의 실제 정체성과 연결하는 방식들이었다. 예를 들어 문학(책)이나 학문(웨일즈는 과학자임)과 연결되는 지점, 문제 해결 과정(나의 학문적 정체성에 연결되는 또 다른 지점), 중세적이지만 미래적인 세상(이걸 굳이 이야기할 필요는 없지만, 실제로 한때 나는 중세적인 가톨릭 세계에 살았었다), 판타지 세계(나는 항상 현실로부터 도피자였고, 언제나 영화를 좋아했으며, 학문의 상아탑을 싫어할 이유가 전혀 없었다)를 통해서 현실과 가상을 연결할 수 있었다.

그런데 이렇게 현실과 가상을 연결하면서 열심히 노력했더라도 실제 게임에서 아무런 성공도 경험하지 못했다면, 나는 분명 크게 실망했을 것이다. 하지만 동시에 나보다 훨씬 더 출중한 게임 플레이어들이 받는 보상이 내가 얻은 것들과 별반 다르지 않다면, 그 또한 그들에게는 실망스럽지 않을 수 없을 것이다. 이런 경험 때문에 플레이어들은 자신의 영역이 그리 깊지도 풍부하지도 않다고 믿게 된다. 그렇다면 어떻게 노력해야 성공할 수 있을까? 성공이 거저 주어지는 것은 아니라면, 노력으로 보장될 수는 있을까?

좋은 비디오 게임은 대개 다양한 게임 수준에 맞게 각 플레이어에게 적절한 보상이 주어지도록 설계된다. 그래서 노력만 한다면 어느 정도의 성공을 거둘 수 있다. 예를 들어 슈팅 게임에서 여러 차례의 탐험을 거듭한 후에 스피피 소총을 획득했다면, 그건 정말 흥분되는 일이 아닐 수 없다. 왜냐하면 지금까지 내가 적을 물리치기 위해 사용했던 노루발 모양의 쇠막대기보다는 스피피 소총이 훨씬 낫기 때문이다. 하지만 나보다 게임을 훨씬 더 잘하는 당신이라면 아마도 탱크를 발견했을지 모른다.

비디오 게임은 매우 다양한 방식으로 플레이어들에게 성취감을 안겨준다. 우선 비디오 게임은 우리가 '입력 증폭 원리'라고 부르는 매우 강력한 학습 원리에 따라 작동한다. 입력 증폭 원리에 따라 작동하는 시스템에서는, 플레이어가 약간의 입력만으로도 큰 출력을 만들어 낼 수 있다(차를 운전할 때 가속 페달을 살짝 밟아도 거대한 차가 달려 나가는 것과 마찬가지다). 비디오 게임을 할 때 실제로 여러분이 조작하는 버튼은 단 몇 가지이지만, 그로 인해 가상 세계에서는 모든 상호작용적 가능성이 살아 움직이게 된다. 입력 증폭이라는 기제는 학습자에게 커다란 동기를 부여한다.

현실 세계의 과학에서도 종종 입력 증폭의 원리가 작동한다. 화학 실험을 할 때 단 몇 가지 화학 물질을 섞는 것만으로 중요한 발견을 하거나, 암 치료제를 만들거나, 또는 실험실을 폭파시키기도 한다. 수도원 사제였던 멘델과 그의 완두콩을 생각해 보자. 그는 수도원의 정원에서 (제대로 된) 교배 실험을 하다가 지구상의 종의 기원과 발달에 관해 풀리지 않던 자물쇠를 열었다. 뉴턴의 운동 법칙을 생각해 보자. 이처럼 단순하고 우아한 법칙이 수많은 근거를 총망라하면서 엄청나게 많은 통찰을 준다는 사실은 정말 놀랍다. 물론 이 중 어느 것도 큰 노력이 필요하지 않았다고 말할 수 없다. 실제로 멘델은 수년 동안 이런 작업을 했다(그런데 멘델이 수도원 정원에 푹 빠진 것은 고등학교 생물 교사 시험에서 탈락해서 어쩔 도리가 없었기 때문이다). 다만 결과적으로 얻는 것에 비해 실제로 자신이 투여한 노력이 상당히 작아 보일 때 사람들은 매우 만족스러워한다는 점을 기억해야 한다. 이는 마치 기적과도 같다.

비디오 게임은 증폭된 출력 말고도 또 다른 강력한 보상을 제공한다. 내가 뉴 어드벤처 오브 타임머신 게임에서 한참 몰입하여 노력했을 때는 실세계 정체성이나 입력 증폭 경험을 넘어서는 새로운 종류의 매력들도 경험할 수 있었다. 그건 바로 무엇보다 이 게임이 다른 좋은 비디오 게임들과 마찬가지로 나처럼 늙은 베이비 붐 세대에게 새로운 학습법과 사고방식을 권고한다는 점이었다. 나는 타임머신을 하는 동안 내 안에 꿈틀대는 새로운 힘을 발견했다. 내 안에서 새로운 정체성이 자라나고 있었고, 그것이 나의 실세계 정체성에 추가될 것이라는 느낌도 받았다. 이런 원리는 양질의 학습 과정에도 적용되는데, 학습자가 새로운 가치의 정체성을 얻을 때 그것은 새로운 힘을 가져다주며, 이렇게 해서 마침내 '정체성 치유 작업'이 완료된다.

이와 같은 논의는 좋은 과학 교육 또는 어떤 내용 영역에서든 좋은 교육이 달성해야 할 세 가지 공통의 목표를 시사한다. 첫째, 학습자가 직접 배움을 시도할 수 있게 권장하고 안내해 주어야 한다. 이는 학습자가 자신의 실세계 정체성을 연결할 기회, 학습자가 심리사회적 유예기를 누릴 수 있는 장치를 통해서 가능하다.

둘째, 학습자 스스로 더 큰 노력을 기울일 수 있게끔 이끌어 주어야 한다. 이는 학습자가 전심전력하여 몰입할 수 있는 가상 세계와 가상 정체성을 마련할 수 있을 때(교실에서 특정한 영역의 과학자가 되어 보거나 새로운 과학자 역할을 수행하기 등) 가능하다. 학습자를 배움에 끌어들일 필요가 있는 것이다.

셋째, 결국에 해당 기호 영역의 학습 발달 단계에 맞는 적절한 수준에서 학습자의 노력이 성공으로 이어지도록 도와주어야 한다. 학습자는 다양한 수준에서 자신의 노력에 부합하는 성공을 경험하면서 앞으로 언제든지 더 많이 노력하면 더 크게 성공할 것이라는 점을 이해할 수 있어야 한다. 여기서 입력 증폭 원리가 교수·학습 과정 안에 설계되어야 한다. 배움의 과정에서 학습자들이 거둘 수 있는 최고 수준의 성공을 보장하기 위해서는, 그들이 새로운 힘을 발견하고 새로운 가치의 정체성을 형성할 수 있는 공간으로 학습의 가상 세계를 설계해야 한다.

이제 프로젝트 정체성('과학자로서의 학습자')으로 돌아가 보자. 만약 학습자들이 과학 교실에서 투영된 정체성을 취하게 된다면, 그들은 자신들의 가치와 욕망을 이 교실에서 '특정한 영역의 과학자가 되는 것'이라는 가상 정체성에 비출 수 있어야 한다. 또한 이러한 가상 정체성을 자신의 과업으로 생각할 수 있어야 하는데, 이 정체성은 시간이 지남에 따라 그들의 가치, 욕망, 선택, 목표, 행동으로 정의되는 특정한 발달 궤적을 따라서 변화한다. 이렇게 해서 학습에서 주인의식이 창출되는 것이다.

프로젝트 정체성을 취할 때 학습자들은 자신이 '플레이'하고 있는 과학자가 교실 학습의 궤적에서 특정한 이력을 가진 특정한 사람이 되기를 원하게 된다. 내가 아케이넘을 할 때 비드비드에 대한 열망이 있었듯이, 과학 교실의 학습자들 역시 특정한 과학자에 대한 열망이 있을 것이다. 아마도 그들은 자신이 맡은 과학자가 끈기 있고, 실패에 맞서면서, 협력적이면서도 위험을 감수할 줄 알고, 회의적이지만 동시에 창의적인 사람이라는 이력을 갖기를 바랄 것이다. 즉 학습자들이 '일상'의 삶에서 어떤 모습이건 간에, 그들은 자신이 맡은 과학자가 이런 사람이 되기를 원하는 것이다. 과학 학습이 효과적으로 이루어진다면 학습자들은 단지 특정한 과학자(그들의 가상 정체성)의 역할을 맡기만 하는 것이 아니다. 학습자들은 가상의 과학자를 특정한 이력을 가진 특별한 사람으로 만드는 일에 선제적으로 나설 것이다. 자신들의 과학자에게 희망과 욕망을 투사하는 것이다.

어떤 학습자가 자신의 캐릭터(가상 과학자)와 프로젝트(과업, 즉 그 캐릭터를 위해 만든 이력)에 희망, 가치, 열망을 느낀다면, 그것은 단지 그의 실세계 정체성에만 기인하는 것은 아니다(물론 대부분 학습자가 자신의 희망, 가치, 열망, 목표를 성찰한 것이 그 기원이지만). 그 기원은 또한 학습자가 가상 정체성과 가상 세계에 대해 배워 나가는 것(이 교실에서 과학자가 된다는 것이 무엇을 의미하는지에 대해 배우는 것)에 있기도 하다. 당신은 프로젝트 정체성이 실세계 정체성과 가상 정체성 사이에 놓인 상호작용 공간(실제의 나와 가상 세계의 비드비드 사이에 있는 공간)이라는 점을 기억할 것이다. 다시 말해, 프로젝트 정체성은 학습자가 가상 정체성의 한계와 실세계 정체성의 한계를 모두 초월할 수 있는 공간을 의미한다.

만일 교실의 학생들이 프로젝트 정체성을 갖기 위해 배움에 임한다면, 정말 마법 같은 일이 일어날지 모른다. 이 과정에서 학습자는 실제의 정체성으로 가상의 정체성을 취할 수 있는 능력이 있음을 특정 시점에 깨닫게 될 것이다. 현실 세계에서는 아무리 그렇게 하고 싶어도 내가 원했던 여성 하프엘프가 되거나 비드비드를 만들 수 있는 능력이 내게는 없다(여전히 그녀의 인격 일부를 채택할 수는 있지만). 그러나 양질의 과학 수업에서 학습자들은 그들이 원하는 모습의 과학자(그리고 그런 사람)가 될 능력을 갖는다는 것이 어떤 것인지 느끼게 되면서, 스스로 그들의 '캐릭터'를 교실에서 만들어 나갈 수 있다.

물론 학습자들이 반드시 이러한 능력을 깨달아야만 한다거나, 실제로 모두가 과학자가 되어야 할 필요는 없다. 심지어 그들이 특출나게 훌륭한 과학자가 될 수 있다고 생각해야 할 필요도 없다(학습자는 프로젝트 정체성을 통해 결국에는 자신의 한계에 대해서도 배우게 된다). 오히려 학습자들이 스스로 새로운 힘을 감지한 것만으로도 충분하다. 이를 통해서 그들은 아마도 평생 과학에 공감하며 살 수도, 과학 관련 직종에서 전문적으로 일을 할 수도, 과학을 더 깊게 배울 수도, 심지어 과학은 가치가 있지만 인간적인 부분에서는 취약한 일이라고 평가할 수도 있을 것이다.

교사들이 자신이 가르치는 기호 영역(그들이 교실에서 만들어 낼 가상 정체성과 가상 세계)을 신중하게 선택해야 하는 이유가 바로 여기에 있다. 깊게 몰입하여 배울 때 아이들은 프로젝트 정체성을 통해서 새로운 세계의 가치와 새롭게 존재하는 법을 배우게 되는데, 이 세계는 배움의 과정에서 중요하게 작용하는 자신의 실제 정체성("그래, 그게 내가 진정으로 느끼고 생각하고 가치를 두는 것이야.")과 가상 정체성("그러니까 이런 것들이 바로 과학자들이 느끼고 생각하고 가치를 두는 방식이군.")의 강력한 조합에 바탕을 둔다. 이렇게 대조적인 두 가지 정체성(가상과 실제) 사이에서 학습자의 프로젝트가 수행되는 터전이 마련되는 것이다("그래서 나는 바로 지금 여기에서 그런 과학자가 아니라 이런 과학자가 되길 원해.").

학습 원리

이 장의 논의에서 좋은 비디오 게임에 내재된 몇 가지 학습 원리를 도출할 수 있다. 다음은 앞선 2장의 학습 원리 목록에 새롭게 덧붙일 수 있는 것들을 정리한 것이다. 먼저 이미 논의한 원리들을 나열한 다음, 몇 가지 추가 논의가 필요한 원리들을 제시하고자 한다.

6 **'심리사회적 유예기' 원리.** 학습 공간에서의 행동이 현실 세계에 큰 영향을 미치지 않는다면, 학습자는 학습 공간에서 기꺼이 위험을 감수할 수 있다.

7 **헌신적 학습 원리.** 가상 세계가 흥미롭고 가상 정체성이 헌신할 만한 가치가 있다고 느낄 때, 학습자는 자신의 실세계 정체성을 확장하기 위해 더욱더 열심히 노력하며 실천한다.

8 **정체성 원리.** 학습을 위해서는 정체성을 취해야 한다. 학습자는 자신의 가상 정체성을 만들어 나가는 과정에서 기존의 정체성과 새로운 정체성 사이의 관계성을 매개할 충분한 선택권과 기회를 갖게 된다. 학습자가 여러 모습의 실세계 정체성, 가상 정체성, 프로젝트 정체성을 학습 과정에서 서로 연결하고 성찰할 수 있을 때 이 세 가지 정체성은 삼위일체로 작동한다.

9 **자기 지식 원칙.** 가상 세계는 학습자가 해당 기호 영역을 배울 뿐만 아니라 자신의 현재 상태와 잠재력을 깨닫고 나아가 자기 자신에 대해서도 알아 갈 수 있도록 구조화된다.

10 **입력 증폭 원리.** 학습자는 작은 투자만으로 큰 결과를 얻는다.

11 **성취 원리.** 다양한 학습자를 위해 학습의 초기 단계에서부터 각 학습자의 수준, 노력, 숙련 정도에 따라 맞춤화된 내적 보상이 주어지며, 이 보상 체계는 학습자의 지속적 성취도를 나타낸다.

좋은 비디오 게임에는 이런 학습 원리가 작동한다. 학교와 달리, 비디오 게임 개발자들이 깨닫고 있는 것 중 하나는 인간에게 학습이란 상당 부분 실천 효과라는 것이다. 인간은 무언가에 숙달하기 위해 자신이 배운 것들을 잘 실천할 필요가 있다. 다시 말해, 자기가 배운 기술을 일상생활에서 실천하고 연습하지 않는다면 배움의 상당 부분이 사라지게 된다. 학교에서 배운 과학, 수학, 리터러시에 능숙하지 못한 수많은 어른이 생기는 이유는 바로 직장생활이나 가정생활에서 그것들을 규칙적으로 실천하고 연습하지 않기 때문이다.

인간의 학습이 실천 효과라는 사실은 학교에서 경험하는 학습 과정에서 상당한 어려움을 초래한다. 학교에서 배운 내용을 실제로 실천할 기회가 충분하지 않다면, 결코 그 내용을 깊게 배울 수 없기 때문이다. 구체적인 실천 맥락 밖에서 단지 말로 공부하는 것만으로는 심층적 학습을 기대하기 어렵다. 또한 학교에서 배운 것을 숙달하기 위해 다양한 실천 과정에 참여할 때는 그렇게 하고 싶은 학습 동기도 형성되어야 한다. 그렇지 않고 실천 자체가 마냥 지루하다면 아이들은 쉽게 그 과정에 참여하려고 들지 않을 것이다.

좋은 비디오 게임은 플레이어가 매력적인 세계에 참여하여 직접 행동하고 상호작용할 수 있게 만든다. 앞에서 논의한 것처럼, 게임 플레이어는 이런 세계를 대상으로 다양한 정체성을 실험하면서 배움의 과정에 몰입한다. 이 덕분에 게임 플레이어는 종종 자신이 이렇게 확장된 실천 과정에 참여하고 있다는 사실을 인지하지 못한 채 게임에서 필요한 무수한 기술을 반복해서 연습하게 된다. 예를 들어 2장에서 논의한 여섯 살짜리 아이는 천 번도 넘게 피크민을 분류하고 또 분류했다. 나는 전투 중에 비드비드를 마법 주문으로 바꾸고, 필요할 때마다 여러 번 그녀가 칼을 버리도록 했다. 이때 플레이어의 시야는 유의미한 목표에서 벗어난 탈맥락적 기술만을 연습하는 수준을 넘어 게임의 가상 세계에서 자신이 정한 포부와 목표에 맞춰져 있다.

교육자들은 종종 비디오 게임은 매력적이지만 학교는 정작 그런 곳이 아니라고 불평한다. 그들은 아이들이 의미 있는 맥락과 목표에서 벗어나서 기능과 기술을 연습하는 법(기술 집약적 학습)도 배워야 한다고 말한다. 그들은 학교란 그런 방식으로 움직이는 것이며, 실제로 삶이란 것도 그렇다고 주장한다. 그러나 불행히도 우리 인간이 생물학적으로 어떤 존재인지 비추어 볼 때 인간의 학습이 실천 효과를 통해 가장 잘 작동하는 것이라면, 교육자, 정책 입안자, 정치인들이 새로운 교육의 방식을 원한다고 해서 그 방식대로 아이들의 학습이 제대로 이루어질 리 없을 것이다.

사실 반복적인 기술 집약적 학습 맥락에서 잘 배우는 아이들도 있다. 하지만 내 경험에 따르면 이런 아이들은 기술 집약적 교육이 자신들의 목표를 달성하고 나중에 성공하는 데 매우 중요하다는 믿음을 갖고 있으며, 따라서 이런 교육이 실제로 의미 있고 설득력이 있다고 생각하는 경향이 있다. 이 아이들은 (가족과 교사 등) 주변의 여러 권위자를 신뢰하기 때문에 그들이 말한 대로 학교에서의 학습이 중요하다고 믿는다. 하지만 다른 아이들은 그런 신뢰가 없다. 나 또한 마찬가지다.

이에 대해 나는 이미 입장을 분명히 밝혔다. 능동적이고 비판적인 학습이 아닌 수동적 학습은 아무리 그것이 낮은 수준의 서비스 직종에 적합하다 할지라도 오늘날의 현대 세계에서 학습자의 역량 강화를 이끌지 못할 것이다. 학습자가 자신의 목표를 달성하는 데 필요한 활동 맥락을 제대로 이해하지 못하거나 그때 요구되는 학습 과정을 능동적으로 운용할 수 없는 상태라면, 리터러시나 수학을 이미 정해진 과정으로 숙달한다고 한들 평생에 걸쳐 새롭고 다양한 기호 영역에서 민첩하고 효과적으로 배울 역량 있는 학습자를 길러 내지는 못할 것이다.

앞에서 제시한 '성취 원리(11번)'는 좋은 비디오 게임이 플레이어의 노력에 따라 누구에게나 보상을 제공하지만 그 보상의 유형과 수준은 각자의 능력 수준에 따라 달라진다는 점을 말해 준다. 그러나 여기서 더 생각할 볼 문제가 있다. 바로 좋은 비디오 게임은 플레이어가 지속적으로 새로운 것들을 배워 나갈 때 더 크고 좋은 보상을 준다는 것이다. 이는 좋은 비디오 게임에서는 (어느 정도의 숙련도에 도달했는가와는 상관 없이) 초보 학습자와 숙련가의 구분이 모호하다는 것을 의미한다. 만일 플레이어가 단지 '관성적으로'만 행동한다면(그러니까 일종의 '자동 항법 장치'를 가동하여 게임의 문제 상황에서 항상 잘 훈련된, 익숙한 방식으로만 대처한다면), 비디오 게임은 이런 상황을 인지하고 플레이어의 행동에 대한 보상을 철회할 것이다. 이 때문에 게임 플레이어는 지금까지 이룬 능숙함을 돌아보고, 새롭고 더 높은 수준의 학습을 위해 자동화된 행동을 의식적 행동으로 되돌려야 한다. 그리고 이렇게 획득한 새롭고 높은 수준의 기술과 능력은 플레이어가 비디오 게임에서 주어진 엄청난 양의 연습을 수행하면서 점차 완벽해지고 또다시 자동화될 것이며, 이렇게 자동화된 기술과 능력은 게임 후반부 또는 같은 게임에서 더 높은 난도로 새로운 게임을 시작할 때 다시 의식적 행동으로 되돌려져야 할 것이다.

많은 교육자는 실천을 통해서 기술과 능력을 자동화하는 순환 과정을 강조한다. 즉, 새로운 학습 조건에 직면했을 때 그에 필요한 새로운 기술은 배우고, 오래된 기술은 변화시킬 목적으로 자신의 자동화를 돌아보며, 다시 한 번 추가 연습을 통해 새로운 능력을 숙달하면서 자동화를 이끄는 일이 세상을 살아가면서 경험하는 지적 실천의 토대라고 주장한다. 자동화는 어떤 일을 유창하고 능숙하게 실천하는 데 꼭 필요하고 중요하다. 하지만 새로운 조건과 새로운 학습 기회 앞에서 이런 자동화를 능동적으로 변화시키고 또다시 실현하지 못한다면, 그것은 새로운 학습을 하는 데 방해가 된다. 이를 막기 위해서는 이미 무의식적으로 수행되는 기술이나 당연하게 받아들여지는 행동을 의식의 수면으로 되돌리고 그것들이 어떻게 자신이 직면한 문제 상황과 연결될 수 있는지 새로운 방식으로 생각해 보아야 한다. '자동화-적응-새로운 학습-새로운 자동화'라는 순환은 하루가 다르게 새로운 기호 영역을 학습하길 요청하는, 오늘날처럼 빠르게 변화하는 세계에서 능동적인 사유자로 살아남고자 하는 사람들에게는 필수 조건이다. 비디오 게임은 이 순환 과정을 만들어 내고 지속하는 데 꽤 능숙하다.

마지막으로, 지금까지 논의한 비디오 게임 설계의 모든 특징은 비디오 게임이 학습자의 '역량 체계' 내에서 작동해야만 실현할 수 있다. 우리가 게임을 하면서 정말 어렵지만 '못 할 정도는 아니다'라고 느끼는 이유는 비디오 게임이 학습자의 능력과 자원 범위 안에서(비록 종종 그 범위의 가장 바깥쪽에서지만) 움직이기 때문이다. 학습이 언제나 학습자들의 자원 범위 훨씬 안쪽에서 이루어진다면, 그들은 같은 행동을 통해서 계속해서 성공할 것이고 이를 통해서 학습자의 행동은 점점 더 자동화될 것이다. 물론, 이건 우리가 앞에서 본 바와 같이 유창하고 숙련된 수행(실제로 필요함)을 배우고 실천하는 데에는 득이 되지만, 새롭고 고도화된 능력을 계발하는 데에는 방해가 될 수도 있다. 반면에 만약 학습의 과정이 학습자의 능력과 자원 범위 밖에서 일어난다면, 학습자는 그저 좌절하고 포기할 수밖에 없다.

　좋은 비디오 게임은 학습자들에게 다양한 수준에서 필요한 기술을 충분히 연습할 기회를 제공하고, 심지어 그 기술을 자동화할 기회도 제공한다. 동시에 좋은 비디오 게임은 학습자들에게 자신의 한계에서 충분히 역량을 발휘해 볼 기회를 주고, 그렇게 함으로써 학습자들이 관성적으로 수행하는 기술을 다시 생각해 보게 하며, 게임에서도 그리고 학습자의 내면에서도 더 높은 수준으로 성장할 수 있게 한다. 실제로 많은 학습자에게 가장 흥미롭고 보람찬 순간은 다름이 아니라 그들 역량 체계의 한계에 도전하면서 배울 때다. 하지만 안타깝게도 학교에서 소위 '더 혜택받은 학습자들'은 자신들에게 실질적인 요구를 거의 하지 못하는 교과 과정을 따르다 보면 그들 역량 체계의 한계에 부딪혀 보며 새로운 것을 학습할 경험을 갖기가 드물다. 동시에 '덜 혜택받은 학습자들'에게 학교 공부는 언제나 그들의 역량 범위를 벗어나서 움직이고 생각하도록 반복적으로 요구할 뿐이다.

　이제 앞의 목록에 추가해야 할 학습 원리들이 있다. 이 원리들은 좋은 비디오 게임에서 발견되지만, 비디오 게임을 넘어 (능동적이고 비판적인) 심층 학습에서 나타나는 특징이기도 하다.

12 실천 원리. 학습자는 실천이 지루하지 않은 상황에서(즉, 가상 세계가 학습자에게 흥미롭게 느껴지고 그 속에서 거듭하여 성공해 나갈 수 있을 때) 부단히 노력하고 실천한다. 이때 학습자는 학습 과제에 수많은 시간을 쏟아붓는다.

13 지속적 학습 원리. 학습자와 전문가의 구분은 모호하다. 왜냐하면 학습자는 (다음에 제시한 역량 체계 원리에 따라 점점 더 어려운 수준으로 올라갈수록) 새롭거나 변화된 조건에 적응하기 위해 그동안 자신에게 익숙해진 능력과 기술을 던져버려야 하기 때문이다. 지속적 학습이란 새로운 학습, 자동화, 자동화의 철회, 새로운 자동화라는 일련의 순환 과정이다.

14 역량 체계 원리. 학습자는 자신이 가진 자원의 범위 안에서 움직여야 하지만, 동시에 자기 역량의 한계에 도전할 충분한 기회가 주어져야 한다. 학습자는 그 한계점에서 어렵다고 느끼면서도 동시에 '못 할 것이 없다'고 생각하게 된다.

상황적 의미와 학습

: 국제 음모를 파괴한 뒤에는 무엇을 해야 하는가

학습과 경험

　학습에 관한 고전적 관점은 몸이 아닌 정신을 강조한다. 그래서 학습을 일반화와 추상화, 원리와 법칙, 또는 논리적 계산의 문제로 이해하려고 한다. 이런 관점은 인간의 정신을 마치 일련의 기호 조작 규칙에 따라 작동하는 디지털 컴퓨터처럼 취급한다. 하지만 우리는 기호가 컴퓨터의 수행과 조작의 범위를 벗어날 때 아무런 의미도 갖지 못한다는 것을 알아야 한다.

　반면에 대안적 관점에서는 인간의 학습과 사고가 항상 기계적으로 작동하는 것은 아니며, 특히 학습자가 최선을 다해 참여하고 몰입하는 배움의 과정은 더더욱 이런 방식으로 일어나지 않는다고 본다. 이에 따르면 인간은 새로운 것을 배울 때 자신이 이미 경험한 세계를 토대로 생각하면서 문제를 해결한다. 인간은 다양한 지식과 경험을 스스로 축적하고 이들을 서로 연결하고 통합하면서 새로운 것을 배워 나간다.

심지어 정신적 학습이라 하더라도, 인간이 어떤 경험을 마냥 '있는 그대로' 머릿속에 저장하는 것은 아니다. 오히려 인간은 자신의 관심사, 가치관, 목표, 사회문화적 정체성에 준하여 그 경험을 '편집'한다. 이런 편집 과정은 인간이 자기의 경험을 체계적으로 구조화할 수 있게, 가령 우리가 새로운 것을 배울 때 어떤 경험을 중시하고 어떤 경험을 학습에 요긴한 배경지식으로 삼을지를 현명히 판단하는 데 도움을 준다. 나아가 인간은 새롭게 배우고, 생각하고, 문제를 해결하는 과정에서 자기 경험이 새로운 학습의 내용과 어떻게 새로운 방식으로 연결될 수 있을지에도 집중한다.

인간은 새로운 상황에 직면하면 일단 그와 유사한 과거의 경험을 떠올린다. 그리고 이들 경험 중에서 가장 긴밀하게 관련된 요소를 활성화하여 새로운 상황을 이해하려고 시도한다. 우리의 과거 경험은 이렇게 새로운 상황을 이해할 때도 그대로 적용되기도 하지만, 미래의 새로운 학습 상황에서 다소간 조정되어 적용되기도 한다. 이 두 경우 모두, 과거 경험은 우리가 새로운 상황에서 어떻게 학습해야 하는지를 일러주는 일종의 지침이 된다.

인간의 언어를 연구한 수많은 작업은 그 자체로 인간의 사고가 생활세계의 구체적 경험에 깊게 뿌리내리고 있음을 보여 주는 증거다. 단어와 구절로 표현된 인간의 언어가 드러내는 추상적 개념은 사실은 물질세계의 구체적 경험에 기초하고 있는 일종의 은유이다. 가령 '정신(과 사고)'에 관해 우리가 어떻게 말하는지 생각해 보자. 우리는 "왜 이걸 머릿속에 집어넣질 못할까?", "이것을 마음에 담아 두어라.", 또는 "도저히 내 머리에서 좋은 아이디어를 꺼낼 수 없겠어."라고 말하곤 한다. 이때 정신은 사물을 담는 일종의 '그릇'으로 취급된다.

이번에는 '논쟁'에 관해 어떻게 말하는지 살펴보자. 우리는 "그가 당신의 주장을 무너뜨렸어.", "그녀가 자신의 관점을 방어했군.", "그녀는 자신의 주장을 철회했어.", "이 기본적인 전제에 도전해야 합니다."와 같이 말한다. 여기서 논쟁은 '싸움'이나 '전투'로 취급된다. 마지막 예로 '의식'에 대해서 우리가 어떻게 이야기하는지 주목해 보자. "그의 의식이 돌아왔어요!", "그가 의식을 잃었다고요!", "결국 그는 무의식 상태에 들어갔다.", 또는 "의식적으로 과거의 경험으로 되돌아가려고 합니다."와 같이 말한다. 여기서 우리는 의식을 오고 갈 수 있는 일종의 '공간'으로 다룬다.

이런 예들이 수없이 많은 것은 매우 당연한 이치다. 이는 언어가 물질세계의 경험에서 얻은 구체적 이미지를 차용하여 개념적 추상화를 이루듯, 인간의 학습과 사고도 이와 마찬가지라는 점을 말해 준다. 어떤 사람에게 구체적 생활세계 경험과 제대로 연결하기 어려운 매우 추상적이고 탈맥락화된 말이나 상황을 제시하면 손쉽게 그를 어리석어 보이게 만들 수 있다. 불행히도 우리는 학교라는 곳에서 주기적으로 이런 일들을 겪는다.

4장에서는 경험으로서의 비디오 게임이 어떻게 학습과 사고의 과정을 구체화시키는지에 대해 이야기하려고 한다. 좋은 비디오 게임은 학습, 사고, 문제 해결이라는 일련의 과정이 생활세계에서는 어떻게 작동하고, 또 학교에서는 어떻게 작동해야 하는지를 고민할 때 매우 쓸모 있는 관점들을 제공한다. 이를 위해 이 장에서는 특별히 데이어스 엑스(속편 데이어스 엑스: 인비저블 워는 2003년 출시)를 살펴볼 것이다.

데이어스 엑스

데이어스 엑스는 두 가지 게임 장르를 통합한다. 데이어스 엑스는 플레이어가 1인칭 시점에서 적들과 싸우는 1인칭 슈팅 게임이지만, 동시에 아케이넘과 마찬가지로 캐릭터를 선택하고 키우는 롤플레잉 게임이기도 하다. 여러분이 본격적으로 데이어스 엑스를 시작하기 위해서는 먼저 캐릭터의 이름과 모습을 선택해야 한다(가령 게임 캐릭터마다 인종이 다를 수 있다). 실제 그 이름을 무엇이라 하든, 캐릭터의 코드명은 언제나 '제이씨 덴튼'이다. 제이씨는 유엔 테러방지연합 유넷코의 특수 비밀 요원이다. 데이어스 엑스는 2001년 미국의 9·11 테러 이전에 출시되었는데, 이 게임은 도대체 누가 '테러리스트'이고 누가 아닌지, 그들이 각각 어떤 상황에 놓여 있었을지 다시 생각해 볼 계기를 만들어 준다.

제이씨 덴튼은 '나노 증강' 인간이다. 제이씨와 그의 형제인 폴은 혈액에 포함된 '나노 유기체' 테크놀로지를 사용해 고급 수행 능력을 증강할 수 있다. 나노 유기체는 사람의 세포 안에 들어갈 정도로 매우 작은 크기의 로봇이다(게임 세계에서 사람들은 나노 유기체가 동맥을 청소하거나 몸 안에서 다양한 수술을 시도할 때 사용되는 초소형 로봇 공학의 미래라고 말하지만, 그런 기술이 우리가 사는 '현실' 세계에서 얼마나 발전하고 있는지는 전혀 알 길이 없다). 혈액 세포로 들어간 나노 유기체 덕택에 제이씨(당신)는 게임 세계에서 필요한 다양한 초인적 능력을 획득할 수 있다.

당신이 제이씨 덴튼의 캐릭터를 선택하면 곧바로 그의 능력을 향상할 수 있는 초기 점수를 얻게 된다. 게임을 시작할 때 제이씨는 열한 가지 기술(컴퓨터 기술, 전자 기술, 환경 적응 기술, 자물쇠 따기 기술, 의학, 수영 능력, 폭발물 철거 기술, 중화기 사용 기술, 재래식 무기 사용 기술, 권총 사용 기술, 소총 사용 기술) 중 하나만을 보유하게 된다. 각각의 기술은 네 가지 수준(미훈련, 훈련, 고급, 숙련가)으로 나뉘는데, 훈련 수준에서 시작하는 권총 사용 기술을 제외한 나머지는 모두 미훈련 수준에서 시작된다. 게임 플레이어(당신)는 초기 점수를 사용하여 다방면에서 제이씨의 훈련 수준을 높일 수 있지만, 이 점수는 단지 몇 가지 기술을 약간만 향상할 수 있을 정도

데이어스 엑스 21세기 중반을 배경으로 한 액션 롤플레잉 1인칭 슈팅 게임이다. 유엔 테러 방지연합 유넷코의 요원인 제이씨 덴튼(플레이어)은 불평등과 치명적인 전염병으로 황폐해진 세상에서 적대적인 세력과 맞서 싸운다.

에 불과하다. 하지만 게임을 진행하면서 추가 점수를 계속해 쌓으면 제이씨의 실력을 훨씬 더 향상할 수 있게 된다.

데이어스 엑스의 초반부뿐만 아니라 이 게임 전반에 걸쳐서 당신이 어떻게 제이씨의 기술을 향상할 것인지 그 의도에 따라 게임의 플레이 방식이 완전히 달라질 수도 있다. 예를 들어 내가 선택한 캐릭터인 제이씨가 자물쇠 따기 기술에서 전문가 수준이라면, 그는 열쇠 없이는 도저히 접근할 수 없는 장소에도 쉽게 들어갈 수 있을 것이다. 반면에 그가 폭발물 철거 기술이 미숙한데도 기어이 폭탄을 해체하려고 든다면, 그만큼 그가 죽을 가능성도 커진다. 만약 제이씨의 컴퓨터 기술이 탁월하다면, 데이어스 엑스의 세계에 널려 있는 수많은 컴퓨터 장치를 쉽게 해킹하여 다양한 정보를 빼낼 수도 있다. 만일 그렇지 않다면, 그는 다른 방법을 동원해서 기밀 정보를 획득해야 한다.

데이어스 엑스 게임이 끝나갈 무렵에 수없이 많은 강력한 로봇 적들을 만나게 되리라는 것을 알게 되었을 때, 나(제이씨)는 지구 밖으로 로봇을 날려 버리기에 딱 좋은 대형 총기를 어두컴컴한 부대 기지의 한구석에서 발견했다. 하지만 나에게는 이런 중화기를 능숙하게 다룰 수 있는 기술이 없었기 때문에, 결국 그날 나는 적진에 잠입하여 암암리에 정교한 작전을 수행하는 것에 그쳤다(솔직히 털어놓자면, 나는 이 교묘한 작전 수행을 통해 얻은 점수를 사용하여 제이씨의 중화기 능력을 향상했고, 결국에 부대로 돌아가 그 총을 찾아서 로봇 적들을 한 방에 날려 버리는 통쾌함을 만끽했다).

하지만 제이씨의 기술 수준을 선택하는 것만이 게임 캐릭터를 계발하는 유일한 방법은 아니다. 앞에서 언급했듯이 그는 나노 증강 인간이다. 제이씨는 몸 전체에 나노 증강에 사용되는 여러 개의 슬롯(홈)이 있다. 제이씨(당신)는 이미 설치된 세 개의 나노 증강 능력을 가지고 게임을 시작한다. 첫째는 제이씨가 지휘관과 동맹국으로부터 실시간으로 신경망 통신을 수신할 수 있게 하는 인포링크, 둘째는 상대를 분석해서 제이씨에게 적대 관계 여부를 알려 주는 피아식별 시스템, 셋째는 제이씨 자체의 생물학적 시스템을 기반으로 발사되는 광선이다.

플레이어(당신)는 데이어스 엑스의 게임 세계에서 특수한 증강 장치(깡통 모양의 캐니스터)를 찾아서 제이씨(게임 캐릭터) 몸의 비어 있는 슬롯을 채울 수 있다. 가령 어떤 캐니스터에는 트럭을 들어 올리는 괴력과 콘크리트 벽을 관통해 볼 수 있는 시력이라는 두 가지 특수 능력이 들어 있다. 하지만 제이씨의 몸에 있는 적합한 슬롯에 캐니스터를 삽입하여 나노 유기체를 혈류로 방출할 때, 당신은 이 캐니스터의 두 가지 특수 능력 중에서 단 하나만을 선택해야 한다. 일단 제이씨 신체의 슬롯을 캐니스터로 채우면 당신이 선택한 나노 증강 능력이 영구적으로 설치되지만, 동시에 다른 선택지는 영원히 사라지고 만다. 따라서 이때 당신은 현명하게 판단해야 한다. 이렇게 선택한 증강 능력은 당신이 데이어스 엑스의 게임 세계에서 캐릭터(제이씨)를 개발하는 방식뿐만 아니라, 당신의 캐릭터가 다양한 적들의 도전에 대항하기 위해 최적의 전략을 사용하는 과정에서도 지대한 영향을 미치기 때문이다. 한 걸음 더 나아가 당신이 업그레이드 캐니스터를 찾을 수 있다면, 이미 설치한 증강 능력을 한 단계 더 보강하여 제이씨를 더욱 강력하고 효율적인 캐릭터로 만들 수 있다.

제이씨의 기술과 나노 증강 능력을 향상시키는 것 말고도 플레이어(당신)의 결정이 게임 전개 방식에 영향을 미치는 경우가 또 있다. 당신은 제이씨의 역할을 플레이하면서 게임 세계의 다양한 캐릭터와 대화를 나누게 된다. 이때 당신은 무슨 말을 어떻게 해야 할 것인지에 관한 다양한 응답 방식을 선택할 수 있다. 당신(제이씨)이 다른 캐릭터와 어떻게 대화하는지는 그 캐릭터가 당신을 어떻게 생각하는지 그리고 당신에게 어떻게 반응하는지에 영향을 준다. 이 때문에 당신은 데이어스 엑스의 가상 세계에서 판이한 결과에 직면할 수 있다. 당신의 언어 선택이 게임 후반부에 일어날 일들에 크게 영향을 미치기 때문이다.

일단 게임을 시작하면 당신은 불운한 시기로 접어든 미래의 세계로 들어간다. 이 세계는 범죄, 테러, 질병이 만연하여 도저히 통제할 수 없는 상태다. 데이어스 엑스에서 한 국가의 정부나 개별 기관은 전 지구적 재난에 민첩하고 효율적으로 대응할 능력이 없다. 마치 중세의 흑사병과 같이 끔찍한 전염병인 '회색 죽음'이 전세계의 도시와 국가를 휩쓸면서 수백만 명이 사망하고 있는 참혹한 실정에서는 더욱 그렇다. 설상가상으로 지금까지 알려진 이 무시무시한 질병의 치료제는 미국 제약 회사인 버사라이프에서 생산했으나 이미 품귀 현상을 빚고 있는 암브로시아라는 백신이 전부다.

데이어스 엑스 게임 세계에서 국제기구인 유넷코의 임무 중 하나는 회색 죽음의 치료제인 암브로시아를 관리하고 통제하는 것이다. 하지만 일반 대중들은 이런 치료제가 존재하는지조차 알지 못한다. 유넷코는 세계 경제가 무너지는 걸 막기 위해 암브로시아의 존재를 비밀에 부친 채 앞에서는 풍요로운 세계를 홍보하면서, 뒤로는 소수 정치인, 고위 인사, 억만 장자에게만 암브로시아를 제공해 왔다. 이처럼 데이어스 엑스의 세계에서는 처음에 겉으로 보이는 것과는 완전히 다른 부조리한 일들이 막후에서 벌어지고 있다.

데이어스 엑스에서 제이씨가 맡은 첫째 임무는 자유의 여신상이 있는 뉴욕의 리버티섬에서 벌어진다. 자유의 여신상 안에서는 엔에스에프라고 알려진 민족 분리주의 테러 단체가 유넷코의 요원을 인질로 잡고 있었다. 제이씨는 엔에스에프가 암브로시아의 실체를 확인하고 이 치료제를 손아귀에 넣어서 복제한 다음 사람들에게 공개하려 한다는 사실을 알게 된다. 이 테러 단체의 전사들은 수시로 전 세계 곳곳의 도시를 누비면서(데이어스 엑스의 맵은 모두 실제 건축 지도를 기반으로 만들어져서 매우 정교하고 미래적이다) 유넷코의 계략과 음모를 밝혀내고, 수많은 문제를 해결하는 과정에서 그들에게 닥친 심대한 위험을 마다하지 않은 채 상대와 대적한다.

그런데 데이어스 엑스에는 여러 가지 도덕적 딜레마가 존재한다. 예컨대 당신은 엔에스에프가 실제로는 '나쁜 녀석들'이 아니며 제이씨와 유넷코 요원도 결코 '좋은 녀석들'이 아니라는 사실을 꽤 일찍 깨닫게 될 것이다. 하지만 당신은 이미 많은 엔에스에프 전사들을 죽이고 말았다. 만약 당신이 이 과정에 매우 열정적으로 임했다면, 당신은 상당한 정도의 죄책감을 느끼게 될 것이 분명하다. 사실 내가(제이씨가) 첫 임무를 마치고 유넷코 기지로 돌아와서 노련한 베테랑 사령관에게 임무 수행 과정을 보고했을 때, 그는 내게 "자네는 비밀리에 적진으로 침투하여 최선을 다해 임무를 수행하는 데 집중하기보다는 너무 쉽게 수많은 적을 보이는 대로 살상했네. 자네는 진정한 군인이라고 보기 어렵네."라고 말했다. 그러면서 사령관은 추가 탄약을 지급하지 않은 채 남아 있는 무기도 신중하게, 인도적으로 사용하라고 주의를 주기까지 했다. 이 대화로 엔에스에프 군사 조직이 유넷코가 주장하는 테러리스트가 아니라는 사실을 알게 되자, 나는 더 큰 죄책감을 느끼지 않을 수 없었다.

게임의 후반부에 이르면 당신은 유넷코의 임무를 수행하다가 중상을 입은 형제 폴을 구하러 갈지, 아니면 유넷코가 부여한 대의를 지키기 위해 전투 현장에서 탈출함으로써 그가 죽도록 방치할지 선택해야 한다(사실 폴은 당신에게 후방을 엄호할 테니 자신을 버리고 신속하게 이곳을 떠나라고 계속해서 촉구할 것이다). 만일 당신이 폴을 구한다면(물론 당신도 살아남는다면), 그는 게임의 후반부에서 중요한 역할을 맡게 될 것이다(반대로 당신이 그를 구하지 않는다면, 나중에 적군의 기지에서 아무 역할도 하지 못하는 그의 몸뚱이를 발견하게 될지도 모른다). 하지만 나는 데이어스 엑스에서 폴을 죽게 놔두었고, 이후 정말이지 큰 후회를 했었다(당시 나는 그를 구하는 데 필요한 게임 기술이 내게 없다고 생각했지만, 사실 그건 단지 비겁한 변명일 뿐이었다).

데이어스 엑스가 끝나갈 무렵, 당신은 처음보다 훨씬 더 많은 것을 알게 될 것이다. 요컨대 데이어스 엑스의 세계가 소수의 부유한 글로벌 엘리트들, 미국 정부와 같이 어두운 장막 뒤에 숨어서 무소불위의 권력을 주무르는 엘리트 집단에 의해 운영되고 있다는 사실을 발견하게 될 것이다. 이 가상 세계의 사람들 대부분은 글로벌 세계에서 실제로 누가 전장의 활시위를 당기고 있는지 온전히 이해하지 못한다. 데이어스 엑스에서 만나는 엘리트들은 세상의 황폐화를 통해서 막대한 이득을 얻는다. 그리하여 게임이 끝날 때쯤, 당신은 이 부조리한 세상을 끝내기 위한 세 가지 최종 행동을 제안받게 된다. 게임에서 당신을 도와 왔던 반동적 캐릭터 세 명이 각기 자신이 추구하는 방법에 당신이 동참하도록 설득하는데, 당신은 이 중 하나를 선택해야 한다.

세 인물 중 하나는 이 세상이 항상 소수 엘리트에 의해 조종되고 있으며 현재의 엘리트 집단은 앞으로 더욱 이기적인 악의 화신으로 타락할 것이라고 경고한다. 그는 자신이 속한 동맹군과 함께 당신이 현재의 지배 엘리트 집단을 대체해야 하며, 당신을 포함한 동맹군 모두가 더 선한 사람들이기 때문에 엘리트들보다 훨씬 더 인간적으로 행동할 수 있다고 설득한다. 그의 제안을 따른다면 당신은 데이어스 엑스 세계의 진정한 엘리트 통치자가 될 것이다. 실제로 당신은 도덕적이며 부패하지 않는 권력을 갖게 될 것이다.

다른 반동 인물은 전 세계가 글로벌 네트워크 통신망으로 연결되어 있는 한 언제나 소수 엘리트 권력 집단이 세계를 움직일 것이라고 주장한다. 따라서 글로벌 통신 인프라를 파괴한 후에 이 세상을 대규모 시스템에서 자유로운 소규모 원시 공동체 형태로 되돌리기 위한 행동에 함께 참여하자고 당신을 설득한다. 그는 이것이 유일하게 실현할 수 있는 도덕적이고 인간적인 미래라고 주장한다.

마지막 인물 역시 이 세계가 항상 소수 엘리트에 의해 운영될 것이라는 주장에 동의한다. 특히 전 세계가 지금처럼 하나의 거대한 시스템으로 연결된 상황에서는 더욱 그렇다고 말한다. 하지만 이 인물은 사실 우연성에 취약한 인간이 아니라 거대하고 정교한 시스템을 지닌 인공지능 인간이다. 따라서 그는 우리가 세상을 운영하기 위해 유일하게 선택할 수 있는 도덕적이고 인도적인 방법은 욕망과 권력으로 쉽사리 타락하는 인간이 아니라 완벽하게 냉철하고 이성적인 존재인 그(인공지능)가 세상을 관리하는 것이라고 주장한다. 그에 따르면, 인류는 역사를 통틀어 모든 사람에게 이득이 되는 비폭력적이고 인도적인 세상을 만드는 데 실패했기 때문에 순전히 이성적이고 논리적인 존재만이 이런 위기 상황에서 가장 현명한 결정을 내릴 수 있다. 이 인공지능 기계는 자신이 세상을 관리할 수 있도록 당신이 과감하게 행동에 나설 것을 독려한다.

이와 같은 선택의 상황에서 당신은 스스로 어떤 결말을 가져올지 결정해야 한다. 부패하지 않는 엘리트로서의 자신? 소규모 공동체로 돌아갈까? 인공지능에 의한 합리적 지배? 결국 나는 데이어스 엑스의 종반부에서 나와 동맹군이 무너뜨린 거대한 글로벌 통신 인프라의 폐허에서 도망쳐 이 세상을 수많은 작은 공동체로 되돌리는 행동에 참여하면서 크게 감격하지 않을 수 없었다. 물론 당신이라면 이와 다른 결정을 내렸을지 모른다.

데이어스 엑스에는 (속편에도) 좋은 비디오 게임이 지닌 중요한 특징 한 가지가 있는데, 이 특징은 다른 무엇보다 강력하다. 데이어스 엑스의 문제 상황에는 거의 항상 두 가지 이상의 해결책이 뒤따른다. 이때마다 플레이어는 자신의 학습 방식과 사고방식, 자신의 플레이 방식에 맞는 해결책을 전략적으로 선택할 수 있다. 이런 특징 때문에 데이어스 엑스는 게임을 하는 일과 게임을 배우는 일 모두에서 학습 동기를 크게 자극하면서, 동시에 플레이어가 자신만의 학습 방식 및 문제 해결 방식(아마도 새로운 것을 실험해 보는 방식)을 성찰할 기회를 풍부하게 제공한다.

비디오 게임의 가상 세계에서 이야기하고 살아가기

데이어스 엑스는 끊임없이 얽히고설킨 풍부한 이야기 구성과 전개를 선보인다. 하지만 데이어스 엑스와 같은 좋은 비디오 게임에서 만들어지는 이야기는 책이나 영화의 그것과는 달리 살아 움직인다. 책이나 영화에서는 첫 에피소드부터 마지막 에피소드까지 순서대로 이야기를 들려주거나, 중간에서 이야기가 시작하여 거꾸로 나중에 이야기의 최초 사건에 이르기도 한다. 두 경우 모두 독자나 관객은 다른 누군가('저자')가 이야기의 전개와 사건의 순서를 이미 결정해 두었다는 점을 잘 알고 있다. 바로 이 '저자(또는 저자들)'는 독자나 관객이 이야기를 이해하는 데 필요한 핵심 정보를 어디에서 찾아야 할지도 미리 정해 놓았다. 가령 영화에서 이야기 전개의 핵심 정보는 숨겨진 일기장이 아니라 두 연인 간의 대화에 숨겨져 있을 수 있다. 반면에 비디오 게임에서 플레이어는 가상 세계에 존재하는 여러 출처를 통해서 서로 다른 방식으로 이야기의 정보를 획득할 수 있다.

데이어스 엑스의 플레이어는 문서를 발견하거나, 컴퓨터를 해킹하거나, 대화를 엿듣거나, 대화에 참여하거나, 주변에서 벌어지는 일들을 지켜보면서 조금씩 조금씩 게임의 이야기를 발견해 나간다. 마찬가지로 어떤 플레이어는 이와 다른 출처를 통해서 전혀 다른 순서로 이야기의 정보를 발견할지 모른다. 또한 어떤 플레이어는 자신이 이야기 흐름의 일부로 기능하는 특정 행동에 가담하지만, 마찬가지로 또 다른 플레이어는 또 다른 행동에 참여할 수도 있고 또는 다른 순서로 같은 행동에 참여할 수도 있다.

비디오 게임의 이야기에는 다음의 네 가지 요소가 혼합되어 있다.

1 게임 설계자('저자')의 선택

2 당신(게임 플레이어)이 (게임을 하면서) 이야기의 정보를 발견한 순서와 그에 따라 게임 설계자가 구성해 놓은 구체적 상황들을 중심으로 이야기가 전개되는 방식

3 이야기의 중심인물 중 하나인 당신이 수행하는 행동(좋은 비디오 게임에서는 당신이 무엇을 할 것인지, 언제 그것을 할 것인지, 어떤 순서로 그렇게 할 것인지에 대한 선택권이 주어지므로)

4 이야기의 등장인물과 구성 및 이야기 속 세계에 투영한 당신의 상상력

이들 중에서 항목 1과 항목 4는 책과 영화에도 해당하지만, 항목 2와 항목 3은 비디오 게임에서만 발견된다.

따라서 데이어스 엑스와 같은 비디오 게임에서 이야기는 책이나 영화에서는 가능하지 않은 게임 플레이어 자신의 선택과 행동으로 구체화된다. 이를 간단히 '체화된 이야기'라고 부르자. 여기서 '체화된'이라는 용어는 정신이 몸의 일부라는 점을 전제한다. 즉, 플레이어의 '몸과 정신 안에서' 게임의 이야기가 구체화된다는 의미다. 어떤 세계(가상 세계 또는 실제 세계)에서 체화된 인간의 경험은 일련의 지각, 행동, 선택이나 대화 및 수행에 관한 마음속 시뮬레이션 사고 실험 모두를 아우른다.

하지만 이것이 비디오 게임의 이야기가 책과 영화의 이야기보

다 낮다거나 혹은 나쁘다고 주장하기 위한 것은 아니다. 각각의 장르와 양식은 고유한 장단점이 있기 마련이다. 예를 들어 비디오 게임 속 이야기는 플레이어인 당신에 의해서 구체화되므로, 이때 당신은(즉, 게임 속 캐릭터는) 그 이야기 속에서 죽을 수도 없고 죽은 채로 있을 수도 없다(게임에서 당신이 죽을 수는 있지만, 언제라도 바로 그 지점에서 또는 처음부터 다시 게임을 시작할 것이다). 그렇지 않다면 게임이 '종료'되기도 전에 그 게임은 이미 끝나버리고 만다. 우리는 책이나 영화에서 감정을 이입하던 등장인물이 죽는 모습을 보면서 매우 슬퍼하거나 화를 내기도 한다(영화가 초자연적인 이야기가 아닌 한 우리는 한 번 죽은 인물이 되돌아오지 못할 것이란 걸 잘 안다. 만일 책과 영화에서 우리가 좋아하는 캐릭터가 초자연적인 힘으로 살아 돌아온다면 이런 일이 매우 희귀하고 비현실적이며 특별한 사건이라는 점에서 여전히 격한 감정[가령 기쁨]을 느낄 것이다).

비디오 게임이었다면, 당신이 플레이하고 있는 캐릭터가 죽어서(이때 그는 언제나 주인공이다) 슬프거나 화가 나겠지만, 동시에 당신(플레이어)이 게임에 실패했다는 점에서도 '화'가 날 것이다. 아마도 당신이 게임 캐릭터가 실패했다고 느낀다면, 조금 더 잘하고 싶은 동기를 가지고 그 지점부터 다시 게임을 시작할 것이다. 이런 점에서 비디오 게임 속 이야기에 대한 플레이어의 감정적 투자는 책이나 영화 속 이야기에 대한 독자 또는 관객의 감정적 투자와는 그 양상이 매우 다르다.

많은 경우, 비디오 게임의 이야기가 어떤 의미에서 좋은 책이나 좋은 영화의 이야기에 비해 여전히 깊고 풍부하지 못한 데에는 몇 가지 이유가 있다. 가령 비디오 게임의 설계자는 플레이어가 선택할 수 있는 행동들, 플레이어가 게임 초기에 수행하는 온갖 일들에 의해 좌우되는 여러 가지 미래의 상황을 다루어야만 한다. 책이나 영화에서는 설계자 자신이 이야기의 전개 과정에서 그간 어떤 선택을 해왔는지를 잘 알 것이지만, 비디오 게임에서는 그렇지 않기에 책이나 영화와는 달리 비디오 게임에서만 특별히 발생하는 계산 문제를 반드시 고려해야 한다(비록 매우 단순한 수준에서 『당신의 모험을 선택하라』류의 책들도 있지만). 더욱이 현실에서 사람들이 하는 대화는 비디오 게임의 디자인 기술이 가진 현재의 컴퓨팅 전산 능력을 훌쩍 뛰어넘는다. 왜냐하면 인간은 자신이 들은 말에 대해 매우 다양하게 대응할 수 있기 때문이다. 그래서 데이어스 엑스와 같은 게임에서 플레이어는 몇 가지 선택지 중 하나만을 선택해서 대화하는 것이 일반적이다. 다시 말하지만, 비디오 게임의 설계 과정에서 인간의 매우 유연하면서도 예측 불가능한 대화 양상을 처리하는 일은 정해진 대화를 단순히 대본으로 구성하는 책이나 영화의 설계에서는 볼 수 없는 매우 특별하고 복잡한 계산 문제다.

비디오 게임은 이 제약을 극복하기 위해서 이른바 '체화된 이야기'의 방식을 채택한다. 체화된 이야기란 책이나 영화와는 달리 플레이어를 이야기에 참여시킨다. 내(플레이어)가 비디오 게임을 하면서 게임 속 이야기에 관해 발견한 흥미로운 사실 중 하나는 내가 어디에 있는지, 거기에서 무엇을 찾을 수 있는지, 내가 지금 무엇을 하고 있으며 앞으로 나에게 어떤 좋은 일 혹은 나쁜 일이 벌어질 것인지, 지금 당장 뭘 해야 하는지 등의 세부 사항을 너무 심각하게 걱정한 나머지, 이야기의 편린들이 두서없이 머릿속에서 떠다니다가 결국에는 이야기의 큰 흐름을 놓치게 된다는 것이었다. 게임하는 순간에는 너무 바빠서 갖가지 경험의 조각을 한데 모을 수 없기도 했거니와, 오래전에 발견한 이야기의 파편적 단서들은 시간이 지나면 이미 흐릿해져서 그것들을 서로 엮어 이해하기가 어려울 때도 많았다. 물론 나중에야 (안전한 장소에서) 잠깐 멈추어 이야기의 조각들을 하나로 묶어 보거나, 대개는 게임 중에 발견되는 여러 쪽지에서 관련 정보들을 찾을 수 있었지만 말이다.

그러므로 비디오 게임을 할 때는 이야기의 큰 그림을 그려보기 위해서라도 언제나 잠시 멈춰 설 수 있어야 한다. 가령 나는 데이어스 엑스가 끝나갈 즈음에 이 거대한 가상의 세계를 수많은 작은 공동체로 돌려놓기 위해 중대한 결정을 내려야만 했었다. 이때 플레이어는 전지전능한 관점이 아니라 세상만사의 한가운데서 게임의 세계를 처음부터 면밀하게 바라보게 되고, 마침내 이야기가 하나로 꿰어지는 짜릿한 감정을 경험하게 된다. 요컨대 이런 경험이 다름아닌 '체화된 이야기'의 일부다. 동시에 그것은 우리가 살아가는 '진짜' 삶과 매우 닮아 있다(이것은 마치 학자가 여기저기 잘려 나가고 말라비틀어진 것들을 '그저 공부'하는 것이 아니라, 그가 진정한 학술 연구를 진행하면서 해당 학문의 현장에 '깊게 참여'할 때 얻는 희열과 매우 흡사하다).

다시 강조하지만, 비디오 게임의 이야기가 책이나 영화의 이야기보다 더 좋다거나 혹은 더 나쁘다고는 말할 수 없다. 다만 이들은 서로 다를 뿐이다. 그렇기에 사람들에게 각기 다른 즐거움과 좌절감을 안겨 준다.

상황적 의미와 (구)체화된 의미

이야기의 (구)체화라는 비디오 게임의 본질은 몇 가지 주목할 만한 특징을 갖는다. 비디오 게임에서 '의미(뜻, 중요성)'란 그 자체로 상황적이다. 2장에서 나는 사람들이 특정 영역에서 그 어떤 실제적 행위로도 구현되지 않는 추상적 언어와 상징의 무의식적 반복을 극복하고 자신이 하고 있는 일의 실제를 알게 될 때 비로소 '의미'가 작동한다고 주장했다. 이렇게 비디오 게임이 수동적이고 고정된 것이 아니라 강력하고 효과적인 이야기로 구체화될 수 있다는 점에서, 이는 특정한 기호 영역에서 학습과 사고가 어떻게 작동하는지를 보여 주는 매우 좋은 예가 될 수 있다.

데이어스 엑스에서 당신은 사건이나 사물, 어떤 일의 결과물, 인물의 대화, 누군가 남겨 놓은 메모, 또는 기타 잠재적으로 유의미한 신호들을 모두 읽어 내야 한다. 당신이 직접 게임 캐릭터로서 움직이고 있는 가상 세계와 그 세계에서 펼쳐지는 다양한 사건과 행동들에 의미를 부여하지 않는다면, 그 어떤 것도 실제로 당신에게 아무런 의미를 주지 못한다. 수시로 바뀌는 게임 속 세계에서 살아가는 당신의 행동이 달라지면, 당신이 보고 관찰하고 발견한 것들의 의미 또한 그에 따라 변화한다. 즉, 비디오 게임에서의 의미란 항상 특정 상황에 따라서 달라지기 마련이다. 이 의미들은 언제나 게임과 플레이어가 상호작용적으로 만들어 내는 가상 세계의 이미지와 물질, 대화와 행동 등을 통해서 그때그때 역동적으로 조합되고 변경된다. 다시 말해, 비디오 게임에서의 의미란 결코 일반적인 의미가 아니라 '상황적 의미' 또는 '상황 구체적 의미'인 것이다.

당신이 책상 위에서 찾았거나 혹은 데이어스 엑스를 하면서 컴퓨터에서 해킹한 숫자 코드(다섯 개의 숫자로 이루어졌다고 하자)처럼 아주 간단한 예를 들어 생각해 보자. 지금 이 코드가 사실상 무의미하다는 것은 꽤나 분명하다(물론 그것이 일종의 코드임을 알고 있다는 점에서 완전히 무의미하지는 않겠지만). 이때 이 다섯 개의 숫자 코드는 그저 '어떤 코드'라는 일반적이고 탈맥락적인 의미만을 가질 뿐이다. 하지만 이 코드가 특별한 효용을 갖는 상황(예를 들어, 금고나 잠긴 문을 열거나 컴퓨터 암호를 풀 때)과 연결된다면, 그것은 비로소 '이 금고의 열쇠'라는 매우 상황적이고, 구체적이고, 실천적인 의미를 획득하게 된다.

데이어스 엑스에는 게임이 진행되는 동안 줄곧 나(제이씨)를 위협하는 유넷코의 사이보그 여성 요원이 등장한다. 그녀는 정말이지 강력한 악당이어서 내가 유넷코로부터 등을 돌렸을 때 유넷코 본부의 지령을 받아 나를 없애려고 했다. 이 사이보그는 한판 승부를 걸고 나를 무참하게 짓밟으려고 기대하고 있었다. 하지만 그녀의 예상과는 달리 나는 사이보그의 자폭 메커니즘을 풀 수 있는 컴퓨터 암호를 발견할 수 있었다(이 암호를 면전에서 외치면 사이보그는 자폭하게 설계되어 있다). 이 암호를 찾지 못한 사람들은 어쩔 수 없이 사이보그와 싸워야 하지만, 나는 이 암호를 사이보그 악당 앞에서 외쳤고, 결국 그것에 특별한 상황적 의미를 부여하는 환상적인 경험을 했다(이런 경험은 프랙탈 방정식을 되뇌거나 숫자를 암송하기보다는 그 방정식을 컴퓨터에 입력하거나 종이 위에 그래프로 표현하면 매우 놀라운 패턴이 도출된다는 것을 처음 깨달았을 때의 느낌과 정말 흡사했다).

누군가 버린 쪽지에서 발견한 일련의 숫자들에 얽힌 일화(암호로 사이보그를 파괴한 일)는 데이어스 엑스에서 찾을 수 있는 모든 서면 기록이나 누군가의 일기에도 똑같이 적용될 수 있다. 이 게임에서 당신이 듣는 모든 말들에도 마찬가지로 적용된다. 이런 정보가 도대체 무엇을 뜻하는지 이해하고 싶다면, 당신이 만들어 나가고 있는 게임 속 이야기의 구성과 가상 세계의 정보를 하나하나 연결해 보아야 한다. 특히, 어디로 갈지 무엇을 할지 당신이 선택해야 한다는 점에서 더욱 적극적으로 단서를 연결해 보아야 한다. 데이어스 엑스와 같은 게임에 등장하는 잠재적 의미를 지닌 여러 기호(단어, 문서, 사물, 행위 등)는 모두 당신을 특정한 행동으로 이끄는 초대장과도 같다(이때 행동이란 게임 세계에서 실제로 수행된 것이거나 또는 당신의 마음속으로 시뮬레이션해 본 것이다). 그리고 이 초대장은 당신이 게임 속 가상 세계에서 새로운 상황을 경험하고 새로운 행동에 몰입함에 따라 그 성격이 달라진다.

이 게임에서 자물쇠 따개(열쇠가 없을 때 사용하는 가느다란 도구)를 선택하는 것과 같이 매우 일반적이고 고정된 의미의 행동조차도 상황에 따라서는 전혀 다른 의미를 띠게 된다. 예를 들어 게임의 특정 시점에서 당신에게 단 하나의 자물쇠 따개가 남아 있다고 치자. 이때 자물쇠 따개는 '이 문은 다른 방법으로 열고 지금 있는 자물쇠 따개는 최후의 수단으로 남겨 놓자. 앞으로 더 중요한 문을 열어야 할 상황이 벌어질 수도 있으니.'라는 의미다. 이렇게 가상 세계의 문제 상황과 직결되는 자물쇠 따개의 의미를 마련해 놓지 않으면 게임 중 앞으로 어떤 나쁜 일이 발생할지도 모를 일이다. 게임에서 요구하는 행동의 구체성을 상황적 사고의 수준에서 생각하지 못하면, 이에 상응하여 지급해야 할 대가가 따르기 마련이다.

물론 누군가는 "글쎄, 그건 단지 비디오 게임에서나 그렇지, 학교 같은 게임 밖 세계에서는 의미라는 것이 그렇지도 않고 그러해서도 안 됩니다."라고 말할지 모른다. 이 책 2장의 토론으로 여러분은 내가 이 견해에 동의하지 않는다는 걸 이미 알고 있을 것이다. 일반적 의미, 그저 말로만 표현된 의미, 누구도 구체적 상황에 결부시키지 못하는 의미, 아무도 다양한 상황에서 그것에 어울리는 체화된 행동으로 경험하지 못하는 의미란 사실 무용지물에 가깝다(학교 시험에 통과하려면 필요하겠지만).

이렇게 상황에 따라 (구)체화된 의미를 설명하려는 관점은 어떻게 인간이 글과 언어를 효과적으로 이해하는지를 탐구한 최신 작업들과도 일맥상통한다. 가령 세 가지 연구 작업에서 도출된 다음의 제언을 참고해 보자(출처는 '더 읽을 거리'에 있다).

(…) 글을 읽고 이해하는 독해 과정은 감각에 기반한 시뮬레이션(일종의 사고 실험)에 기반하는데, 이는 독해 주체가 상황적 행동에 대비할 수 있도록 도와준다.

(…) 어떤 이에게 사물, 사건, 문장이 지니는 의미는 그가 그 사물, 사건, 문장을 통해서 무엇을 할 수 있는가를 뜻한다.

(…) 고등 지능과 감각 지능은 서로 다른 과정이 아니다.

비디오 게임이 학습자에게 상황에 어울리는 구체적 사고와 행동을 적극적으로 장려하는 데 반해, 학교에서는 이런 경우를 찾아보기 어렵다. 학교에서 다루는 언어는 구체적인 조건 또는 행동과 연결되지 않아서 어떤 경우에는 매우 모호하기까지 하다. 대개 이런 언어는 일반적이고 탈맥락화된 의미만을 취한다. 학교에서 글이란 일반적 의미만을 취한 언어를 단지 철자로 써 내려간 것에 가깝다. (2장에서 논의한 물리학과 대학생처럼) 사람들은 실제로 이런 언어를 가지고서는 아무 일도 할 수 없다(일반적 의미만으로 사람들은 자신이 알고 있는 내용을 유연하게 사용하지 못하기 때문에, 특정한 상황에 적합하게 그런 지식을 적용하여 대화하거나 그런 대화를 마음속으로 시뮬레이션하지 못한다).

이를 두고 누군가는 다음과 같이 말할지 모른다. "하지만 아이들에게 학교에서 배우는 데 필요한 모든 것을 가르쳐 줄 수는 없어요. 과학이나 수학 같은 과목은 상황적 의미와 체화된 행동이 없어도 공부할 수 있지요. 또한 학생들은 이런 과목을 배울 시간조차 충분하지 않고, 설령 그렇다 하더라도 모든 학생이 과학자가 되지도 않을 겁니다." 이 발언은 일견 상식적으로 들리지만, 진짜 문제는 바로 앞에서 내가 설명한 것 말고는 실제로 우리가 의미를 이해할 수 있는 별다른 방법이 없다는 데 있다. 어떤 영역에서든 만일 당신이 알고 있는 것이 모두 일반적인 의미라면, 당신은 정말로 당신에게 의미가 와 닿는 그 어떤 것도 이해하고 있지 못한 것이다.

당연히 과학 수업 시간에 학생들이 '진짜' 과학자가 어떻게 의미를 파악하고 구성하는지 그 모든 경우와 방법을 알아야 할 필요는 없을 것이다. 그리고 학생들이 하나같이 과학 분야에서 의미를 파악하는 일에 전문가가 될 필요도 없다. 하지만 학생들은 과학이라는 기호 영역에서 중요한 역할을 하는 핵심적 의미 몇 가지가 어떻게 맥락화되는지, 그래서 그 몇 가지가 무엇인지 구체적인 감각을 키울 수 있어야 한다. 그렇지 않으면 실제로 특정 영역에서 사용되는 언어와 기호가 어떤 의미를 지니고 왜 중요한지를 알지 못하게 된다.

가령 '민주주의'라는 말이 무슨 뜻인지 잘 알고 있다고 주장하는 사람을 생각해 보자. 이때 그는 이 말의 사전적 정의나 사회 교과서에서 얻은 정의를 내세울지 모른다. 하지만 그가 만일 다음과 같은 주장에 직면한다면, 그 주장이 제기된 상황(즉, 일부 국가에서 선거에 미치는 '부와 재력'의 영향)을 구체적인 방식으로 생각하면서 현명하게 대응할 수 없을 것이다.

후보자가 공직에 출마하기 위해 재력가들의 기부를 받아야만 하는 국가는 민주주의 국가가 아니다. 부유한 사람들만이 후보자의 순위를 결정하기 때문이다.

물론 그가 이 주장에 동의할 필요는 없다. 그러나 이 주장에서 그는 '민주주의'라는 말에 함의된 일종의 상황적 의미를 분명하게 알아야 한다. 이제 그는 그러한 상황적 의미를 수용하거나, 또는 그 주장이 다루고 있는 상황에 적합한 또 다른 상황적 의미로 해당 주장을 논박할 수 있어야 한다. 이것이 바로 참여적 행동으로서의 대화다. 이런 종류의 대화에서 상황에 맞게 '민주주의'라는 의미를 구체적으로 사용할 수 없다면, 사전적 정의를 아무리 잘 왼다고 하더라도 그 말은 별다른 의미를 갖지 못할 것이다.

이제 상황적 의미에 관한 논의를 과학 교육과 관련된 예를 통해 마무리하고자 한다. 이 예에서 우리는 언어라는 기호에서 한 걸음 벗어나, 다양한 기호로 이해할 수 있는 상황적 의미와 (구)체화된 의미에 대해서 사유할 수 있을 것이다. 과학 교육자인 앤드리아 디세사는 6학년 이상의 학생들을 대상으로 갈릴레오의 운동 법칙(뉴턴의 운동 법칙과 관련된 원리)의 이해를 위해 필요한 수학의 '대수' 개념을 성공적으로 지도할 수 있었는데, 이때 복서라는 컴퓨터 프로그래밍 언어를 가지고 아이들을 가르쳤다.

이 교실에서 학생들은 프로그래밍 언어로 컴퓨터를 조작했다. 첫째 단계에서 이들은 균일한 동작을 지시하는 프로그램 명령어를 입력하여 컴퓨터가 움직이는 물체의 속도를 초당 1미터로 통제하도록 설정한다. 둘째 단계에서는 컴퓨터가 물체를 움직이게 명령한다. 마지막 셋째 단계에서는 컴퓨터가 둘째 단계를 계속해서 반복하도록 명령한다. 이 과정의 결과로 컴퓨터 프로그램이 실행

되면, 학생들은 균일한 동작을 하는 그래픽 물체가 초당 1미터씩 반복적으로 움직이는 것을 관찰할 수 있다.

이제 학생들은 다양한 방법으로 이 모형을 정교화할 수도 있다. 예를 들어 학생들은 물체가 움직일 때마다 움직이는 물체의 속도에 값 a를 추가하도록 컴퓨터에 지시하는 넷째 단계를 추가할 수 있다(편의상 a는 각 단계에서 초당 1미터를 더 추가한다고 가정하겠다). 이제 화면에서 물체의 첫 번째 움직임(물체가 초당 1미터의 속도로 움직인 경우) 후 컴퓨터는 물체의 속도를 초당 2미터(1미터 추가)로 설정하게 되고, 이에 따라 실제로 물체가 초당 2미터의 속도로 움직이게 된다. 이제 컴퓨터가 물체의 이동 속도에 초당 1미터를 더 추가하면 다음 이동에서 물체는 초당 3미터의 속도로 움직이게 된다. 어떤 학생이 이 동작의 반복을 중지하기 위해 별도로 컴퓨터에 지시하는 단계를 추가하지 않는 한, 이 모형은 영원히 작동하게 된다. 이렇게 학생들이 수행한 컴퓨터 프로그래밍 과정은 가속도 개념을 매우 명시적으로 모형화하여 경험하게 해 준다. 이 모형에 따라 a를 양수 대신 음수로 설정한다면 시간이 지남에 따라 움직이는 물체에 어떤 일이 발생하는지도 관찰할 수 있다.

이렇게 학생들은 계속해서 프로그램을 정교화해 나가면서 각각의 단계에서 어떤 일이 일어나는지를 관찰할 수 있다. 교사의 지도를 받으면서 프로그램을 작성하고 어떤 일이 발생하는지 관찰하고 다시 프로그램을 수정하는 이 일련의 과정을 통해 학생들은 갈릴레오의 운동 법칙에 관해 많은 것을 알아내게 된다. 이때 학생들은 컴퓨터 화면 속의 가상 세계에서 대수나 미적분보다는 훨씬 덜 추상적인 표현 체계(실제로는 여러 개의 상자로 구성된 컴퓨터 프로그래밍 언어)가 어떻게 동작으로 전환되는지를 그들이 수행한 행동과 연계하여 구체적으로 알아 나가게 된다.

갈릴레오의 법칙은 대수로 표현하는 것이 더 일반적인데, 이때 대수 표현이란 기본적으로 물질 개념으로서의 행동이나 운동과는 직접적으로 연결되지 않는 일련의 숫자와 변수 들의 조합을 말한다. 디세사는 "대수는 운동($d = rt$), 미터와 인치의 변환($i = 39.37 \times m$), 좌표평면에서 직선의 정의($y = mx$), 혹은 기타 개념적으로 서로 다른 상황을 효과적으로 구분하여 보여 주지 않는다."라고 지적한다. 이 모든 것이 서로 흡사하게 보인다는 것이다. 이어서 그는 "아마도 전문가가 일상적인 일들을 처리할 때는 이런 맥락을 서로 구분할 필요가 없겠지만, 그것을 학습할 때는 분명히 매우 중대하다."라고 말한다. 전문가들은 이미 대수를 사용하여 다양한 목적의 과제들을 해결해 본 체화된 경험을 수없이 많이 가지고 있을 것이기 때문이다.

일단 학습자들이 운동에 관한 갈릴레오 법칙의 의미를 상황적이고 구체화된 방식으로 경험했다면, 이들은 이런 원리를 보다 추상적인 수준에서 포착하는 대수 방정식의 상황적 의미 중 하나를 이해했다고 볼 수 있다. 이제야 이 방정식들은 '체화된 이해'의 측면에서 의미를 지니기 시작한다. 학습자들은 대수의 의미를 더욱 구체적인 물질적 상황에서 설명될 수 있는 개념으로 보면서, 시험 상황에서 수동적이고 기계적으로 반복하는 상징으로서가 아니라, 능동적이고 비판적으로 익힐 수 있을 것이다. 디세사의 말처럼, "프로그래밍은 분석을 경험으로 전환하며, 동시에 대수와 심지어 미적분도 건드릴 수 없는 경험적 함의들을 분석적 틀과 연결해" 준다.

디세사는 학교와 달리 비디오 게임이 줄 수 있는 교훈을 잘 알고 있다. 의미란 그것의 쓸모가 생길 때 물질화되고 상황화되고 구체화된다. 추상적 체계란 본래 체화된 경험을 이해하는 사람들과 그들의 체화된 경험을 통해서 그 의미들을 획득한다. 추상화란 상황적 의미와 실제의 바탕 위에서 점진적으로 고양되며 때로는 상황적 의미와 실제로 도리어 회귀하기도 한다. 이런 과정이 없다면 추상화란 대다수 사람에게 무의미한 것이 되어 버린다.

조사하기, 가설 설정하기, 재조사하기, 재검토하기

비디오 게임은 의미가 본질적으로 상황화 혹은 구체화된다는 사실을 아주 잘 보여 줄 뿐만 아니라, 게임 플레이어들이 법이나 의학, 교육, 예술과 같이 전문 분야에서 요구되는 '성찰적 실천'이라는 핵심 과정을 경험해 보게 돕는다. 플레이어가 데이어스 엑스와 같은 좋은 비디오 게임을 하기 위해서는 다음의 네 단계 과정을 따라야 한다.

1 플레이어는 게임 속 가상 세계를 치밀하게 조사한다(조사하기는 현재 자신이 놓인 환경을 살펴보거나, 무언가를 선택하거나, 특정 행동에 참여하는 것을 포함한다).

2 플레이어는 가상 세계를 조사하는 중 그리고 조사한 후에 자신이 수행한 성찰에 입각하여 특별히 무언가(텍스트, 물체, 인공물, 사건, 행동)가 쓰일 만한 상황에서 그것이 어떤 의미가 있을지 가설을 설정한다.

3 플레이어는 이 가설을 염두에 두고, 자신이 지금 어떤 성과를 거두고 있는지 확인하면서 가상 세계를 재조사한다.

4 플레이어는 이 성과를 가상 세계가 자신에게 주는 피드백으로 간주하고, 자신이 설정한 원래 가설을 수용하거나 재검토한다.

만일 당신이 이 네 단계 과정을 거치지 않는다면, 좋은 비디오 게임에서 결코 발전할 수 없을 것이다. 예를 들어 표준적인 슈팅 게임(가령 리턴 투 캐슬 울펜슈타인, 파 크라이, 또는 둠 3)을 하는 동안에 이 네 단계를 밟지 않는다면, 약간의 총격전을 하며 뛰어다니다가 머지않아 당신의 탄약과 체력이 곧 바닥나고 말 것이다. 그리고

리턴 투 캐슬 울펜슈타인 제2차 세계 대전을 배경으로 하는 슈팅 게임으로, 울펜슈타인의
리부트 게임이다.

아마도 뭔가 잘못된 장소, 즉 당신이 게임을 시작한 곳으로부터
너무 가까운 지점에서 죽음을 맞이하게 될지 모른다. 좋은 비디오
게임에서 당신은 정말 여러 가지를 시도해 보고 그 결과에 대해
생각해 봐야 하고, 나아가서는 이런 일련의 시도와 결과가 게임
속 가상 세계에서 활동하고 있는 당신과 당신의 작업에 어떤 의
미를 주는지 이해하려고 노력해야 한다. 마찬가지로 당신이 이 네
단계의 과정을 수행하지 않는다면, 그 어떤 현실 세계의 실천에서
도 역시 멀리 나아갈 수 없을 것이다(말하자면 훌륭한 교사, 음악가,
예술가, 건축가, 사업가, 운동선수가 되는 것에 이르기까지).

어떤 이들은 이 네 단계의 과정을 복잡한 기호 영역에서 활동하는 전문가들에게서나 관찰할 수 있는 '성찰적 실천'의 근간이라고 본다. 하지만 이는 아이들이 어렸을 때부터 학교에 취학하기 전까지 무언가를 배우는 방법이기도 하다. 다시 말해, 아이들이 처음으로 자기의 생각을 키워 나가고 스스로 문화를 배워 나가는 방법인 것이다.

인간의 정신은 일종의 강력한 패턴 인식 장치와 같다. 다음 장에서 다룰 문제이긴 하지만, 인간은 실제로 존재하지 않는 패턴을 찾는 일(마치 점성술처럼)에 매우 능숙하다. 가령 한 아이가 바닥에 있는 부드러운 헝겊으로 만들어진 책을 깨부수려 하는 모습을 관찰해 보자. 이때 아이는 무언가를 직접 하게 된다(이것이 바로 '조사'다). 이 아이는 대개는 무의식적으로 자신이 무엇을 하고 있는지를 바라보거나('행동 중 성찰'), 그런 행동을 마친 뒤에 되돌아보기도 한다('행동 후 성찰'). 이런 성찰은 아이가 세상이 '던지는' 말에 귀를 기울이는 것도 포함한다. 이 말은 자신의 목표와 욕구에 준하여 스스로의 행동이 성공했는지 또는 실패했는지에 대한 일종의 피드백으로 기능한다.

이런 피드백을 바탕으로 아이는 가능한 패턴(관계의 집합)의 가설(추측)을 설정하고는 이렇게 말할 것이다. "책은 부드럽고 잘 구겨지지만, 깨지지는 않아!" 이어지는 그의 행동은 이 패턴에 대한 일종의 검증 과정이다(재조사). 정말 책은 이렇게 구겨지는 걸까?

아마도 이제 아이는 종이로 만든 책을 부수려 할 것이고, 그렇게 하면 종이책은 그냥 쉽게 찢어져 버린다는 것을 알게 될 것이다. 이 검증 테스트를 기반으로 아이는 자신의 행동을 되돌아보고, 책이 갖는 패턴에 대한 가설을 수용하거나 또는 재구성한다(예를 들면 헝겊 소재의 책은 구겨지고 종이책은 찢어진다는 가설을 세운다.).

아이는 행동과 성찰을 통해 스스로 '자기 교사'가 되어 자신의 개념적 연상망, 즉 마음속에 저장해 둔 패턴을 '훈련'한다. 이때 연상망은 '책-헝겊-구겨짐, 책-종이-찢어짐'과 같이 하나의 상위 패턴에 속하는 두 개의 하위 패턴으로 구성될 것이다. 실제로 아이는 책에 관한 또 다른 하위 패턴을 이미 가지고 있을 수 있는데, 가령 '책-골판지-구부러짐, 그래서 깨지지 않음'과 같은 것이 예가 될 수 있다.

아이는 책에 관한 더 많은 연상 관계(가령 '재미, 그림, 부모가 읽는 것'과 같은 개념과의 관계)를 만들면서, 상위 패턴(이를 '책 패턴'이라 부르자)과 하위 패턴(책-헝겊-구겨짐, 책-부모-읽는 것-애정 등)이 서로 결속된 집합을 형성하게 된다. 물론 책 패턴의 하위 패턴은 서로 연결된 더 큰 패턴의 하위 패턴일 수도 있다. 예를 들어 하위 패턴인 '책-헝겊-구겨짐'은 '구겨짐 패턴'(현실 세계에서 무엇이 어떤 조건에서 구겨지는 방식을 포착하는 패턴)의 하위 패턴이기도 하다.

연상 관계의 형성이 단지 아이들의 정신 능력 발달에만 중요한 것은 아니다. 연상 관계는 아이들이 특정한 가족, 특정한 사회 집단, 특정한 지역 사회와 연결된 특정한 문화적 존재로서 새로운 정체성을 형성하는 데도 기여한다. 예를 들어 2장에서 피크민 게임을 즐겼던 여섯 살짜리 아이는 두 살 때 처음으로 숲에서 하이킹을 했었다. 이때 그는 쓰러진 나무 위에 앉아 있던 다람쥐를 보고서는 '헨리의 숲'이라고 말하며, 집에 있던 『꼬마 기관차 토마스』 이야기책에 등장하는 다람쥐를 떠올렸다. 이 책에는 헨리라는 이름의 살아 움직이는 기관차가 산불에 타버린 지역에서 숲을 새로 가꾸는 일을 도와주는 이야기가 나온다.

이 장면에서 아이는 세상에서 체화된 경험의 일부이자 덩어리인 자신의 개념망(패턴) 안에서 '진짜' 다람쥐와 '책' 속 다람쥐 사이, 현실의 세계와 책의 세계 사이에 연결 고리(연상)를 만들고 있다. 이런 일들이 계속되면 (물론 그렇게 되었다) 아이들이 경험한 현실 세계와 책 속 세계는 일련의 동일한 연상 또는 패턴의 집합으로 통합된다. 이때 책과 현실은 서로 분리될 수도 없고 충돌하지도 않는다.

우리가 살아가면서 초기에 형성하는 패턴들은 이후의 모든 패턴을 형성하는 데 기초가 된다(초기에 형성된 패턴이 우리가 설정하거나 수정하는 가설을 결정하기 때문인데, 이 초기 패턴은 우리의 정신적 역량이 발전하는 궤적에도 영향을 미친다). 따라서 앞의 경우처럼 아이들은 실세계와 책 사이의 연결 고리를 만들고, 이 연결 고리는 정신, 신체, 문화의 측면에서 자신들이 어떤 사람인지를 결정하는 중요한 근간을 형성하게 된다. 아이들이 저마다 다른 방식으로 연상 관계의 패턴을 만들어 왔고, 그에 기초하여 각자만의 세계관을 만들어 왔다는 점을 고려한다면, 이 아이들이 학교에 들어가서 저마다 다른 방식으로 책과 리터러시에 적응한다는 사실은 그다지 놀라운 일이 아니다.

물론 이를 초기 패턴이 이후의 모든 것을 결정한다는 단순한 결정론적 이야기로 말할 수는 없다. 대개 사람들은 학습을 통해 충분히 강렬한 자극을 받으면, 자신이 이미 마음속에 형성해 놓은 개념적 연관성을 바꾸기도 한다. 다만 내가 여기서 말하고자 하는 것은 아동의 인지적, 사회적, 문화적 발달 과정에서 형성되는 특정한 '설정' 또는 '방향'이다. 그럼에도 어떤 아이들은 학교에서 배우는 리터러시(학교에서 읽고 쓰는 방식)를 자신이 속한 세계와 사회 집단에 관한 구체적인 경험과 관련짓지 못하기도 하는데, 이들에게는 리터러시(즉, 읽고 쓰는 방식)에 대한 새로운 방향 설정을 위해서라도 학교에서 더욱 강력한 학습 경험이 필요할 수 있다. 하지만 안타깝게도 이 중 많은 아이가 학교에서 죽을힘을 다해 반복적 기능 훈련을 하는 데 익숙해진 나머지, 정작 자신에게 의미 있는 것으로부터는 완전히 괴리된 학교 리터러시를 습득하기도 한다.

아이들은 특정 개념(가령 책이라는 개념)을 복잡하게 연결된 패턴 및 그 하위 패턴의 집합으로 구축해 놓고, 이 패턴 집합을 사용하여 특정 상황에 적합한 의미를 부여한다. 아이들은 자신이 처해 있는 현재 상황에서 다양한 하위 패턴을 적용해 보고, 그중에 가장 적합한 것을 도출해 낸다. 기존의 패턴 집합에 현재 상황에 적합한 하위 패턴이 아직 존재하지 않는다면, 기존 하위 패턴의 조각들을 현재 상황에 맞게 조합하여 새로운 하위 패턴을 생성해 낸다.

예를 들어 아이가 그림을 그리거나 색칠할 목적으로 단단하고 평평한 재료를 원한다면, 그는 '책 – 종이 – 딱딱한 표지 – 구부러지지 않는 표지'와 같은 패턴을 끄집어내면서, 책이란 "종이 한 장을 대고 그리거나 칠하기에 알맞을 정도로 표면이 딱딱하고 판판함."과 같은 정도의 의미로 맥락화할 것이다. 물론 세상 경험을 바탕으로 한 이런 적용 능력은 아이의 마음속에 새로운 하위 패턴을 만들어 낸다. 우리가 세상에서 경험하는 것들은 우리의 정신 속에 패턴을 만들어 내고, 그렇게 형성된 정신은 세상에 대한 우리의 경험(그리고 우리가 취하는 행동)을 좌우하며, 이는 결국 우리의 정신을 재구성한다. 개념이란 결코 고착되거나 완결되지 않는다. 개념은 거대한 나무와 같아서, 항상 더 높이 자라 위로 올라가려 하지만(즉, 더 큰 일반성을 획득하기 위해), 그러려면 반드시 더 깊게 뿌리내려야 한다(즉, 구체화된 경험으로 돌아가야 한다).

앞서 지적했듯이, 정신에 관한 이런 견해는 심리학이 취하는 전통적인 견해와 사뭇 다르다. 전통적인 관점에서 개념이란 정신에 안착된 일반적인 정의와 같은 것이다(마치 사전에 등장하는 단어의 정의처럼). 전통적인 관점에서 인간의 정신은 (마치 "모든 책에는 표지가 있다."와 같은) 논리적인 진술에서처럼 이미 저장된 '사실'과 거시적인 일반화를 통해 작동한다. 반면에 내가 논의해 온 관점에서 보자면, 정신은 축적된 경험의 이미지(혹은 시뮬레이션)와 같은 것을 근간으로 작동한다. 여기서 축적된 경험의 이미지란 서로 복잡하게 연결되어 있지만(이로 인해 어느 정도의 일반성을 얻게 되지만), 항상 실세계의 맥락 안에서 일어나는 구체적인 경험이나 구체적인 행동이라는 토대와 긴밀하게 묶이면서 새로운 경험에 적용될 수 있다.

정신에 관한 이 두 가지 관점은 도대체 학교란 어떻게 운영되어야 하는가에 대한 사람들의 사고방식에도 상이한 영향을 미친다. 만일 전통적인 관점을 믿는다면, 당신은 학교가 아이들이 사실 정보를 암기하도록 가르치고 중요한 일반적 개념들을 분명하게 설명해야만 한다고 생각할 것이다. 만일 이와 다른 견해를 믿는다면, 당신은 학교가 구체적인 경험을 제공함으로써 아이들이 주변 세계를 지속적으로 확인하고 검토하여 개념적 연상망을 형성할 수 있도록 도와야 한다고 생각할 것이다. 그러나 이런 체화된 관점에서도 여전히 아이들에게는 구체적 경험을 통해 가설을 만들고 패턴을 형성하도록 안내하고 지도해 줄(직접교수법을 통해서라도) 적극적인 교사가 필요할 것이다. 그런 교사가 없다면, 창의적인 아이들이 궁극적으로 훌륭한 패턴을 마주치게 된다 하더라도, 미로의 정원에서 지나치게 오랫동안 머무르게 되어 해당 기호 영역을 효과적으로 학습하지는 못할 것이다.

아이의 정신 형성에 근간이 되는 '조사-가설 설정-재조사-재검토'의 네 단계 과정은 전문가의 사고 과정과 결코 다르지 않다. 과학 역시 전문성 실천의 중요한 한 형태라는 점에서, 이 네 단계 과정은 양질의 과학 수업에 참여하는 어린이에게든 과학 실험실의 '진짜' 과학자에게든 상관없이 좋은 과학을 하는 데 기본이 된다. 그러나 아이러니하게도 아이들의 학습에서는 물론 성인 전문가의 실천에서도 이 과정이 너무 자주 무시되거나 아예 사용되지 않는다.

평가 체계

지금까지 나는 '조사-가설 설정-재조사-재검토'라는 순환 과정이 아이들뿐만 아니라 전문 영역의 구성원들이 생각하고 배우는 방식의 전형이라고 주장했다. 그렇다면 아이의 학습과 전문가의 학습에서 차이는 무엇일까? 그들의 학습을 차별화하는 것은 바로 평가 체계가 작동하는 방식일 것이다.

아동이 세상을 조사하고 결과를 도출할 때 어떤 기준으로 그 결과의 '중요성'과 '적합성'을 판단할까? 이 질문은 아이들은 자신이 일하고 있는 세계로부터 되돌아오는 반응을 평가한다는, 다시 말해 스스로 생각하기에 자신이 얻은 결과가 '맘에 드는지' 아닌지, 자신의 관점에서 보기에 그 결과가 '좋은지' 아닌지를 판단한다는 의미이기도 하다. 그렇지 않다면야 왜 아이들이 마음속에 정신적 연상 네트워크를 구축할 때 자신을 성찰하고 세계와 후속적으로 상호작용하면서 그 답을 사용하겠는가?

무엇을 '좋아하는지', 무엇이 '좋은지'에 대한 아이들의 판단은 오로지 평가 체계 안에서 가능하다. 평가 체계는 아이들이 몰입해 있는 영역에서 생성되는 일련의 목표, 욕구, 감정, 가치다. 평가 체계 안에서 정의적인 것과 인지적인 것이 합쳐지고 결합된다. 아이들은 평가 체계가 포함하는 목표, 욕망, 감정, 가치를 바탕으로 자신이 만든 가설을 수정한다. 물건을 파괴하는 힘에 감격한 어린이들은 책장이 찢기면 좋은 결과로 평가할 것이고, 이어서 책장과 비슷한 다른 것들도 찢어 버리려 할 것이다.

교육, 과학, 법률, 경영, 건축, 예술 등 다양한 기호 영역의 전문가들은 자신의 영역에서 벌어지는 일련의 행동들을 깊게 들여다볼 수 있는(조사할 수 있는) 평가 체계를 스스로 구축한다. 다시 말해, 그들은 자신이 속한 기호 영역의 '내부자'가 자신들을 전형적인 영역의 구성원(해당 영역과 관련된 친교 집단)이라고 인식할 정도의 목표, 욕구, 감정, 가치를 형성할 수 있어야 한다. 이 과정은 어린이가 경험하는 일상적인 학습보다 훨씬 더 전문적이다. 더욱이 해당 영역에서 능동적이고 비판적으로 학습하기 위해서는 전문가의 학습 과정과 그로 인해 형성된 평가 체계가 아이들이 학습 초기에 자신을 둘러싼 세계에 숙련되는 전형적인 방식보다 훨씬 더 의식적인 성찰과 비평에 열려 있어야 할 것이다.

그렇다고 개인이 이런 '사회적'인(기호 영역에 연관된 친교 집단에 기인한) 목표, 욕망, 감정, 가치를 자신의 고유한 목표, 욕망, 감정, 가치로 물들이지 않는 것은 아니다. 개인 각각은 거의 모두가 분명히 그렇게 한다. 한 발짝 더 나아가, 자신이 속한 또 다른 기호 영역의 목표, 욕망, 감정, 가치나 자신이 현실 세계에서 형성한 문화적 정체성을 포함한 다양한 정체성으로 물들이기도 한다. 그러므로 평가 체계는 정서적이고 인지적인 것들이 서로 합쳐지고 융합되는 지점일 뿐만 아니라 사회적, 문화적, 개인적인 것들까지도 묶이고 통합되는 공간이기도 하다.

그럼에도 학습 중인 기호 영역에서 친교 집단은 어떤 것이 '허용될' 수 있고 '인식 가능'하며 '출중한' 평가 체계로 간주될 수 있는지 결정한다. 그리고 이 영역의 신입생들은 무엇이 경쟁력 있는 목표, 욕구, 감정, 가치로 인정되고, 어떻게 자신의 수행 결과가 면밀하고 적합하게 평가될 수 있는지를 배운다. 어떤 의미에서 이 학습자들은 자신들 영역의 '취향'이라고 부르는 것을 형성하게 되는 것이다. 이것이 바로 학습이란 개인적인 일이 될 수 없을 뿐만 아니라, 학습의 과정에서 타인의 존재가 핵심적인 이유다.

비디오 게임을 하든 과학을 공부할 때든 어떤 영역에서나 학습자는 실제로 사회적 평가 체계가 작동하지 않는 상태에서 배우기도 한다. 이 경우에 학습자는 자신이 들은 것을 암송하듯이 수행할 수밖에 없다. 하지만 학습자가 자신의 생각과 행동을 규정하고 안내하는 평가 체계를 형성할 수 있다면 해당 영역 학습에 능동적으로 참여할 수 있다. 이때 평가 체계가 대체로 무의식적인 상태로 남아 있거나 분명하게 성찰되지 않기도 한다. 이런 상태의 학습은 능동적이기는 하지만 아직 비판적이라고 말하기는 어렵다.

비판적 학습에서 학습자는 영역 친교 집단과의 상호작용과 부단한 실천을 통해서 평가 체계를 구축할 뿐만 아니라, 이 체계를 이루는 목표, 욕구, 감정, 가치에 대해 명시적으로 성찰하고, 나아가서는 자신의 체계를 다른 체계들과 비교 대조하며, 평가 체계에 관련된 능동적이고 비판적인 선택을 수행한다. 물론, 이 선택은 영역의 친교 집단이 허용할 수 있는 것으로 인식하는 범위 안에서 제한적으로 이루어지거나 혹은 이 선택을 친교 집단이 허용할 수 있다고 판단하게끔 새롭게 변환되어야 한다. 두 경우 모두, 학습자는 새로운 기호 영역에서 새롭게 형성한 정체성과 자신이 이미 가진 실세계 정체성이 메타 수준에서 능동적이고, 성찰적이고, 비판적으로 상호작용하는 프로젝트 정체성을 취한다.

데이어스 엑스와 같은 비디오 게임을 능동적으로 할 때, 플레이어는 게임을 더 잘하기 위해 무엇이 중요한지에 관한 자신만의 관점을 형성하게 된다. 이는 단지 위기를 극복하거나 문제를 해결하기 위한 것이거나 또는 게임에서 끝까지 살아남기 위한 것이 아니다. 플레이어는 자신의 캐릭터(자신의 가상 자아)가 지금까지 어떻게 지내 왔는지에 관심을 둔다. 내가 데이어스 엑스를 점점 더 많이 하고 점점 더 잘하게 되면서, 나는 조금 더 잘하기 위해서 같은 장면을 계속해서 반복하고 있는 나 자신을 발견했다. 이는 캐릭터가 좀 더 낫게 보이게 하기 위함이자, 나 스스로 캐릭터가 가상 세계에서 쌓아 온 이력을 자부하기 위한 것이었다.

나는 내가 원하거나 필요할 때 명시적으로 성찰할 수 있는 평가 체계를 형성해 가고 있었다. 명시적 성찰 과정에 몰입할 때 나는 스스로에게 왜 특정한 성과물에 관심을 두는지 그리고 게임 세계에서 내가 추구하는 가치가 정확히 무엇인지를 물어본다. 이를 통해 나 자신과 게임의 가상 세계, 지금 내가 하는 게임과 그 외 다른 게임들의 설계에 관해 정말 많은 것들을 배웠다.

일반적으로 사람들은 혼자서 평가 체계를 만들지는 않는다. 심지어 내가 멀티플레이어 게임이 아닌 혼자서 하는 게임을 하던 경우에도, 혼자만의 게임 경험을 넘어 다양한 경로를 통해 평가 체계를 형성할 수 있었다. 내가 한 게임에 푹 빠졌을 때(게임을 시작한 초기에), 나는 다양한 인터넷 사이트를 통해서 그 게임에 관한 수많은 내용을 읽었다. 나는 이 게임에 관한 채팅방에서 다른 사

하프라이프 밸브사에서 개발한 공상 과학 1인칭 슈팅 게임이다. '하프라이프'는 반감기를 의미한다.

람들이 이 게임에 대해 어떻게 말하고 느끼는지 눈여겨봤다. 결국에는 비디오 게임을 집중적으로 다룬 잡지도 읽었다. 잡지에서 게임의 여러 부분을 어떻게 진행해 나가는지도 다양하게 안내받을수 있었는데, 잡지 기사의 저자들이 해당 부분을 플레이하는 방식과 그것에 대해 이야기하는 방식 모두 대단히 흥미롭게 여겨졌다.

당연히 팀 대항으로 게임을 하는 등 다른 사람과 함께 게임을하거나 채팅방에서 자신의 플레이에 대해 자주 이야기하는 사람들은 평가 체계를 형성해 갈 때 해당 게임의 친교 집단의 영향을더욱더 직접적으로 받는다. 나의 경우에도 데이어스 엑스를 점점 더 많이 하고, 인터넷이나 잡지, 책, 게임 친교 집단과 더 많이 상호작용하면서 데이어스 엑스에 관한 나의 평가 체계는 변화했고 (내 생각으로는) 더 깊어졌다.

나는 맥스 페인, 헤일로, 하프라이프, 리턴 투 캐슬 울펜슈타인, 둠, 파 크라이, 레지스탕스: 폴 오브 맨, 기어스 오브 워와 속편들을 포함한 다양한 슈팅 게임을 하면서, 이 게임들을 서로 대조해 보는 나를 발견했다. 나는 각 게임을 '새로운 것은 없네.'라며 조용하게 평가하거나, '섬세한 터치', '하프라이프(예전에는 정말 인기 많던 슈팅 게임)에 대한 향수를 자극하는군.', '그래픽과 액션의 조합이 예술이군.', '단순한 퀘스트가 아냐. 줄거리에 잘 녹아들어 있어.' 라고 생각하는 등 훨씬 더 많은 판단(특히 하프라이프의 전반부 비약과 관련해서는 여기서 인쇄할 수 없는 언어로 표현됨)을 내렸다. 나의 평가 체계는 나름 고유한 '디자인 문법'을 가진 설계된 실체로서의 슈팅 게임에 관한 지식과 관점에 유의미하게 연결되었다. 이 평가 체계는 내가 새롭게 생각하고 말하게 된 일종의 '언어'로, 이 언어를 통해 내가 게임을 비평하거나 새로운 게임을 상상할 수 있다는 의미에서 심지어 창의적이었다. 비록 내게 게임을 만들 수 있는 기술은 없지만, 나는 게임을 하는 동안 (행동 중의 성찰) 그리고 게임을 하고 난 후에(행동에 대한 성찰) 새롭고 더 나은 게임이 어떤 모습이어야 하는 것인지에 대해 정말 많은 생각을 할 수 있었다.

어떤 영역에서든 능동적이고 비판적인 학습은 학습자가 어느 정도 설계자가 되도록 이끌어 주어야 한다는 것이 나의 주장이다. 게임의 확장판을 만드는 일부 게이머들은 실제로 새로운 것들을 설계한다. 그러나 나와 같은 플레이어들은 생각과 이야기를 통해 게임을 설계하고, 자신의 플레이에 대한 지식을 증진시킨다. 기호 영역에서 평가 체계를 갖추지 못한다면, 이런 의미에서 설계와 설계하기란 가능하지 않다.

친교 집단의 평가 체계, 설계와 설계하기, 구체적인 행동 중의 성찰 혹은 행동 후의 성찰은 학교나 교육 연구에 관한 논의에서 거의 등장하지 않는 문제들이다. 아마도 이것이 바로 많은 학생이 복잡한 비디오 게임을 학교에서 배우는 복잡한 것보다 훨씬 더 빨리 그리고 효과적으로 배우게 되는 이유 중 하나일 것이다.

문자 언어 텍스트

의미를 구체화하고 맥락화하며, 세계를 조사하고, 사물을 디자인하는 것에 대해 내가 지금껏 한 모든 이야기를 듣고, 어떤 이들은 전통적으로 좋은 글(문자 언어 텍스트)에는 대체 무슨 일이 벌어진 것인지 물어볼 것이다. 나는 사람들이 실제로 내용을 이해하면서 글을 읽는 과정이 어떻게 작동하는지 비디오 게임이 정말 많은 것들을 가르쳐 줄 수 있다고 믿는다.

데이어스 엑스의 가상 세계 내부에는 당신이 게임을 하면서 발견한 메모, 이메일, 일기 및 컴퓨터에서 해킹한 메시지와 같은 수많은 텍스트가 존재한다. 이 텍스트들은 당신이 게임 속 이야기를 하나로 엮는 데도 도움이 되지만, 지금 수행하고 있는 일들에 관해 중요한 결정을 내릴 때도 도움이 된다. 훌륭하지만 저평가된 클라이브 바커의 언다잉과 같은 게임에서는 확장된 의미에서 텍스트가 상당히 많아서, 우리가 그 게임을 하거나 즐기는 데 핵심적인 위치를 차지한다.

비디오 게임은 이와는 다른 방식으로도 문자 언어 텍스트와 깊게 연관되어 있다. 비디오 게임은 사실 수많은 텍스트에 둘러싸여 있다. 예를 들어 잡지와 인터넷 사이트에는 엄청나게 많은 게임 리뷰가 널려 있다. 더 나아가 게임 플레이어는 자주 특정 인터넷 사이트에 작성된 공식 리뷰에 자신의 리뷰를 추가하기도 한다(플레이어는 공식 리뷰어를 별로 개의치 않는다).

비디오 게임은 매뉴얼과 함께 제공되기도 한다. 때로는 일기나 메모 형식으로 만들어진 소책자로 제공되며, 때로는 가상 세계의 배경 정보나 뒷이야기를 알려 주는 게임 속 가상 세계의 일부분으로 삽입되기도 한다. 예를 들어 미쳐버린 앨리스가 악몽 같은 원더랜드로 다시 돌아가는 게임인 아메리칸 맥기의 앨리스에는 앨리스의 치료 과정을 기록한 담당 의사의 일지가 담긴 '루트리지 사설 클리닉과 정신병원 사례집'이라는 제목의 책자가 함께 제공된다.

아메리칸 맥기의 앨리스 루이스 캐럴 원작 『이상한 나라의 앨리스』를 재해석한 것으로, 어둡고 광기 어린 세계를 탐험하는 게임이다.

게임 제조사들은 대체로 플레이어들에게 게임에 관한 모든 것(캐릭터, 가상 세계 지도 및 지리, 무기, 적, 찾아야 할 물건, 따라 하면 좋은 전략 등)을 알려 주는 다채롭고 상세한 전략 가이드를 제공한다. 이런 가이드는 게임을 완벽하게 공략하는 방법도 알려 준다. 많은 인터넷 사이트(일반적으로는 무료)에서는 게임 플레이어들이 직접 작성한 다양한 공략집을 쉽게 찾아볼 수 있다. 이런 사이트에는 게임 플레이어들이 제공한 힌트나 게임 치트키(치트키란 추가 생명이나 더 많은 탄약을 얻기 위해 게임의 프로그래밍을 조작하는 방법을 말한다) 같은 것들도 제공한다.

이 텍스트들은 모두 비디오 게임의 친교 집단이 운용하는 평가 체계로 통합된다. 그리고 게임 플레이어나 친교 집단에 따라 이 텍스트들을 언제 어떻게 사용할 것인가에 대해서는 서로 다른 입장을 견지한다. 예를 들어 gamefaqs.com 같은 사이트에서 제공하는 공략집을 생각해 보자. 여기에 실린 문서는 빼곡한 줄 간격으로 70쪽이 넘는 경우가 허다하며, 문서가 포함해야 하는 내용과 형식에 대한 엄격한 규칙에 따라 작성된다(문서가 수정된 날짜들의 목록을 포함하여). 일부 게임 플레이어들은 이런 공략집을 직접 작성하면서도, 자기 자신은 그 공략집을 완전히 무시하기도 한다. 게임을 할 때 이런 공략집을 사용해도 되고 또 필요하면 사용해야 하지만, 이들은 게임 중에 어쩔 도리 없이 완전히 막혔을 때만 힌트를 얻으라고 주장한다. 실제로 공략집의 작성자도 게임 플레이어에게 이런 접근법을 제안한다(빼곡하게 작성된 70쪽 분량의 문서를 제작하면서도 사람들에게는 게임이 전혀 풀리지 않을 때만 읽어보라고 조언하는 이들을 떠올려 보자.)

만약 아이들이 학교에서 과학과 같은 것을 공부할 때 이런 공략집을 가지고 미리 연습했다면, 우리는 그것을 당연히 '속임수'라고 부를 것이다('치트키'가 있는 경우는 말할 것도 없고). 그러나 만약 과학 교실에서 학습자가 엄격한 규칙에 따라 방대한 공략집을 작성하고, 이를 사용하는 시기와 방법에 대해 논의하며, 그 토론을 통해 '과학을 (잘)한다'는 것이 어떤 의미인지 자신만의 평가 체계를 만들어 간다면 과연 어떨지 상상해 보자. 어떤 의미에서 실제로 과학자들은 모두 자신만의 공략집을 가지고 있다. 그들은 (다른 사람들과의 대화나 자신이 읽은 텍스트를 통해서) 자신의 연구 분야와 관련성이 높은 중요한 과학적 발견들이 어떻게 이루어져 왔는지에 대한 사례 기록을 잘 알고 있다. 그들은 또한 이 역사를 어느 정도까지 꼼꼼하게 참조하고 따라야 하는지에 대해서도 각자의 입장이 있다.

사람들은 이제 '청년들'이 더 이상 매뉴얼 같은 것은 읽지 않고 곧바로 게임을 시작하며 나중에야 메뉴얼이나 가이드를 쳐다본다고 생각한다. 그러나 나는 청년들이 실제로 인쇄물의 쓸모와 맥락을 생각하면서 그 내용을 가장 잘 이해하기 위한 방식으로 텍스트를 읽는다고 주장하고 싶다. 이는 (아마도 전통적인 학교 교육의 영향을 너무 많이 받은) 베이비 붐 세대가 게임 중에 후회하고 좌절할까 염려하여 매뉴얼의 내용(즉, 게임)에 대한 구체적인 이해 없이 게임을 하기 전에 매뉴얼 읽기를 고집하는 것과는 다르다.

비디오 게임의 텍스트(공략집, 안내서, 전략 가이드 등)가 가진 문제는 바로 우리가 게임 세계를 이미 경험했거나 그 속에서 한동안 살아 보지 않는 한 그 내용이 잘 이해되지 않을 수 있다는 데 있다. 물론 플레이어가 이전에 유사한 텍스트를 읽었다면 이런 명확성의 결핍을 보완할 수도 있겠지만, 근본적으로 텍스트의 의미를 게임의 맥락에 맞게 이해하기 위해서는 자신만의 구체적인 플레이 경험이 필요하다.

구체적인 자신의 경험 세계를 적용하여 텍스트를 읽어야 그 내용을 이해할 수 있다는 이치는 학교에서 배우는 과학, 수학, 사회 같은 내용 영역에서 등장하는 텍스트에도 분명히 적용된다. 생물 교과서는 학생들이 생물학의 세계를 한동안 실천적으로 경험하기 전까지는 그다지 큰 의미가 없다. 다시 말하지만, 학생들이 이미 비슷한 글을 많이 읽었다면, 명료하게 이해하기 어렵다는 느낌이 다소 완화될 수 있다. 그러나 결국에 학생들이 텍스트의 의미를 맥락화하고 풀어내기 위해서는 본질적으로 그들의 구체적인 세상 경험(실제로는 또는 적어도 그의 마음에서 시뮬레이션 되는)이 활성화 되어야 한다.

나는 교사를 대상으로 비디오 게임에 관한 강연에서 종종 게임 매뉴얼이나 전략 가이드를 보여 주면서 그들이 이런 것들을 얼마나 잘 이해할 수 있을지 물어보곤 한다. 그럴 때마다 교사들은 크게 좌절한다. 교사들은 이런 텍스트에 담긴 단어와 구를 맥락화해 본 경험이 없다. 이런 텍스트에서 교사들이 얻을 수 있는 건 말로 된 정보가 전부다. 그들은 문면적 수준에서는 이 텍스트를 이해하겠지만, 실제로는 그 의미가 딱히 와닿지 않을 것이다. 교사들은 이런 언어적 정보를 시각화하는 데 실패했고, 그래서 그 의미가 무엇인지 이해하기 어려워하는 것이다. 나는 이것이 우리 학생들이 과학이나 다른 과목의 교과서나 텍스트를 마주했을 때, 특히 그 안에 담긴 단어와 구의 의미를 맥락화해 본 경험이 없을 때 느끼는 감정과 같다고 말한다. 이른바 '공부 잘하는' 학생들은 시험에서 텍스트의 언어를 암송하여 사용할 수 있지만, '공부 못하는' 학생들에게 이 텍스트는 전혀 알 길이 없는 '언어일 뿐'인 것이다.

한동안 비디오 게임을 해 보면, 게임 텍스트를 읽는 과정에 마법 같은 일이 벌어진다. 갑자기 텍스트가 명료하고, 명확하며, 읽기 쉬운 것처럼 보일 것이다. 이런 게임 텍스트가 처음에는 얼마나 혼란스러웠는지조차 기억할 수 없을지 모른다. 이 시점부터 플레이어는 다양한 목적을 위해, 다양한 방식으로 텍스트를 사용할 수 있다. 예를 들어 게임 플레이를 향상하기 위한 세부 정보를 텍스트에서 찾을 수 있다(예를 들어 나는 리턴 투 캐슬 울펜슈타인에서 여러 총기에 관한 정보를 찾아보았고, 그 결과 내가 사용할 수 있는 것보다 정확도가 떨어지는 총기를 사용하고 있었음을 알게 되었다. 그리고 그 더 나은 총기가 과열되지 않게 방지할 수 있는 힌트도 얻었다). 게임 가이드를 통해 플레이어는 자신이 활동하고 있는 가상 세계의 장소, 생물 및 사물에 관한 지식도 채울 수 있다. 텍스트를 활용하여 플레이어는 가상 세계에서 발생하는 문제를 게임 속에서 혹은 컴퓨터를 조작하여 해결할 수도 있다. 그들은 텍스트를 읽으면서 게임에 유용한 도움을 얻거나, 다른 사람의 플레이와 자신의 플레이를 비교해 볼 수 있다.

데이어스 엑스와 함께 제공된 소책자를 함께 살펴보자. 이 예는 비디오 게임에 관한 구체적 경험 없이는 게임 관련 텍스트를 이해하기 어려우며, 자신이 읽은 텍스트의 의미를 '인출'하기 어렵다는 내 생각을 잘 보여 준다. 이 소책자는 2단으로 편집된 20쪽 분량의 내용으로 구성되어 있다. 그리고 굵게 표시된 199개의 제목과 부제목이 포함되어 있다. 5쪽의 끝과 6쪽의 시작 부분에 있는 제목과 부제목을 무작위로 골라보면 다음과 같다. 수동 판독, 손상 모니터, 활성 증강 및 장치 아이콘, 보유 항목, 정보 화면, 메모, 재고, 재고 관리, 스택, 나노키 링, 탄약. 199개의 각 제목과 부제목 뒤에는 먼저 해당 주제에 관한 정보가 있고, 이어 이것이 어떻게 소책자 전체의 다른 정보들과 연관되는지 보여 주는 글이 나온다. 또한 이 책자는 53개 컴퓨터 자판의 키를 게임 기능에 따라 할당하고 있는데, 이 53개의 키는 199개의 제목과 부제목 아래 제시된 정보들과 관련하여 82번 언급된다. 따라서 이 책은 크기는 작지만 매우 전문적인 정보로 가득 찬 문서다.

다음은 이 소책자의 전형적인 언어를 보여 준다.

내부 나노 프로세서는 당신의 상태, 장비, 최근 사건에 관한 매우 상세한 이력을 보유하고 있다. F1을 눌러 인벤토리 화면으로 이동하거나 F2를 눌러 목표/노트 화면으로 이동하여 플레이 중에 언제든지 이 데이터에 접근할 수 있다. 정보 화면에 접근한 후에는 화면 상단의 탭을 클릭하여 화면 사이를 이동할 수 있다. 설정, 키보드/마우스를 사용하여 다른 정보 화면을 단축키에 매핑할 수 있다.

이 텍스트는 겉으로 드러나는 문면적 수준에서는 완벽하게 그 의미가 통하지만, 그 수준의 이해가 얼마나 쓸모없는지를 잘 보여준다. 이런 종류의 텍스트를 단지 문면적 수준에서만 이해한다면, 당신이 읽은 정보를 소책자에 있는 수백 가지의 다른 주요 세부 내용들과 연관시키려고 할 때 휘발되고 마는 '이해의 착각'만 남게 된다. 우선, 당신이 '나노 프로세서', '상태', '장비', '이력', 'F1', '인벤토리 화면', 'F2', '목표/노트 화면'(물론 '목표' 및 '노트'), '정보 화면', '클릭', '탭', '매핑', '단축키' 및 '설정, 키보드/마우스'가 무엇인지 알지 못한다면, 데이어스 엑스를 하기 전에 이 텍스트는 어떤 실제적 의미도 갖기 어렵다.

둘째, 각 문장이 의미하는 바를 문자 그대로는 알지만 이 게임 혹은 비슷한 게임에 대한 이해가 없다면, 이 텍스트를 읽는 과정에서 여러 질문이 함께 제기될 수밖에 없다. 예를 들어 인벤토리 화면과 목표/노트 화면 모두에 같은 데이터(상태, 장비, 사건)가 있는가? 그렇다면 왜 두 개의 다른 화면에 표시되는가? 그렇지 않다면 어떤 정보가 어떤 화면에 나타나고, 그 이유는 무엇인가? 탭을 클릭하면 화면 사이를 이동할 수 있다는 사실(하지만 이 탭은 어떻게 생겼는가? 내가 알아볼 수 있는가?)은 이 정보 중 일부가 한 화면에 나타날 수 있지만, 다른 일부는 다른 화면에 있음을 나타낸다. 그렇다면 이제 나의 '상태'는 인벤토리 또는 목표/노트의 일부인 가? 둘 다 아닌 것 같지만, 어쨌든 나의 '조건'이란 무엇을 말하는 가? '설정, 키보드/마우스'를 사용하여 다른 정보 화면(이 화면이란 무엇인가?)을 단축키에 매핑할 수 있다는 말은 이와 다른 방식으로 는 해당 정보 화면에 접근할 수 없다는 의미인가? 내가 선택한 단 축키를 할당하기 위해 처음에 어떻게 접근해야 하는가? '탭'을 눌 러 인벤토리 화면과 목표/노트 화면 사이를 클릭할 수 있는가? 이 렇게 질문들이 계속된다. 이제 20쪽이 정말 많아 보이기 시작하겠 지만, 이와 같은 정보가 제공되는 제목이 무려 199개나 있음도 기 억해야 한다.

물론 이 모든 용어와 질문은 소책자에 담긴 정보를 면밀히 확 인하고 반복해 읽으며 교차 검토하면 얼마든지 이해할 수 있다. 그 래서 당신은 책장을 계속 앞뒤로 넘기면서 읽으려 할 것이다. 그러 다가 여러 주제 항목과 게임 행동이 서로 연결된 일련의 연결고리 를 마음속에 만들고 나면, 또 다른 집합의 연결고리가 필요해지게 되고, 이에 따라 다시 책장을 넘기는 일로 되돌아가게 될 것이다. 그렇다면 이 소책자가 잘못 만들어진 것일까? 전혀 아니다. 이 소 책자 역시 학교에서 배우는 수많은 내용 영역의 텍스트와 마찬가 지로 잘 만들어진 것일 수도 있고, 그렇지 않은 것일 수도 있다. 시 험을 통과하거나 언어 정보를 기억하는 데 필요한 문면적 의미를 얼마나 많이 얻을 수 있는가에 관계 없이, 텍스트의 정보와 의미는 그것이 나온 기호 영역을 벗어나서는 아무런 의미가 없다.

물론 당신이 "인벤토리 화면으로 이동하려면 F1을 클릭하라. 목표/노트 화면으로 이동하려면 F2를 클릭하라."고 말한다면, 이것은 당신이 뭔가 좀 알고 있는 것처럼 들린다. 문제가 바로 여기에 있다. 실제 게임에서 당신은 F2를 클릭하고 나타난 화면을 보면서 느긋하게 생각에 잠길 수 있다. 그렇다고 해서 나쁜 일이 일어나지는 않을 것이다. 그러나 게임을 하는 동안에는 당신은 꽤나 자주 F1을 클릭하면서 격렬한 전투 중에 신속하게 무언가를 해야만 한다. 이때 당신에게 '느긋함'이란 없다. 이 두 가지 명령은 실제로 게임에서는 똑같이 작동하지 않는다. 명령이 지시하는 정보는 실제로 구현되는 게임 행동의 측면에서 서로 다른 의미로 쓰이며, 실제로는 그저 "F1을 클릭하고, 화면을 불러온다."라는 의미가 전혀 아니게 된다. 이는 해당 정보가 담고 있는 일반적 의미이지만, 당신이 게임 상황에 맞게 그 뜻을 풀어낼 수 있을 때까지는 그 의미가 전혀 유용하지 않다.

게임의 용어를 상황에 맞게 풀어낼 수 있을 때, 그 정보와 소책자에 적힌 다른 수백 가지 정보의 관계가 명확해지면서 의미가 통하게 된다. 그리고 이 관계는 당연히 당신이 게임을 하나의 체계로 이해하고 게임을 잘하고 싶다면 정말 중요하게 고려해야 한다. 누락된 정보의 조각들을 맞추고, 스스로의 이해를 확인하며, 당신이 가지고 있는 특정 문제를 해결하거나 특정 질문에 답해야 할 필요가 생긴다면, 당신은 그제야 게임의 소책자를 읽을 수 있을 것이다.

내가 데이어스 엑스를 플레이하기 전(이것 말고는 내가 해 본 슈팅 게임은 하나밖에 없었음)에 이 책자를 읽었을 때, 차라리 이 게임을 선반에 던져두고 까맣게 잊어버리고 싶다는 유혹을 극심하게 받았다. 나는 그저 이 게임에 관한 난해한 세부 사항과 질문에 완전히 압도당해 있었다. 그래서 게임을 시작했을 때 계속해서 이런 것들을 찾아보려고 했다. 하지만 책자를 보고 또 봐야만 게임에서 무언가를 할 수 있을 정도로 책자의 내용을 제대로 이해하지 못했다. 결국, 적극적으로 게임을 하면서 모든 것을 탐구하고 시도해 볼 수밖에 없었다. 그래야 마침내 이 책자가 의미가 있게 될 것이며, 그전까지는 이 책자가 그다지 필요하지도 않을 것이다.

요즘, 특히 가난한 가정의 아이들이 어렸을 때 글을 제대로 혹은 정확하게 깨치지 못해서 학교에 적응하지 못하는 아이가 얼마나 많은지에 대한 논란이 크다. 하지만 학교에 적응하지 못하는 아이들 수는 그보다 훨씬 더 많다. 왜냐하면 학생들이 인쇄된 글을 해독할 수는 있더라도, 학년이 올라가고 고등학교로 진학할수록 점점 더 복잡해지는 학교의 언어를 처리할 수 없기 때문이다.

음성 및 문자 언어 모두의 측면에서 학교는 비공식적인 대면 대화에 사용되는 일상 언어와는 다른, 어떤 면에서는 훨씬 더 복잡한 언어 형식과 스타일을 요구한다. 다양한 학문적 언어가 학교의 여러 내용 영역과 관련되어 있고, 과학 분야의 텍스트 및 토론에 사용되는 언어의 형태는 '학술 언어'라는 이름으로 불린다.

학술 언어란 마치 데이어스 엑스의 소책자에 담긴 언어와 같아서, 그것을 읽는 사람이 관련된 구체적 경험이 없어 특정한 방식으로 언어의 의미를 맥락화할 수 없다면, 분명하게 파악할 수도 없고 중요하지도 않다. 예를 들어 고등학교 과학 교과서에서 가져온 다음의 학술 언어를 살펴보자.

유동체에 의해 풍화된 물질의 제거와 마모의 복합 효과에 따른 지표의 파괴를 침식이라고 한다. (…) 물리적 과정과 화학적 변화에 의한 암석 조각의 생성을 풍화라고 한다.

다시 말하지만, 우리는 분명히 문자 그대로의 단어 하나하나, 문장 하나하나로는 이 텍스트를 이해할 수 있다. 그러나 이것은 '일상의' 언어가 아니다. 어느 누구도 집이나 술집에서 친구들과 술을 마시며 이런 식으로 말하는 사람은 없다. 이 텍스트의 언어는 내가 그 의미를 부여할 수 있는 어떤 것들을 경험하지 않았을 때, 내가 가지고 있던 데이어스 엑스 소책자의 언어와 똑같은 문제로 가득 차 있다. 그 의미를 인출할 수 있는 구체적인 경험 없이 이런 학술 텍스트를 읽는다면 내가 처음에 데이어스 엑스의 소책자를 보면서 겪었던 것처럼 질문과 혼란, 그리고 아마도 분노로 가득할 수밖에 없을 것이다.

예를 들면 나는 '마모'와 유동체에 의해 '풍화된 물질의 제거'의 차이가 무엇인지 모른다. 나는 후자를 그저 마모의 한 형태라고 생각했을 것이다. '유동체'란 무엇인가? '물리적 과정'이란 무엇인가? 특히 풍화와 관련하여 '물리적 과정'과 '화학적 변화'의 차이에 대해서는 정말 잘 모르겠다. 그리고 도대체 어떤 화학 물질을 말하는 것인가, 그것은 비에 섞여 내리는 것들을 말하는가?

첫째 문장은 '침식'에 관한 것이고 둘째 문장은 '풍화'에 관한 것이므로, 나는 이 두 가지가 중요하게 연결되어 있다고 짐작할 수 있지만, 대체 어떻게 그렇게 연결되어 있다는 걸까? 첫 문장의 주제를 감안할 때, '지표면 파괴'는 두 가지 형태가 있어야 한다. 그러나 나는 여기서 '암석 조각'을 생산하는 것이 단지 땅을 파괴하는 것이 아니라 땅을 일구는 방법이라고 생각했을 것이다. 암석 조각은 결국 흙으로 바뀔 것이고(그렇지 않은가?), 따라서 잠재적으로 비옥한 토지로 변하기 때문일 것이라고 가정했을 것이다. 하지만 우리가 읽은 것은 지질학 텍스트이며, 지질학 텍스트는 비옥한 땅이라는 주제에 관심을 두지 않는다. 여기에서 '땅'이라는 단어는 내게 익숙한 것과는 다른 범주에서 생각해 볼 수 있는 상황적 의미로 쓰이는 것이다.

물론 나는 이 모든 요점을 분명히 이해하기 위해 텍스트의 책장을 앞뒤로 넘겨 훑어볼 수 있을 것이다. 결국에 이 두 문장은 일상적인 용어로서의 '침식'과 '풍화'가 아니라, 특정 기호 영역의 전문 용어로 정의된 것이다. 나는 당연하게 그것들이 정의라는 것을 알아차려야 하지만, 내가 전문가로서 일상의 대화에서 자주 나타나는 모호함과 애매함을 줄이기 위해 명시적이면서도 조작적으로 용어를 정의해 본 경험이 없었다면 아마 모를 수도 있었을 것이다. 이 정보들은 말의 정의이기 때문에 책 전체에 걸쳐 무수히 많은 다른 용어, 묘사, 설명과 교차 연결되어 있고, 나는 앞뒤 여러 쪽에 걸쳐 얽혀 있는 이 연결고리를 따라가거나 혹은 아직 책장을 넘기지 않은 채 연관성을 놓치게 될 수도 있다.

그러나 일단 지질학자가 이야기하고 논쟁하는 법, 그렇게 하는 이유, 지질학자의 관심사, 규범, 가치 등 지질학자가 매력을 느끼는 구체적인 이미지, 행동, 과제를 경험하고 나면, 비로소 이 텍스트는 내게 분명하고 유용해진다. 혼란, 좌절, 분노가 사라지는 것이다. 이 점을 이해한다면, 모든 사람이 시험에 합격할 것이고, 학급의 절반을 낙제시키지도 않을 것이며, 실제로는 제대로 이해하지 못할지언정 자신들이 기억한 것들을 언어적으로 암송해 표현할 수 있는 소수의 '승자'만을 포상하지는 않을 것이다.

요컨대 언어를 실제 세계 또는 상상 세계에서의 이미지, 행동, 경험 또는 대화와 연관시킬 수 있을 때 그 언어의 의미를 맥락화하여 이해할 수 있다. 그렇지 않다면, 이 말들은 기껏해야 언어적 의미(사전에서와 같이 단어로 된 단어 설명)만 갖게 될 것이다. 맥락화된 의미는 실제적인 이해와 자신이 알고 있는 것을 실제로 적용할 수 있는 능력으로 이어진다. 하지만 단지 언어적 의미는 그렇지 않다(가끔 지필시험을 통과할 수 있는 능력으로 이어지는 경우도 있지만). 이것이 학교에 잘 적응한 아이들이 시험에는 통과하더라도 자신의 지식을 실제 문제 해결에 적용하지 못하는 이유다.

학습 원리

비디오 게임에서의 학습과 사고에 관한 지금까지의 논의가 시사하는 점들을 학습 원리 목록에 추가하는 것으로 이 장을 마무리하고자 한다. 다시 한 번 강조하건대, 이 목록에 있는 각각의 원리들은 비디오 게임 학습뿐만 아니라 학교의 내용 영역 학습 모두와 관련된다. 먼저 이미 충분히 논의한 원리를 제시하고, 다음으로 몇 가지 추가 원리를 논의한다.

◀ **LEARNING PRINCIPLE** ▶

---

15 조사 원리. 학습은 세계를 조사하는(즉, 무언가를 하는) 순환 과정이다. 학습자는 행동하는 중에 성찰하고, 행동한 후에 성찰하며, 이를 근거로 가설을 설정한다. 이 가설을 검증하기 위해 세계

를 재조사한 후, 가설을 받아들이거나 재검토한다.

16 다중 경로 원리. 발전하고 전진하는 방법은 여러 가지가 있다. 따라서 학습자는 대안적인 방법을 모색하는 중에도 자신의 학습 방법과 문제 해결 방법, 자신의 강점을 믿고 다양한 선택을 할 수 있다.

17 상황적 의미 원리. 기호(언어, 행동, 사물, 인공물, 상징, 텍스트 등)의 의미는 구체적인 경험 안에서 맥락화된다. 의미란 일반적이지도 탈맥락적이지도 않다. 의미가 도달하는 일반성은 그것이 무엇이든 구체적인 경험을 통해 상향식으로 발견된다.

18 텍스트 원리. 텍스트는 (텍스트에 있는 단어들의 정의와 그들의 내적 관계의 측면에서) 온전히 언어로만 이해되는 것이 아니라 구체적인 경험의 측면에서 이해된다. 학습자는 텍스트와 구체적인 경험 사이를 오가며 움직인다. 순수한 의미에서 언어적 이해(구체적 행동과 동떨어진 텍스트 읽기)는 학습자가 해당 영역에서 구체적인 경험을 충분히 쌓았고 비슷한 텍스트를 읽은 경험이 충분히 있을 때만 실현될 수 있다.

이제 이 장에서 직접적으로 다루지는 않았지만, 비디오 게임 및 학습에 대해 논의했던 것과 관련된 다음의 네 가지 학습 원리를 간단히 살펴보자. 먼저, 상호텍스트 원리는 게임 플레이어가 비디오 게임에서 특정한 장르나 특정한 유형을 잘했고 그와 관련한 텍스트도 잘 다루었다면, 그와 유사한 범주나 장르에 속한 텍스트도 스스로 이해해 나갈 수 있다는 것이다. 이 플레이어들은 게임 텍스트(판타지 롤플레잉 게임의 전략 가이드라고 하자)를 이전에 읽었던 게임 텍스트와 상호텍스트적으로 연결해 이해한다. 이제 그들은 자신이 게임하면서 체득한 행동의 관점에서뿐만 아니라(분명히 그렇게도 하고 있음), 그들이 이전에 읽었던 같은 범주 혹은 같은 장르의 다른 텍스트들의 관점에서도 게임 텍스트의 의미를 '인출'한다. 이로써 '새로운' 텍스트 읽기가 쉬워지게 된다.

복합양식 원리는 지금까지 이 책에서 전개한 비디오 게임에 대한 모든 논의와 관련된다. 즉 비디오 게임에서의 의미, 사고, 학습은 단지 언어뿐만 아니라 다양한 양식(언어, 이미지, 행동, 소리 등)과 연관된다. 때로는 특히 게임의 어떤 지점에서 여러 양식이 서로를 지원하며 상호보완적인 의미를 전달한다(가령 "이 방향으로 이동하라."). 때때로 이런 양식들은 서로 다른 의미들을 전달하기도 하는데, 각각은 서로 조화를 이루어 더 크고, 더 중요하고, 더 만족스러운 의미의 총체를 생성해 낸다(가령 "이제 막 악의 장소에 진입했으니 각별히 주의하는 것이 좋겠군.").

'물질 지능'의 원리는 실제로 복합양식 원리의 하위 부분이라고 볼 수 있다. 비디오 게임에서 사물과 인공물은 플레이어가 생각해 냈거나 얻은 지식의 일부를 저장하고 있다. 사실 플레이어가 활동하는 환경도 마찬가지다. 예를 들어 데이어스 엑스에서 자물쇠 따개가 없다면, 주어진 문으로 들어가기 위해 수없이 생각해야 할 수도 있다. 자물쇠 따개가 있는 경우, 자물쇠 따개는 그 자체로 문으로 들어가는 방법에 대한 지식을 내장하고 있다는 점에서 게임을 하는 당신이 직접 그 지식을 가지고 있을 필요가 없다. 대신 당신은 당신의 사고력과 문제 해결력을 다른 문제 상황에 집중할 수 있고, 그렇게 함으로써 사고와 문제 해결의 총량을 효과적으로 확장할 수 있다. 왜냐하면 자물쇠 따개와 다른 많은 '유력한' 물질적인 아이템이 당신 과제의 일부를 수행하기 때문이다. 스왓 4와 같은 훌륭한 게임에서 플레이 경험의 상당 부분은 다른 팀원('NPC' 〔플레이어가 직접 조종할 수 없는 캐릭터〕로, 스왓 4에서는 수많은 인공 지능을 갖춘 컴퓨터가 가상 캐릭터를 작동시킨다)이 보유하고 있는 지식을 익히거나, 안전하게 방으로 들어가서 상황을 평정하는 데 사용하는 도구 및 테크놀로지에 저장된 지식을 배우는 것이다.

비디오 게임에서 플레이어는 게임 진행 방법에 관한 단서를 얻기 위해 자신이 속한 물리적 환경을 '읽는' 방법을 곧 배운다. 물리적 환경의 모양과 윤곽, 주변의 물체는 플레이어가 어떻게 게임을 진행해 나갈지 합리적인 추측을 할 수 있도록 안내한다(물론 때때로 속을 수도 있다). 예를 들어 아메리칸 맥기의 앨리스에서 당신(앨리스)은 어느 시점에서 바위와 거친 물줄기 사이에서 길을 잃는다. 하지만 산꼭대기에서 멀리 있는 저택을 어렴풋이나마 볼 수 있다. 나아가 이러한 환경에는 가야 할 길을 알려 주는 바위와 언덕의 윤곽이 담겨 있다. 그리고 마지막으로, 당신 앞에 있는 몇 개의 바위 위에서 붉은 보석 몇 개가 빛나고 있는데, 이미 배운 대로 그것을 줍는다면 더욱 건강한 몸을 얻을 수 있다. 이러한 사물들의 위치는 분명히 멀리 있는 저택에 가까이 가는 방법을 암시한다. 이제야 이러한 환경의 전체적인 윤곽을 통해서 게임의 진행 방법을 지능적으로 추측할 수 있게 된다.

물질적 환경과 사물에서 도움을 얻는다면, 다시 말해 물질적 환경과 사물이 당신 지능의 일부가 된다면 그건 분명 좋은 일이다. 왜냐하면 당신은 당신의 진전을 막고 싶어 하는 원더랜드의 정신 나간 캐릭터들과 싸우는 방법(그리고 다른 많은 문제를 해결하는 방법)을 생각하면서도, 다른 해야 할 것들이 너무 많기 때문이다.

양질의 과학 수업에서 아이들은, 과학에서도 사물이나 인공물이나 환경이 지식과 힘을 저장할 수 있음을 알아야 한다. 이를 통해 아이들은 주변의 것들에 대해 생각할 수 있게 되고, 여러 도구, 테크놀로지, 사물, 환경에 저장된 지식과 힘을 결합해 문제를 해결하면서 진정으로 자신의 능력 범위를 확장해 나갈 수 있게 된다. 실제로 훌륭한 교사는 학습자를 안내하면서 개인의 노력을 확장해 줄 힘을 불어넣는 다양한 도구로 가득찬 과학 환경을 마련할 수 있다.

예를 들어 실세계에서 진자가 움직이는 걸 보면서 가지고 노는 것은 실제로 진자의 운동 법칙을 '발견'하는 좋은 방법이 아니다. 갈릴레오는 신화에서처럼 흔들리는 샹들리에를 응시함으로써가 아니라, 기하학과 그림을 사용하여 종이에 호와 원, 진자가 움직이는 경로를 표현하고, 진자 운동의 기하학적 특성을 파악함으로써 진자의 운동 법칙을 발견했다. 기하학은 학습자가 스스로 발명할 필요가 없는, 수많은 지식과 기술을 저장하고 있는 강력한 도구다. 디세사가 학생들에게 운동에 관한 갈릴레오의 법칙을 가르칠 때 사용한 컴퓨터 프로그램 역시 그러하다. 우리는 너무나 자주 아이들이 이렇게 과학자들이 스스로 과학적 경험을 통해 얻은 도구, 인공물, 물질의 안내 없이 과학을 배울 수 있다고 기대한다. 기하학이나 디세사의 복서 프로그램이 실제 지능을 내장하고 있는 것처럼, 아메리칸 맥기의 앨리스, 스왓 4 또는 하프라이프 2의 사물과 환경에도 지능(지식, 안내)이 내장되어 있다.

마지막은 직관적 (암묵적) 지식의 원리로, 비디오 게임은 게임 수행에 관한 명시적이고 언어적인 지식뿐 아니라 움직임, 몸짓, 무의식적 사고방식에 깃든 직관적이고 암묵적인 지식도 존중한다. 플레이어들은 비슷한 장르의 게임을 반복하면서 이러한 직관적이고 암묵적인 지식을 얻게 된다. 현대의 작업환경에 관한 연구들은 빠르게 변화하는 오늘날의 첨단 기술 사회에서 기업에 가장 귀중한 지식이 암묵적 지식이라고 공통적으로 지적한다. 기업의 암묵적 지식은 특정 상황과 그 상황이 벌어지는 '현장의' 변화에 적응한 '실천 공동체' 내에서 구성원들이 지속적으로 협력하여 획득한 것이다. 암묵적 지식을 항상 말로 표현할 수 있는 것은 아니다. 설령 어느 시점에 암묵적 지식이 언어로 표현되어 훈련 지침서에 담기더라도, 이미 그때가 되면 그 지식은 종종 구식이 되고 만다.

물론 내가 이미 여러 번 지적했듯이 비판적 학습에서 의식적 지식이 중요하긴 하다. 그러나 좋은 비디오 게임이나 좋은 직장과는 달리, 학교는 너무 자주 사람들이 '현장에서' 연습과 적응을 통해 (순전히 추측에 의해서가 아니라) 쌓은 암묵적이고 구체적인 지식을 존중하지 않는다. 그러나 암묵적 지식은 매우 많은 영역에서 핵심적이며, 바로 이것이 학습자가 하나의 영역에서 스스로 유능하다고 느끼면서 마치 그 영역의 친교 집단에 실제로 소속감을 느끼는 큰 이유가 된다. 암묵적 지식, 즉 자신이 직접 '갈고닦은 지식' 없이 과학을 배우는 아이들은 실제로 자신을 유능하다고 느낄 수 없다. 하지만 암묵적 지식을 쌓아 본 아이들은 이런 지식이 가치 있게 인정되지 않는다면, 구체적인 방식으로 이해할 수 없는 사실과 숫자를 의식 없이 암송해 A를 받게 된다고 하더라도 오히려 학교에서 등을 돌리게 되기 쉽다.

나는 한때 학교 기반의 학습이나 리터러시와는 전혀 관련이 없는 중학생들을 대상으로 방과 후 과학 동아리 운영을 도운 적이 있다. 이때 우리는 이 아이들에게 어떻게 과학을 하는지, 자신들이 무엇을 하는지와 무엇을 발견했는지에 대해 어떻게 서로 이야기할 수 있는지 가르쳤다. 우리는 이들이 단순히 수동적인 관찰자가 아니라 지식인처럼 행동하고 이야기하도록 가르쳤다. 우리 동아리에서 크게 성장했던(학교 과학 박람회에서 상을 받았던) 한 청소년을 만나러 학교에 갔을 때, 그의 교사가 우리에게 아주 흥미로운 말을 했다. "재밌는 일이에요. 이 학생은 우리가 실험을 하거나 다른 작업을 할 때는 과학을 정말 잘합니다. 그런데 내가 낸 객관식 시험에서 항상 낙제하기 때문에 성적은 좋지 않아요." (이는 고등학교 생물 교사가 되기 위한 시험에서 떨어졌지만, 수도원 정원에서 현대 유전학을 발견한 멘델의 경우와 매우 유사하다.) 이 교사는 이 아이가 과학적 실제와 관련된 얼마나 많은 암묵적 지식을 가지고 있는지는 평가하지 않았다. 교사는 이런 지식을 존중하지 않았고 그것을 교육에 활용할 수 없었다. 그래서 암묵적 지식을 의식적이고 비판적인 인식의 수준으로 가져올 수 없었다. 좋은 기업은 이익이 위태로워지면, 이런 실수를 더 이상 반복하지 않는다. 좋은 기업은 '손수' 체득한 지식 없이 모든 것을 하향식으로 바꾸려는 관리자에게 전적으로 의존하기보다, 직원들이 실무에서 계발한 암묵적 지식을 활용해 새로운 작업 관행을 도입하는 법을 학습해 왔다.

다음에서 방금 논의한 원리들을 나열해 보자.

◀ LEARNING PRINCIPLE ▶

----

19 상호텍스트 원리. 학습자는 자신이 읽은 텍스트를 일종의 텍스트 범주('장르')로 이해하고 그 범주 안의 다른 텍스트들과 관련지어

해당 텍스트를 이해하지만, 이는 반드시 텍스트에 관한 체화된 이해를 전제한다. 일단의 텍스트를 범주(장르)로 이해하면 학습자가 그 범주의 텍스트를 이해할 때 상당한 도움을 얻을 수 있다.

20 복합양식 원리. 의미와 지식은 언어만으로 구성되는 것이 아니라, 다양한 복합양식성(이미지, 텍스트, 상징, 상호작용, 추상적 디자인, 소리 등)을 통해 구성된다.

21 물질 지능 원리. 사고·문제 해결·지식은 도구·기술·물체·환경에 '저장'된다. 학습자는 자신의 마음을 쏟아 어떤 일에 몰입하는 동안 이런 도구·기술·물체·환경에 저장된 지식과 자신이 생각해 낸 것을 자유롭게 결합하여 더욱 강력한 효과를 달성할 수 있다.

22 직관적 지식 원리. 반복적 경험과 실천으로 축적된 직관적 지식 혹은 암묵적 지식은 종종 친교 집단에서 매우 중요하고 가치 있는 것으로 존중된다. 언어적이고 의식적으로 사유된 지식만이 보상받는 것은 아니다.

05

말해주기와 실천해 보기

: 왜 라라 크로프트는 폰 크로이 박사에게 복종하지 않는가

명시적 정보와 실천적 몰입의 딜레마

인간 학습의 측면에서 보자면 정보란 성가신 것이다. 한편으로 인간은 아무리 명시적으로 정보를 주더라도 그 정보가 사용되는 맥락에서 벗어나 있으면 그 정보로부터 무언가를 배우기 어려워한다. 학습자가 그 맥락을 많이 경험해 봤고 정보를 듣거나 읽을 때 마음속에서 맥락을 스스로 시뮬레이션해 볼 수 있다면, 이 문제는 완화된다. 인간은 시뮬레이션해 볼 수 없는 정보를 처리하는 데 매우 어려움을 겪는 경향이 있다. 특히 정보가 사용되는 맥락을 상상할 수 없는 경우에는 실제로 그 맥락 밖에서 얻은 정보들을 쉽게 잊어버리는 경향도 있다.

다른 한편으로 인간은 매우 낯설고 복잡한 상황에서 전적으로 스스로의 학습 장치에만 맡겨진다면 제대로 배우지 못한다. 수학적 도구를 사용할 수 없는 상태에서 동전과 끈, 진자만 가지고 갈릴레오의 법칙을 스스로 발견하도록 내버려 둔다면 아이들은 대부분 좌절할 것이다. 사실 갈릴레오는 기하학에 대한 깊은 지식을 사용하여 이 법칙을 발견했는데, 이런 점에서 본다면 선행 지식과 정교한 학습 도구가 부족한 아이들에게 실제로 갈릴레오(만약 천재라는 존재가 있다면 그가 바로 천재일 것이다)가 직면한 것보다 훨씬 더 어려운 과제를 수행하도록 요구하는 셈이다.

여기서 딜레마는 다음과 같다. 인간은 효과적으로 학습하기 위해 명시적인 정보가 필요하지만, 실제로 그런 정보를 다루기 어려워한다. 또한 인간은 효과적으로 학습하려면 실제 상황에 몰입할 필요가 있지만, 명시적인 정보와 안내 없이는 실제 상황에서 혼란을 겪는다. 이것은 명시적 언어(말해주기)와 실천적 몰입(실천해 보기) 사이의 딜레마로, 지난 수년간 진행된 교육 논쟁을 특징화한다. 교육자들은 이 둘 중 어느 하나를 다른 것에 우선하여 강조하지만, 이 둘을 통합할 수 있는 효과적인 방법은 별로 논의하지 않음으로써 이 논쟁을 양극단으로 몰고 간다. 그들은 교육에서 제기되는 명시적 언어에 대한 지지를 보수적 정치와 연관시키고, 실천적 몰입에 대한 지지는 자유주의 정치와 연관시키기도 한다. 따라서 근본적인 문제는 여전히 해결되지 않은 채 남아 있다. 비디오게임의 제작자, 즉 좋은 자본주의자들에게 이것은 사치다. 게임 제작자들이 이 딜레마를 해결하지 않는다면, 아무도 그들의 게임을 배우려 하지 않을 것이기 때문이다.

5장에서는 두 가지 비디오 게임에 대해 논의하고, 비디오 게임이 한편으로는 명시적 정보와 명시적 안내를, 동시에 다른 한편으로는 실천적 몰입을 다루는 몇 가지 방식을 설명한다. 비디오 게임이 우리의 딜레마에 관해 제안하는 해결책은 명시적 정보와 실천적 몰입을 두 손의 문제가 아니라 한 손의 두 손가락 문제로 보는 것이다.

라라 크로프트가 되는 법 배우기

게임 (및 영화) 툼 레이더 시리즈의 여주인공인 라라 크로프트는 역사상 가장 유명한 비디오 게임 캐릭터 중 하나다. 라라는 헨싱리 크로프트 경이 애지중지하는 고귀한 딸로 (가상) 삶에서 그녀가 원하는 것은 아무것도 없었다. 그런데 라라가 어렸을 때 들은 유명한 고고학자 베르너 폰 크로이 교수의 강의는 모험을 찾아 멀리 떨어진 곳으로 여행하길 바라는 그녀의 평생 욕망을 불러일으켰다. 이 강연을 듣고 얼마 지나지 않아 라라가 기숙 학교에서 16살이 되었을 때, 그녀는 폰 크로이의 기사를 실은 『내셔널 지오그래픽』 잡지를 발견했다. 이 기사를 통해서 라라는 폰 크로이가 아시아 전역에서 새로운 고고학 여행을 준비하고 있다는 사실을

툼 레이더: 더 라스트 레버레이션 모험가이자 고고학자인 라라 크로프트의 모험을 다룬 게임 툼 레이더 시리즈의 네 번째 작품이다.

알게 되었다.

　라라는 이 기사를 부모님에게 보여 주고는 폰 크로이의 탐험에 동행하고 싶다고 청했다. 헨싱리 경은 폰 크로이에게 편지를 써, 그가 라라와 함께 간다면 재정적 지원을 제공하겠다고 제안했다. 폰 크로이는 예전 강의에서 라라가 영감을 주는 질문들을 끝없이 던졌던 것을 기억한다고 답했다. 폰 크로이에게는 라라를 비서로 동반하는 것과 라라의 부친으로부터 재정적 지원을 받는 제안이 모두 환영할 만한 것이었다. 이렇게 해서 폰 크로이는 라라의 멘토가 되었다. 툼 레이더 게임에서 라라는 어릴 적부터 폰 크로이에게 기술을 배워 전 세계를 돌아다니며 위험을 무릅쓰고 지식과 모험을 추구하는 어른으로 묘사된다.

비디오 게임에서 몇 안 되는 여성 주연 캐릭터인 라라는 게임 세계에서는 신체적으로 민첩한 캐릭터에 속한다(그리고 그녀는 매우 민첩한 캐릭터의 초기 모델 중 하나다). 게임 플레이어는 라라가 다른 어드벤처 게임이나 슈팅 게임에서 등장하는 영웅보다 물리적으로 더 많이 움직이도록 조작할 수 있다. 그녀는 걷기와 달리기뿐만 아니라 제자리 점프와 달리기 점프를 모두 할 수 있고, 뒤로 점프하거나, 웅크리거나, 휙 피하거나, 구르거나, 오르고, 절벽에 매달리거나 절벽 끝 바위를 따라 이동하거나, 덩굴과 나뭇가지에서 뛰거나 그 사이를 날아서 왔다 갔다 할 수도 있다. 라라(플레이어)는 이 모든 기술을 사용하여 적을 물리치면서 고분과 사원, 사막, 정글, 외국 도시의 위험한 풍경들을 탐험한다.

지금까지 내가 설명한 폰 크로이와 라라의 이야기는 게이머라면 누구나 들어 본 뒷이야기일 뿐(게임과 함께 제공되는 책자에서 또는 게임을 하면서 배우게 된 짧은 글들에서), 내가 스스로 경험한 것들은 아니다. 그러나 이 시리즈에서 비교적 최신 버전인 툼 레이더: 더 라스트 레버레이션에서는 이러한 뒷이야기가 게임의 일부로 되돌아온다. 툼 레이더: 더 라스트 레버레이션의 첫째 에피소드는 라라가 캄보디아의 신성한 고대 왕실 무덤에 막 침입한 장면을 보여 준 후, 그녀가 폰 크로이 교수에게 훈련받고 있는 16세 소녀라고 알려 준다. 이제 게임 플레이어는 소녀 시절의 라라로 살면서 수습 기간을 거치게 된다.

첫째 에피소드는 실제 게임의 일부분으로 구성된다(게임에서 에피소드란 책의 장과 같다). 이 에피소드는 후반부 에피소드보다는 쉽지만, 다른 에피소드에서와 마찬가지로 게임 플레이어는 보물을 찾으면서 수많은 함정과 위험을 피해야 한다. 그러나 이 에피소드는 플레이어가 게임을 하는 방법에 대해 명시적으로 지도받을 수 있는 일종의 훈련 모듈이라고도 볼 수 있다. 이때 학습 코칭은 아주 매력적인 방식으로 이루어진다. 여기서 폰 크로이는 라라를 모험가로 훈련시키면서 동시에 플레이어가 컴퓨터를 제어하고 게임을 하도록 훈련시킨다. 다른 게임에도 이와 비슷한 과정이 있긴 하지만, 이 게임에서는 훈련 모듈이 특별히 좋은 방식으로 진행된다.

폰 크로이가 고대 캄보디아 무덤(층이 높고 길이 뒤틀려 있는 매우 큰 구조물)을 파고들어 가는 오프닝 비디오와 함께 '캄보디아 1984'라는 글자가 표시된 후, 우리는 그가 "그래서 우리는 수 세기 만에 처음으로 고대인의 성소인 이 무덤에 발을 내딛었다."라고 말하는 것을 듣는다. 우리는 곧이어 그 옆에 있는 어린 라라가 경외의 눈으로 주위를 둘러보며 "이곳은 소름끼쳐요. (잠깐 멈칫하더니) 먼저 가세요!"라고 말하는 것을 듣는다. 그다지 공손하지 않은 라라의 말투는 약간 버릇없고 자신감 넘치는 어린 라라의 모습을 전형적으로 드러낸다.

폰 크로이는 라라에게 보이는 것이 전부가 아니라며 조심하라고 주의를 준다. 숨겨진 함정과 구덩이는 어디에나 있을 수 있다. 라라는 폰 크로이의 가까이에서 그의 지시를 따라야 한다. 이 무덤에 담긴 정보 때문에 착한 사람들은 죽어갔지만 나쁜 사람들은 "자신의 목적을 위해 그 정보를 물물교환"했기 때문에, 폰 크로이는 "이 때문에 우리는 무덤의 정보를 존중해야 한다. 우리는 그 길에서 벗어나지 않을 것이고, 너는 나의 지시에서 벗어나지 않을 거야."라고 주장한다. 전체적으로 폰 크로이는 겁을 주면서 권위적으로 구는 교수로 등장한다.

그러나 물론 라라는 그에게 움츠러들지 않는다. 이 게임은 플레이어가 폰 크로이를 지나치게 공손하게 따르지 않도록 만든다. 폰 크로이는 라라에게 가까이 있으면서 전방에 곧게 내다보이는 경로에서 벗어나지 말라고 했지만, 플레이어가 숨겨진 보물(황금 해골과 같은)을 찾을 수 있는 유일한 방법은 사실 그에게서 멀어져서 그것들을 찾아 나서는 것뿐이다. 실제로 폰 크로이가 라라에게 가까이 머물러 있으라고 명령하는 동안, 의지를 가진 게임 플레이어는 아마도 여러 기둥 뒤에 어떤 흥미로운 것들이 숨겨져 있는지 확인하고 있을 것이다. 플레이어가 그럴 의지가 없다면 에피소드가 끝날 무렵에는 좋은 것들을 많이 놓쳤을 것이고, 아마도 그는 이 에피소드를 다시 플레이하고 싶을 것이다.

플레이어는 바로 이러한 게임 디자인에 따라 라라와 동일한 심리적 공간에 놓이게 된다. 라라는 폰 크로이에게 배우지만, 권위적인 구닥다리 교수의 요구에 자신을 완전히 종속시키지 않는다. 이 게임의 디자인은 플레이어가 폰 크로이와의 관계에서 정해진 어떤 태도, 좀 더 일반적으로 말하면 라라와 같은 사람으로 대표되는 특정 성격을 취하도록 장려한다.

나는 이 게임을 처음 할 때 폰 크로이에게 약간 겁을 먹었었다. 아마도 한평생(나답게 보이려고 노력하면서) 대학 학장과 같은 권위자의 명령을 따라 왔던 것처럼, 나는 폰 크로이의 명령을 곧이곧대로 따르려는 나 자신을 발견했다. 하지만 나 역시 보물을 원했기 때문에 죄책감을 느끼면서도 몰래 폰 크로이가 말한 경로를 벗어났고, 점점 더 원래의 나와 멀어지면서 라라를 닮아 가야 했다.

이 게임에는 여러 장치가 있어서, 무능한 플레이어라도 폰 크로이 교수가 시키는 대로 하지 않아야 비로소 값진 것을 발견할 수 있다는 사실을 분명히 알 수 있다. 예를 들어 내가 게임을 하던 중 폰 크로이가 라라에게 동굴을 뛰어넘으라고 명령했는데, 내가 (컴퓨터 키로) 라라를 제대로 제어하지 못해서 라라가 물속으로 빠져버리고 말았다. 이 상황에서 라라는 뭍으로 헤엄쳐 올라가 다시 점프를 시도할 수도 있었다(실제로 폰 크로이를 따라 결국 에피소드를 완료하려면 이렇게 해야만 한다). 그러나 이것 봐라, 육지로 헤엄치던 라라가 물속에서 황금 해골을 발견한 것이다. 이때 게임 플레이어는 다음과 같이 생각하지 않을 수 없다. 의도적으로 명령을 따르지 않고 가라고 한 곳이 아닌 다른 곳으로 뛰어 올라가면 어떤 일이 벌어질까? 또 어떤 좋은 것을 더 발견할 수 있을까? 이제 게임 플레이어는 제멋대로이지만 자칫 버릇없어 보이는 라라와 조금 더 비슷해질 것이며, 이전에 자기 자신과 세계에 대해 생각해 온 것과는 다소 다른 새로운 정체성을 시험해 볼 것이다. 좋은 과학 수업도 이와 같아야 한다.

낯선 언어: 폰 크로이가 라라에게 비디오 게임 하는 법을 가르치다

폰 크로이가 라라에게 가까이서 따라오라고 말하고는 벽에 숨겨진 돌을 밀어 앞쪽에 날카로운 돌기가 가득한 층을 아래로 내리자, 그들은 이내 작은 장애물이 되고 만다. 폰 크로이는 다음과 같이 말한다. "첫 번째 장애물은 너의 담력을 테스트하기 위한 손쉬운 뜀뛰기다. 보행을 길게 누르고, 이제 앞으로를 눌러."

이런 상황을 말로 설명하기에는 낯설다. 그러나 실제로 이 에피소드를 해 본 적이 있다면 조금도 낯설지 않을 것이다. 폰 크로이는 가상 세계에서 걷고 뛸 수 있는 캐릭터인 라라에게 이야기하고 있지만, 라라에게는 컴퓨터가 없고 살짝 또는 길게 누르고 조작할 수 있는 키도 없다. 하지만 라라 캐릭터를 움직이는 게임 플레이어는 컴퓨터가 있고, 라라를 살리기 위해서 반드시 키 조작법을 배워야만 한다(나는 컴퓨터로 툼 레이더: 더 라스트 레버레이션을 했지만, 이러한 키 조작법은 같은 시리즈의 툼 레이더에서도 사용할 수 있다. 아마도 손에 쥐는 자체 컨트롤러를 사용하는 게임 플랫폼에서는 더욱 자주 사용될 것이다). 따라서 폰 크로이의 발언은 그가 참여하는 라라와의 대화와 플레이어와의 대화를 완벽하게 융합한다. 이러한 결합으로 플레이어로서의 실세계 정체성과 라라로서의 가상적 정체성이 서로 연결된다. 이런 형태의 대화는 비디오 게임에서는 매우 일반적이다.

하지만 이 게임에는 훨씬 더 흥미로운 지점이 있다. 폰 크로이가 "보행을 길게 눌러."라고 말하면, 이는 플레이어가 컴퓨터에서 시프트 키(Shift)를 길게 누르라는 의미다. 이 키는 라라를 달리지 않고 걷게 만든다(라라는 보행을 할 때 절벽 끝에서 자동으로 멈추지만, 달려갈 때는 절벽 끝을 놓치고 떨어진다. 위험한 가장자리에서는 라라를 달려가게 하기보다 걸어가게 하는 게 더 낫다). 폰 크로이가 계속해서 "이제 앞으로를 눌러."라고 말할 때, 이는 현재 시프트 키를 누르고 있는 플레이어가 라라를 앞으로 이동시키기 위해 컴퓨터의 위쪽 화살표 키(↑)를 누르라는 것을 의미한다. 플레이어가 이렇게 키보드 조합을 입력하면, 라라는 장애물까지 걸어가서 자동으로 그 가장자리에 멈추어 선다. 이제 라라는 점프할 준비가 되었다.

이 시점에서 폰 크로이가 이렇게 말한다. "이리 와, 이리 와, 얘야, 두려워하지 마라. 이건 앞날의 위험에 비하면 단지 맛보기일 뿐이야. 앞으로 밀고, 함께 점프해." 이것은 플레이어에게 위쪽 화살표 키(↑, 앞으로 이동 키)와 알트 키(Alt, 라라를 점프하게 만드는 키)를 함께 누르라고 지시하는 것이다. 플레이어가 그렇게 하면, 라라는 쉽게 장애물을 뛰어 넘는다.

여기서 폰 크로이는 '시프트 키', '위쪽 화살표 키' 및 '알트 키'와 같이 컴퓨터가 가진 원래의 키 이름이 아니라, 가상 세계에서 수행하는 '보행', '앞으로' 및 '점프'와 같은 동작으로 키의 기능적 이름을 만들어 사용한다. 그렇다면 어떤 키를 눌러야 할지 플레이어는 어떻게 알까? 플레이어는 다음의 세 가지 방법으로 이를 알 수 있다.

1 게임 플레이어는 내가 한 것처럼, 이 게임과 함께 제공되는 책자를 볼 수 있다. 이것은 플레이어가 폰 크로이의 말을 들을 때, 동시에 그의 명령에 상응하는 컴퓨터 키를 찾는다는 것을 의미한다(이는 가상 세계와 실제 세계가 결합하는 또 다른 방식이다).

2 게임 플레이어는 툼 레이더 게임의 다른 버전이나 이와 유사한 게임을 통해서 지능적으로 키 사용법을 추측할 수 있다.

3 게임 플레이어는 비슷한 상황에서 내 아이가 하는 것처럼, 올바른 키를 찾아 정확한 결과가 나올 때까지 가능한 모든 키를

눌러 볼 수도 있다.

첫째 에피소드의 전반에 걸쳐서 폰 크로이는 계속해서 플레이어(그리고 라라)가 할 수 있는 훨씬 더 복잡한 행동을 다음과 같이 알려 준다. "이쪽과 저쪽의 간격이 생각보다 더 멀어서 위험해. 먼저 가장자리 끝까지 걸어가. 그런 다음 앞으로 가면서 점프해. 공중에 있는 동안에는 동작을 길게 유지하고. 그렇게 하면 낭떠러지의 끝자락을 잡을 수 있을 거야." 에피소드가 끝날 무렵이면 플레이어는 기본적인 컴퓨터 제어 키를 작동하는 법을 배우게 된다. 플레이어는 게임의 가상 세계를 탐험하고 특정 위험 요소를 회피하기 위한 몇 가지 기본 전략도 배운다.

라라와 학습

게임을 하는 동안 이렇게 '이상한' 언어가 실제로 낯설게 느껴지지 않는 것은 왜일까? 대부분의 좋은 비디오 게임에서 플레이어는 가상 세계(예를 들어 '보행')와 실제 세계(예를 들어 '보행 키 누르기')를 '혼동하게' 만드는 언어를 접하게 된다. 사실 이 언어는 학교에서는 일반적으로 무시되기 쉬운 매우 기본적이고 중요한 학습 원리를 드러낸다. 학습자는 자신이 몰입하고 있는 실제 상황과 동떨어진 정보를 교사가 명시적으로 제공한다고 하더라도 그것으로부터 별로 배울 수 있는 것이 많지 않다. 그러나 동시에 학습자는 이러한 명시적 정보 없이는 제대로 배울 수가 없다. 그들 스스로 모든 것을 발견할 수는 없기 때문이다.

이 딜레마의 해결책은 수행 영역의 맥락 안에서 정보를 제공하고 그 정보를 구체적인 행동의 맥락에서 의미가 통하는 방식으로 제시하는 것이다. 간단한 실제 사례를 들어 보자. 누군가에게 "차가 미끄러질 때는 바퀴를 미끄러지는 방향으로 돌려."라고 말하는 것은 "차가 미끄러질 때는 미끄러지는 방향을 봐."고 말하는 것보다 덜 효과적이다(운전자가 그 방향을 바라본다면, 당연히 그 방향으로 바퀴를 돌릴 것이기 때문이다). 이때 후자의 공식은 학습자의 정신적 시뮬레이션에서뿐만 아니라 실제 현장에서 구체적인 행동과 통합될 수 있는 방식으로 정보를 표현한다.

교실에서 이루어지는 과학 수업에서는 교사가 오랫동안 강의만 하지 않고 학생들에게 다가가 지금까지 배운 것들을 소모둠 활동에 적용해 보라고 말한다. 하지만 학생들은 자기가 지금껏 강의에서 들은 내용을 대부분 기억하지 못할 것이다. 그리고 어떤 학생도 강의로 배운 내용이 실제로 사용되는 상황에서 어떤 의미를 갖는지 이해하지 못할 것이다. 하지만 훌륭한 과학 교사는 학생들이 아무런 도움 없이 이러한 활동을 하도록 내버려 두지는 않는다.

오히려 훌륭한 교사는 학생들이 소모둠 활동을 통해서 무언가를 알아내려 노력하고 있을 때 학생들 곁에서 그들이 탐구 조사의 과정에서 얼마나 진전하고 있고 얼마나 유익한 결과를 얻었는지 평가하고, 바로 그 지점에서 학생들이 요긴하게 사용할 수 있는 정보를 명시적으로 제공한다.

그러나 폰 크로이의 '혼합된' 언어, 다시 말해 가상 세계에서 라라에게 이야기하는 것과 실제 세계에서 컴퓨터 제어에 관해 플레이어에게 이야기하는 것에는 이보다 더 중요한 함의가 있다. 이 언어는 양질의 비디오 게임에 내장된 장치의 하나로, 플레이어가 게임의 가상 세계에서 자신의 실세계 정체성(실제로 다양한 현실 정체성이 가능함)과 캐릭터의 가상 정체성을 연결하고, 병치하고, 결합하도록 격려한다. 이 과정은 또한 게임 플레이어가 이 책의 3장에서 프로젝트 정체성이라고 부른 것을 채택하도록 장려한다.

나는 앞서 프로젝트 정체성이 능동적이고 비판적인 학습의 심장이자 영혼이라고 주장한 바 있다. 아이들이 해당 학년 내내 교실에서 수행할 가상의 과학자 캐릭터에 책임감을 느끼면서, 이러한 가상 정체성을 자신의 실세계 정체성(실세계 정체성의 일부는 다른 놀이나 혹은 학교 교과 영역에서의 가상 정체성에서 기인했을 수 있다)과 적극적으로 연관시킬 수 있을 때, 진정한 학습, 즉 자기 재구성으로서의 학습에 참여할 수 있게 된다. 하지만 가상의 정체성과 세계(언어, 행위, 텍스트로 구체화된 상상의 과학자와 상상의 과학 세계)가 교실에 존재하지 않는다면, 당연히 어떤 아이도 이렇게 할 수 없을 것이다.

이제 다시 게임으로 돌아가 보자. 좋은 비디오 게임이 가진 전형적인 훈련 모듈에서처럼, 툼 레이더: 더 라스트 레버레이션의 첫 번째 훈련 에피소드의 기능 중 하나는 플레이어가 다음 에피소드를 플레이하면서 더 배워 나갈 수 있을 만큼의 충분한 정보와 기술을 제공하는 것이다. 각각의 에피소드가 갈수록 점점 더 어려워진다는 점에서, 실제로 플레이어는 언제나 게임을 하면서 동시에 게임하는 법을 배워야만 한다. 숙련가와 초보자의 구분이 분명하지 않듯이, 비디오 게임에서도 플레이(실제 활동 수행)와 학습 간의 구분이 모호해진다. 이는 실제로 게임이 진행되면서 새로운 게임이 새로운 것들을 제시하고, 새로운 요구를 만들어 내며, 점점 더 창의적인 방식으로 플레이어들을 어렵게 할 것이고, 이에 따라 게임 플레이어 역시 의지를 갖고 그러한 도전들에 맞설 것이기 때문이다.

툼 레이더: 더 라스트 레버레이션의 두 번째 에피소드가 시작되면, 폰 크로이는 라라에게 새로 습득한 기술을 시험하기 위해, 낯선 구역을 지나 사원 다른 한쪽에 있는 신성한 돌을 누가 먼저 차지하는지 경주해 보자고 제안한다. 하지만 안타깝게도 폰 크로이는 "우리는 아이리스를 위해 경주를 할 거야. 셋을 세자. 하나, 둘,"이라고 말하고는, '셋'을 세지 않고 먼저 출발함으로써 그에게 아주 유리한 방식으로 경주를 시작했다.

당신이 첫 번째 에피소드에서 8개의 황금 해골을 모두 찾아 모았다면, 이제 폰 크로이는 더욱 어려운 테스트인 '이단의 길'로 달려갈 것이다. 하지만 당신이 모든 해골을 찾는 데 실패했다면, 그는 조금 더 쉬운 테스트인 '탁월함의 길'로 달려갈 것이다. 이는 좋은 비디오 게임의 전형으로서, 앞서 논의한 학습의 원리 몇 가지를 드러낸다. 좋은 비디오 게임에서는 플레이어의 수준에 맞게 난도가 조정되고, 플레이어에 따라 서로 다른 보상이 주어지며(그러나 모두에게 보상함), 종종 플레이어가 가진 역량 체계의 극한까지 몰고 간다.

이 비디오 게임이 황금 해골을 찾은 플레이어에게 보상을 준다는 것도 흥미롭고 중요한 사실이다. 황금 해골을 찾기 위해서 플레이어는 가까이에 머물면서 모든 지시를 따르라는 폰 크로이의 명령을 거부해야 한다. 앞서 말했듯이, 이 게임의 디자인은 플레이어가 마치 라라처럼(명랑하면서도 의지를 갖고서) 탐험의 위험과 압박에 대한 두려움이나 망설임 없이 게임에 임할 것을 권장한다.

전체 영역의 하위 영역에서의 학습

이 게임의 세 번째 에피소드는 이제 성인이 된 라라가 이집트 모험을 떠나는 것으로 시작한다. 이제 더 나이가 든 폰 크로이도 때때로 이야기 속으로 돌아온다. 지금까지 게임 플레이어는 라라의 뒷이야기를 통해서 많은 것들을 배우며 살아 왔다. 심지어 라라가 그녀의 유명한 배낭을 어디서 어떻게 얻었는지도 배웠다(플레이어가 라라의 십대 시절에 라라를 움직이면서 직접 그 배낭을 골랐었다). 그렇다면 처음의 두 에피소드는 '훈련'('학습')일까 아니면 '실제' 게임의 일부일까? 물론 둘 다다. 좋은 비디오 게임을 할 때 플레이어는 실제 게임의 '하위 영역'을 해 보면서 게임하는 법을 배운다. 이것은 중요한 학습 원리지만, 학교에서는 번번이 무시되곤 한다.

다수의 비디오 게임에는 명시적으로 이름이 붙여진 훈련 모듈이 존재한다. 가령 슈팅 게임에서는 훈련 강사(때로는 당신에게 소리치는 상사고, 때로는 좀 더 친절한 강사며, 심지어 첫 하프라이프의 훈련 모듈에서는 온화해 보이는 여성 홀로그램이었다)가 마치 폰 크로이가 라라에게 말하는 것처럼 플레이어와 대화하는 모듈이 있다. 이모듈이 게임의 에피소드는 아니지만, 플레이어는 이 모듈에서 '실제' 게임에서와 똑같은 지형에서 이동하고, 똑같은 행동을 하며, 똑같은 물건을 제작한다. (내가 여러 번 경험해 본 것이기는 한데) 다이너마이트 같은 아이템을 사용하는 법을 배우면서 폭탄을 터트려 스스로 날려 버리는 일을 제외하면, 이 모듈에서 죽을 일은 없다는 점이 실제 게임과의 유일한 차이다.

일단 게임이 본격적으로 시작되면, 첫째 에피소드(때로는 초기 에피소드가 여러 개다)는 비록 명시적으로 이름이 붙지는 않더라도 거의 언제나 어느 정도는 훈련 모듈로 기능한다. 이 에피소드에서는 나중에 나오는 것들에 비해 문제 상황이 덜 복잡하고 덜 난해하다(그렇다고 이 모듈이 앞으로 나오게 될 게임 세계와 사건들을 가볍게 생각하게 할 정도로 덜 까다롭거나 덜 어렵다는 말은 아니다).

첫 번째 에피소드에서 플레이어는 시간의 압박을 거의 받지 않으며, 일반적으로는 실수해도 대가가 크지 않다. 대부분은 까다로운 적이 플레이어를 공격하지도 않는다(때로는 아무도 공격하지 않는다). 무엇보다도 이 에피소드는 전체 게임을 응축한 표본으로, 플레이어가 해결해 나가야 할 가장 기본적이고 중요한 작업, 다룰 줄 알아야 하는 물건, 필요한 상호작용을 모두 해 볼 수 있게 한다.

그럼에도 불구하고 이러한 초기 에피소드는 전체 게임에 걸쳐 있는 이야기의 상당 부분을 차지한다. 툼 레이더: 더 라스트 레버레이션은 초기 에피소드와 훈련 모듈을 결합하여 플레이어에게 부과되는 요구 수준은 적당히 낮지만, 게임이라는 '실제' 세계(즉, 이 경우 '실제 가상 세계')의 '현장'에서(탈맥락적인 책이나 명시적 지도를 통해서가 아니라) 여러 가지 기본적인 학습을 할 수 있는 공간을 만든다.

좋은 비디오 게임에서 플레이어가 실제 게임의 '하위 영역'을 플레이함으로써 게임하는 법을 배운다고 말할 때, 그것은 기본 학습이 이루어지는 훈련 모듈과 초기 에피소드가 플레이어가 게임 전반에 걸쳐 생존하고, 수행하고, 학습해 나가야 할 가상 세계와 동일하지만 조금 더 단순한 버전으로 설계된다는 것을 의미한다. 학습은 그것이 일어나는 영역의 맥락 외부에 존재하는 별도의 공간(예를 들어 교실 또는 교과서)에서 시작되지 않는다. 동시에 학습자는 '진짜' 상황, 그러니까 본격적인 게임에 무작정 던져진 상태에서 스스로 알아서 헤엄쳐 살아나거나 혹은 익사하도록 방치되지도 않는다.

좋은 비디오 게임에는 훈련 모듈, 기본기를 익히게 하는 초기 에피소드, 기본 준비를 마친 플레이어가 게임 전반에서 경험하는 고급 수준의 학습이 모두 게임의 가상 세계에서 이루어진다는 점에서, 학습자에게는 매우 흥미로운 일이 발생하게 된다. 이 점을 설명하기 위해 간단한 이야기를 들어 보자. 언젠가 내가 비디오 게임과 학습에 대해 강연할 때, 어느 학자가 강연장의 청중 중에서 자신의 연구를 돕던 20대 중반의 뛰어난 게임 플레이어(이자 컴퓨터 전문가) 두 명을 호명했다. 나의 강연이 끝난 후, 이 학자는 그들에게 내가 한 말에 대해 어떻게 생각하는지를 공개적으로 물었다. 내가 말했던 학습 원리가 비디오 게임에서 실제로 작동했습니까? 이 둘은 모두 그렇다고 대답하고는, 이어서 비디오 게임을 할 때 그 원리가 작동한다는 것을 알고는 있었지만, 자신들이 실제로 게임 속에서 한 일이 '학습'이라고 생각한 적은 없었다고 대답했다.

이것이 좋은 비디오 게임에서(좋은 교실에서도) 벌어지는 학습의 마법인데, 이 상황에서 학습자들은 자신이 '배우고' 있다는 사실뿐만 아니라, 어느 정도 배우고 있고, 그것이 얼마나 어려운지를 언제나 명확히 인식하지는 못한다. 학습자들은 하나의 영역(과학의 한 분야 혹은 좋은 비디오 게임과 같은 기호 영역)안에 놓이면, 그들이 무언가를 학습하는 중에도(영역이 점점 더 어려워짐에 따라 학습자는 계속해서 배워야 한다), 심지어 '초보자'일지라도, 그들은 여전히 그 영역에 속해 있고, 여전히 그 영역 내 팀(친목 집단)의 일원이며, 여전히 실제로 게임을 하고 있는 것이다.

비디오 게임에서의 학습 전이와 그 이상

비디오 게임을 하는 동안 플레이어가 자신이 배우고 있다는 사실을 인식하는 순간도 분명 있다. 이 순간은(게임이 진행됨에 따라 더욱 자주 나타나는데) 학습자가 이전에 수차례 다양한 게임을 하면서 연습하여 익숙하게 사용해 온 게임 기술이 현재 제대로 먹히지 않는다는 것을 깨닫게 될 때다. 이렇게 익숙해진 게임 기술이 더 이상 통하지 않을 때, 플레이어는 새로운 도전에 직면하게 된다. 이와 같은 상황에서는 우리가 학교에서 흔히 장려하고자 하는 학습, 즉 혁신이 가미된 선행 지식의 전이가 그다지 성공적이지 못한 경우가 대부분이다. 이에 대해 나의 게임 경험을 예로 들어 생각해 보자.

1인칭 슈팅 게임인 리턴 투 캐슬 울펜슈타인이 끝나갈 무렵, 나는 나치의 '슈퍼 솔저'(엄청난 피해를 주고받을 수 있는, 기계적으로나 생물학적으로 강화된 로봇 같은 존재)를 죽이는 꽤나 자랑스러운 게임 전략을 배울 수 있었다. 실제로 나는 이 전략을 사용하는 데 익숙해져 있었다.

이 게임에서 내가 한 일은 다음과 같다. 나는 먼저 슈퍼 솔저로부터 꽤 멀리 떨어진 엄폐물 뒤에 위치한 후, 적정한 사거리를 가진 소총을 사용하여 그를 저격했다. 나는 슈퍼 솔저가 반격할 때마다 엄폐물 아래로 몸을 숨겼다. 내가 가한 엄청난 총격으로 슈퍼 솔저가 죽었지만, 나는 피해를 거의 입지 않았다. 여기서 피해를 거의 또는 전혀 입지 않았다는 점은 매우 중요하다. 왜냐하면 전투에서 이기는 것이 나쁜 일은 아니지만, 전투에서 체력 점수가 너무 줄어들면 이를 보완할 체력 회복 수단을 찾기 전까지는 다음 전투에서 아무리 약한 상대와 대적하더라도 쉽게 전사할 수 있기 때문이다. 슈퍼 솔저와의 치열한 전투에서 설령 내가 승리했더라도 심대한 피해를 입는다면, 앞으로 이어질 전투에서 싸움을 치르기에는 나 자신이 너무 약한 상태가 될 수도 있는 것이다. 물론 나는 너무 큰 피해를 입지 않고도 슈퍼 솔저에 근접하여 그를 물리칠 수 있는 효과적인 전략을 학습한 게임 플레이어도 알고 있다.

리턴 투 캐슬 울펜슈타인이 끝나갈 무렵, 게임의 플레이어(플레이어가 움직이는 주인공은 미국의 비밀행동대 요원인 비제이 블라즈코비치로, 모든 슈팅 게임의 '어머니'로 불리는 초기 1인칭 슈팅 게임 울펜슈타인 3D에 등장하여 매우 유명해진 비디오 게임 캐릭터다)는 나치가 기이한 어둠의 의식을 통해 무덤에서 키운 고대 죽음의 기사인 하인리히 1세와 맞서야 한다. 하인리히 역시 슈퍼 솔저 중 하나다. 그는 당신(플레이어)을 공격하기 위해 땅에서 좀비를 끌어낼 수 있다. 또한 그는 무수한 영혼을 공중으로 날려 당신이 숨으려 하는 곳을 찾아 당신을 공격하게 만들 수 있다. 당신이 하인리히에게 가까이 다가가면, 그는 주변 기둥과 아치에 있는 바위들을 떨어뜨릴 수도 있다. 그는 땅에 칼을 내리쳐 당신을 그에게 더 가까이 끌어당길 수 있다. 그리고 거대한 검으로 당신을 간단히 없앨 수도 있다.

엄폐물 뒤에 숨어 하인리히를 저격하는 것은 효과가 없다. 여러 번 시도해 본 나를 믿는 것이 좋다. 날아다니는 영혼들은 매번 당신을 찾아 죽일 것이다. 이로 인해 나는 일상적인 전략이 더 이상 효과가 없음을 알게 되었다. 게임을 새로 시작하기에는 너무 늦은 이 시점에 게임은 내가 지금까지와는 다른 일을 시도하거나 새로운 것을 배우게 이끌었고, 그래서 게임을 끝내지 못하게 만들었다.

물론 이 상황에서 플레이어는 다른 게임에서 얻은 경험을 불러와 현재 상황에 적용하거나, 완전히 새로운 것을 시도할 수도 있을 것이다. 이전의 경험을 불러들이는 전략은 학습 이론가들이 '전이'라고 부르는 것의 한 사례다. 학생이 생물학에서 배운 사고 기법을 사회 과목의 문제에 적용하는 것은 학습 전이의 좋은 예이다. 그런데 이러한 전이가 항상 효과적인 것은 아니며, 어떤 경우에는 전이가 위험할 수 있다(아마도 사회 과목은 생물학적 사고 방식으로 수행되지 않는 편이 나을 것이지만, 그렇다고 해서 반드시 그런 것만도 아니다). 전이는 능동적 학습을 요구하며, 지나치게 위험을 감수해야 하는 경우가 아니라면 비판적 학습 또한 요구한다.

처음에 인지심리학자들은 전이가 상당히 쉬운 현상이라고 생각했었다. 이후 인지심리학자들은 사람들이 실제로 전이에 능숙하지 못할뿐더러, 학교 공부의 맥락에서는 그 어떤 실제적인 목적으로도 전이를 유발하는 것이 불가능하다고 생각했었다. 이제 그들은 전이가 학습에서 중요하다고는 생각하지만, 특별히 학교라는 곳에서 학습자에게 전이를 촉발하기란 쉬운 일이 아니라고 여긴다. 일반적으로 말할 때 전이가 일어나기 위해서는 학습자가 두 개의 서로 다른 문제 혹은 영역이 심층적 수준에서 어떻게 특정한 속성을 공유하는지를 분명하게 인식해야 한다. 말하자면 이것은 디자인 수준에서의 사고를 요구하는데, 즉 두 가지 문제 또는 영역이 유사하게 구조화되거나 '디자인되는' 방식들을 이해해야 하는 것이며, 이런 방식들이 해당 문제 또는 영역이 가진 피상적인 특질들에 의해 감추어질 수 있다는 점 또한 생각할 수 있어야 한다.

하인리히를 대적하면서 여러 번 패배한 나는 다른 비디오 게임에서 배운 것들을 소환하기로 결심했다. 나는 '보스'(특히 강력한 적)를 죽이려고 할 때, 아메리칸 맥기의 앨리스에서 배운 전략을 시도했다. 나는 지그재그로 하인리히의 주변을 돌아다녔고, 내가 가진 가장 강력한 무기로 그를 몇 차례 공격하기 위해 신속하게 멈추었으며, 그가 내뿜는 불과 나를 쫓는 좀비와 유령을 피하기 위해 다시 또 움직였으며, 그 와중에 바위와 파편들 속에서 황급하게 체력 회복 수단을 찾아 내가 입은 피해를 복구했다.

이 전략은 앨리스의 공작부인이나 지네, 하트의 여왕과 같은 보스를 제거하는 데 효과적이었다. 이 전략은 이번에도 거의 먹혀들었다. 나는 이전의 모든 시도에서보다 더 오래 살아남았다. 하지만 결국 하인리히가 나를 잡고 말았다. 이전보다는 더 큰 자부심과 자존감(나의 프로젝트 정체성에서 볼 때, 이런 것들에 내가 관심이 있다는 점을 기억하라)을 얻었지만, 어찌하든 결과적으로 기분이 가라앉을 수밖에 없었다.

앨리스에서 배운 전략 중 일부가 효과가 있었기 때문에 나는 어떤 부분을 유지하고 어떤 부분을 수정할지 생각해야 했다. 이 부분에서 전이와 혁신이 결합된다. 이 상황에서 플레이어는 과거의 경험에서 유용했던 것을 유지하면서도 새로운 것을 생각할 수 있어야 한다(적어도 플레이어에게는 새로운 것이지만, 다른 사람들은 이미 그것을 알았을 수도 있다). 이것은 능동적인 학습이면서 잠재적으로 비판적인 학습을 위해서도 매우 중요한 순간이다. 이 순간 이전 경험들이 한 번에 그리고 동시에 소환되고, 미래 상황에서 사용되고 변형될 수 있는 새로운 경험이 만들어진다.

여기서 내가 한 일은 다음과 같다. 먼저 또 다른 전이를 활용하여 내가 이전의 슈팅 게임에서 경험했던 것들을 현재의 게임에 적용했다. 내가 있던 터널을 빠져나와 로켓포로 로켓 네 발을 쏘아 신속하게 하인리히를 타격한 다음 빠르게 터널로 돌아왔다. 종종 슈팅 게임에 등장하는 어떤 적들은 터널과 같은 좁은 공간으로 당신을 추적해 들어오는데, 이때 당신은 적들이 흩어지지 않고 일직선으로 다가오는 것을 보면서 더 수월하게 그들을 잡을 수 있다. 그래서 나는 하인리히의 주요 도우미들(공포 기사 3명과 하인리히를 되살려 줬던 나치)이 쫓아 왔을 때 그들을 쉽게 물리칠 수 있었다.

곧 상황이 바뀔 것이지만, 하인리히는 얼마간 도우미 없이 남겨져 있었다. 이제 나는 달려가서 그와 마주해야 한다는 것을 알았다. 그는 터널까지 나를 뒤따라오지 않고 어쨌든 멀리서 영혼들을 보내 나를 죽이려 했을 것이다(나의 저격 전략을 그의 버전으로 수정한 것). 이런 경우 앨리스의 전략은 심대한 수정 없이는 작동하지 않을 것이다. 그렇다면 무엇을 해야 할까? 물론 지금 할 수 있는 유일한 방법은 생각하고 시도해 보는 것일 뿐이다. 여기서 죽는다면 처음부터 다시 시작해야 한다.

나는 앨리스에서 체득한 거칠게 이동하면서 공격하는 전략을 수행해야 했지만, 하인리히와 더 가까워야만 그것이 가능하다는 것을 알았다. 내가 그와 가까이 있다면, 날아다니는 영혼들이 거의 언제나 내 머리 위를 맴돌았을 것이다(그 영혼들은 사람들이 멀리서 하인리히를 죽이려 하는 것을 막는 장치이기 때문이다). 하지만 내가 너무 지나치게 가까이 머물게 된다면, 그는 칼로 땅을 쳐서 나를 끌어당겼을 것이고, 내가 그를 향해 날아갈 때 한 번의 타격으로 나를 죽였을 것이다. 이때 내게 필요했던 것은 앨리스 전략의 제한된 버전으로, 내가 앨리스에서 사용했던 큰 원운동보다는 오히려 일직선으로 하인리히를 향해 빠르게 다가갔다가 빠르게 물러서는 것이 중요했다(다른 플레이어들은 하인리히와 싸울 때 원형으로 그를 둘러싸 움직이며 사격하는 방식으로 성공했지만, 당시 나는 치밀하게 제어된 원형 움직임에 능숙하지 못했다.)

나는 터널 밖으로 빠져나와 나의 새로운 '전이-혁신' 전략을 시도했다. 신체적 피해를 복구하는 체력 회복 수단을 찾으려고 주기적으로 탈주를 감행하면서 하인리히와 네 번째 직접 전투를 끝냈을 때, 나는 그를 심각하게 약화시킬 수 있었다. 일이 잘되고 있는 것처럼 보였고, 나는 그 어느 때보다도 멀리 나아갔다. 하지만 마지막으로 찾은 체력 회복 수단을 사용한 후에도 나의 체력이 절반도 남지 않게 되었다.

그런데 학습 전략의 차원에서 전이와 혁신에 추가할 수 있는 일이 일어났다. 행운의 발견이었다. 마지막 체력 회복 수단을 사용하면서 나는 베놈 총의 탄약이 부족하다는 것을 깨닫고는 광선을 발사하는 테슬라 총으로 전환했다. 나는 상자 무더기 뒤에 있던 마지막 체력 회복 수단을 찾았고, 마침 그 뒤에 서 있었을 때 다소 느리게 움직이는 하인리히가 나를 끝장내기 위해 상자들 쪽으로 이동하고 있는 것을 발견했다. 그래서 나는 재빨리 상자 주변을 돌아 내가 서 있던 상자 쪽을 응시하고 있던 하인리히의 후방으로 움직였다. 이때 그가 잠시 등을 보였고, 나는 단숨에 달려가 테슬라 총으로 뒤에서 그를 파괴했다.

위험한 순간이었지만, 그는 이미 충분히 피해를 입은 상태여서 끝이 나고 말았다. 그는 분노하면서 죽어갔고, 곧바로 나는 컷신 (게임 중간에 나오는 짧은 영상)을 보았다. 슈퍼 솔저 프로젝트와 하인리히 프로젝트는 모두 히틀러의 자식들이었다. 컷신에서 나는 쌍안경으로 보는 히틀러를 보았다. 그는 분명히 멀리 떨어진 언덕 꼭대기에서 하인리히와 나의 전투를 지켜보고 있었다.

히틀러는 "이 미국인, 그가 모든 것을 망쳤다."라고 실망하며 말한다. 그의 보좌관은 "히틀러 님, 지금 비행기가 베를린으로 돌아가기 위해 기다리고 있습니다."라고 했다. 히틀러는 떠나기를 주저했는데, 그는 분명 자신의 실패를 히틀러에게 설명하고 싶지 않았을 것이다. 보좌관이 그를 떠밀며, "히틀러 님, 총통이 당신의 도착을 기다리고 있습니다."라고 말했다. 히틀러는 매우 천천히 차량이 있는 쪽으로 걸어갔다. 이 영상을 보면서 나는 하인리히를 끝내고 동시에 히믈러까지 분노하게 만든 것이 매우 만족스러웠다.

이와 같은 예는 별것 아닌 것처럼 보일 수도 있지만, 슈퍼 솔저의 탄생과 소멸에 관한 이야기와 어우러지면서 실은 능동적 학습의 매우 중요한 구성 요소를 보여 준다.

1 학습자는 어느 정도 일상화되어 당연하게 여기는 전략이 효과가 없음을 깨달았을 때 현재 전략의 사용을 중단한다.

2 학습자는 과거의 경험과 현재의 문제 사이에서 근본적인 유사성을 확인하여 이전에 경험했던 기술과 전략을 전이시킨다(아메리칸 맥기의 앨리스와 리턴 투 캐슬 울펜슈타인은 모두 슈팅 게임이면서도 표면적으로는 상당히 다른데, 앨리스는 3인칭 슈팅 게임이고 울펜슈타인은 1인칭 슈팅 게임이다).

3 학교에서는 자주 문제를 미리 설정하여 이전의 해결책이 이후의 해결책으로 직접 전이되도록 시도하지만, 다른 상황에서 학습자는 이전의 해결책이 그대로 전이되는 일이 거의 일어나지 않음을 배우게 된다. 학습자는 창의성과 혁신을 통해서 이전 경험이 새로운 문제 상황에 전이될 수 있도록 그 경험을 조정하고 변환한다.

4 학습자는 새롭게 변형한 전략을 구현하는 동안, 실천의 현장에서 자신이 발견한 것들을 (종종 '우연히') 바로 그 자리에서 사용한다(그리고 사용할 준비가 되어 있다. 내가 상자 위에서 나를

찾고 있던 하인리히의 후방으로 돌아 들어갔을 때 했던 것처럼 말이다). 이것은 행동 전이나 후가 아니라 행동 중의 성찰을 요청한다. 학습자는 자신의 수행을 조정하면서 유연성을 유지한다.

시스템 쇼크 2

1999년에 제작된 시스템 쇼크 2는 지금까지 만들어진 최고의 비디오 게임 중 하나다. 1999년 이래 게임을 지속시키고 시각 디자인을 향상시키기 위해 팬들의 다양한 게임 수정이 이루어져 왔다. 데이어스 엑스나 데이어스 엑스: 인비저블 워와 같이 시스템 쇼크 2는 롤플레잉 게임의 요소를 결합한 1인칭 슈팅 게임이다. 이 게임은 한 편의 이야기이기도 한데, 우주를 여행하는 공상 과학 영화, 전쟁을 소재로 한 액션영화, 에일리언 같은 공포영화를 결합한 장르다. 시스템 쇼크 2는 전작 시스템 쇼크가 그랬던 것처럼, 인간이 이미 태양계를 식민지화한 이후의 우주라는 가상 세계에서 벌어진다. 첫 번째 게임에서는 쇼단이라는 초강력 인공지능 시스템이 광기에 싸여 시타델 스페이스 스테이션에 탑승하고 있던 수많은 사람을 죽였다.

누구인지는 몰라도 첫 번째 게임을 한 사람이 대담한 노력으로 쇼단을 멈춘 후, 지구 정부는 유엔엔이라는 국제연합에 합류했다.

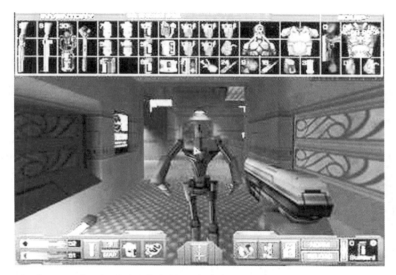

시스템 쇼크 2 인공지능과 인간의 대결을 그린 일인칭 슈팅 게임이자 롤플레잉 게임이다. 현세대 게임의 클리셰와 설정에 영향을 미친 게임으로 평가받는 시스템 쇼크의 후속작이다.

유엔엔은 오랫동안 권력을 잡고 있었던 거대 기업들을 통제하기 위해 고군분투해 왔다. 그중 가장 큰 기업은 트라이옵티멈사로, 트라이옵티멈은 쇼단의 창설을 담당했었다. 정부와 기업들 간의 권력 투쟁은 공식적으로 유엔엔의 권력을 인정하면서 불안한 휴전으로 이어졌지만, 이후에도 기업들은 여전히 자신의 군대와 경찰을 활용해 사실상의 권력을 유지하고 있었다.

이미 긴장으로 가득 찬 이 상황에서 잠재적으로 문제가 될 수 있는 새로운 일이 발생한다. 정부는 기업들이 인공지능 프로젝트를 수행하지 못하도록 규제해 왔지만, 기업들은 빛보다 빠른 속도로 여행할 수 있는 폰 브라운이라는 새로운 우주선을 만들었다. 실제로 폰 브라운호는 첫 항해에서 이미 태양계를 훌쩍 벗어났다. 폰 브라운호에 탑재된 신기술은 제대로 검증되지 않았으며, 원래의 설계대로 잘 작동하지도 않는다. 가장 큰 문제는 이 우주선의 중앙 컴퓨터인 크세르크세스다. 크세르크세스는 매우 오류가 많으며, 온갖 문제(쇼단의 악몽을 떠올리게 하는)를 안고 있다. 또한 유엔엔과 트라이옵티멈의 직원으로 구성된 승무원들은 서로를 불신하고 증오하는 두 개의 무장 정파로 갈라져 있었다.

폰 브라운호는 타우 세티 성계를 통과할 때 타우 세티로부터 발신된 조난 신호를 받고 이들을 구조하기로 결정한다. 바로 이 시점에 우주선 안에서 뭔가 끔찍한 문제가 벌어진다. 군인 장교인 당신은 폰 브라운호의 긴 항해를 위해 냉동되어 있었는데, 우주선 내의 문제를 해결하라는 부름을 받고 극저온의 잠에서 깨어난다. 곧 당신은 이 문제가 재앙임을 감지한다.

시스템 쇼크 2를 시작하면, 당신은 폰 브라운호의 항해가 시작되기 몇 년 전 시점에서 게임을 시작하게 된다. 당신은 병사 모집소에 도착한다(1인칭 시점에서 당신은 스스로를 볼 수 없고 주변 세계만 볼 수 있다). 그리고 해병대, 해군 또는 오에스에이(초능력을 훈련하는 특수 부대)의 세 가지 직업 경로 중 하나를 선택한다. 이것은 게임을 시작할 때 지정될 기본 능력치(가령 당신이 얼마나 강한지)와 기술(가령 컴퓨터 해킹에 얼마나 능숙한지)을 결정한다. 해병대는 무기와 전투에 능숙하다. 해군은 무기를 사용하는 기술이 부족하지만, 기술과 연구에 더 잘 훈련되어 있다. 그들은 보안 프로그램을 해킹하고 그들이 찾은 생명과 물체를 연구하는 데 필요한 기술을 보유하고 있다. 오에스에이 요원은 중앙정보국 요원과 비슷하며, 다양하고 특수한 작업(가령 멀리 있는 물체를 자신 쪽으로 끌어당길 수 있는 운동학적 방향 전환, 모든 활성 보안 경보를 비활성화하는 원격 전자 조작)을 수행할 수 있는 심리 능력을 보유하고 있다.

시스템 쇼크 2에는 9개의 기술과 5개의 능력치가 나온다. 각 캐릭터는 기술과 능력치가 서로 다른 상태에서 게임을 시작한다. 9가지 기술은 해킹(적의 컴퓨터에 더 효과적으로 침입함), 수리(고장난 항목을 고칠 수 있음), 수정(기존 무기에 새로운 기능을 추가할 수 있음), 유지관리(무기를 작동 순서대로 유지하는 데 도움이 됨), 연구(신기술 및 적의 생리학 연구 가능), 표준 전투(권총 및 산탄총과 같은 기존 무기 사용 전문가가 됨), 에너지 무기(레이저 및 전자기펄스 소총과 같은 에너지 무기 사용 향상), 중화기(유탄 발사기 및 융합 대포와 같은 더 큰 무기 사용에 도움이 됨) 및 외래 무기(게임 중에 발견한 특수한 생물학 무기에 더 많은 기술 제공)다. 다섯 가지 능력치는 힘, 지구력, 심령, 민첩성, 인공두뇌 친화력이다.

캐릭터 선택을 마치면 이제 4년간의 병역 의무에 지원한다. 당신은 처음 3년 동안 각기 다른 보직에 배치되어 캐릭터의 기술과 능력치를 향상시킬 수 있다. 실제로 당신이 이러한 초기 역할 배치에 따라 이후 모든 게임을 플레이하지는 않지만, 이 과정에서 선택한 경험으로 무언가를 얻고, 그것을 영상으로 보거나 읽어 나간다. 따라서 게임이 본격적으로 시작될 무렵에는 당신의 선택에 의해 당신이 플레이할 캐릭터의 모습이 결정된다.

처음 선택한 캐릭터와 이후 선택한 세 개의 역할에 따라 게임의 첫 번째 에피소드에 입문할 때 사용되는 기술 및 능력치가 배분된다. 게임에 들어가면 사이버 모듈을 발견하거나 때때로 (가상 세계의 다른 캐릭터로부터) 보상을 받는다. 당신은 업그레이드 스테이션에서 이 사이버 모듈을 다른 여러 가지 기술과 능력치를 향상시키는 데 사용할 수 있다. 당신이 구매하려는 기술 수준이 높을수록 더 많은 사이버 모듈이 필요하다.

사이버 모듈은 구하기가 어렵기 때문에, 당신은 단지 몇 가지 분야(기술, 능력치, 또는 그들이 조합된 분야)에서만 진정한 전문가가 될 수 있다. 따라서 당신은 여기저기에 조금씩 사이버 모듈을 낭비하지 말고 지능적인 선택을 해야 한다. 이 게임에서 최고의 아이템과 무기를 사용하려면 특정 기술과 능력치에서 달성할 수 있는 최대 점수를 얻어야 하므로, 다방면에 박식한 제너럴리스트가 되겠다고 사이버 모듈을 모두 사용하면 게임이 끝날 때까지 탁월한 아이템과 무기를 사용할 수 없을 것이다.

처음 세 가지 역할을 완료하면 이제 게임이 시작된다. 네 번째 역할에서 폰 브라운호에 탑승한 당신은 최근 사건에 대한 기억이 없는 상태에서 극저온 수면에서 깨어난다. 그리고 뭔가 일이 심각하게 잘못되었음을 즉시 깨닫는다. 파이프가 부러지고, 잔해가 바닥 전체에 널려 있다. 바닥에 시체가 널브러져 있고, 곳곳에서 파열음과 비명 소리가 들린다.

폰 브라운호의 선임 시스템 분석가인 제니스 폴리토 박사가 곧장 당신에게 이메일로 연락해, 당신은 인공지능 강화를 통해 내장된 개인 데이터 보조장치로 그녀(폴리토 박사)와 다른 사람들에게 메시지를 받을 수 있다고 말한다. 당신은 인공지능 강화로 특별한 기술과 도구를 사용할 수도 있다. 당신은 지금 구체적인 것을 잘 알지 못하지만, 폴리토 박사는 당신에게 모든 것이 잘못되었다고 말한다. 그녀는 당신에게 우주선의 4층에서 최대한 신속하게 그녀에게 연락을 취하라고 말한다. 우주선의 대부분이 파괴되었고 크세르크세스가 당신을 좌절시키려 할 것이기 때문에, 4층에 도착하기가 그렇게 쉬운 과제는 아니다.

당신이 폰 브라운호의 복도를 돌아다니는 동안 우주선 안의 상황에 대해 더 많이 알 수 있는 세 가지 방법이 있고, 이를 통해서 이야기의 전말을 맞춰 나갈 수 있다.

1 당신은 때때로 개인 데이터 보조장치를 통해서 폴리토 박사의 메시지를 수신하고, 방금 일어난 일과 다음에 해야 할 일에 대한 조언을 듣는다.

2 당신은 승무원들의 출입 메시지가 담긴 작은 컴퓨터 디스크들이 우주선 여기저기에 흩어져 있는 것을 발견한다. 당신이 이 컴퓨터 디스크를 집어 읽으면 우주선의 이야기가 천천히 전개되고, 앞으로의 진행 방법에 대한 더 많은 정보를 얻을 수 있다.

3 당신에게 설치된 인공지능 시스템이 심령 신호를 포착할 수 있다. 이 시스템은 심령 신호를 감지하면, 그 신호를 빛과 소리로 해석한다. 그 결과 당신이 우주선의 내부를 이동하면서 사람들의 '유령'을 보고, 그들이 죽기 전에 취한 행동을 알 수 있다.

이러한 단서들을 사용하여 당신은 폰 브라운호의 승무원들에게 무슨 일이 일어났는지, 그리고 이러한 위협을 어떻게 막을 수 있을지 파악해야 한다.

우주선을 장악한 것이 무엇이든, 그들은 승무원을 감염시켜 좀비로 만들 방법을 찾았다. 당신이 우주선 내에서 이동하면서 마주친 생명체에는 거대한 거미, 인조인간 간호사, 은밀한 사이버 암살자가 포함된다. 우주선 높은 곳에 있는 갑판에 도달하면, 당신을 몇 초 만에 깨끗이 절단할 수 있는 거대한 보안 로봇과 포탑들을 조우하게 된다. 이 모든 생명체는 AI로 디자인되어 각각이 서로 다르면서도 지능적인 방식으로 행동할 수 있다.

시스템 쇼크 2에서 벌어질 많은 격투와 문제에는 여러 가지 방법으로 접근할 수 있다. 물론 해병, 해군, 또는 오에스에이와 같이 각기 다른 캐릭터로 게임을 플레이할 수 있는데, 이 캐릭터도 게임을 시작하고 진행하는 내내 당신의 선택에 따라 각기 다른 방식으로 설계될 수 있다. 따라서 실제로는 여러 가지 서로 다른 해병 캐릭터, 해군 캐릭터, 오에스에이 캐릭터가 존재하게 된다. 각기 다른 조합을 선택하면 게임의 분위기도 달라지기 때문에, 당신은 마치 전혀 다른 게임인 것처럼 여러 번 이 게임을 할 수 있다. 두 번째로 게임을 하면 많은 아이템이 숨겨진 곳을 알 수는 있지만, 중화기 전문가가 적을 완전히 폭파시키는 것과 해커가 싸우지 않고 보안 시스템과 문을 우회하는 것, 그리고 심령 전문가가 문제를 해결하기 위해 정신의 힘을 사용하는 것 사이에는 여전히 큰 차이가 있다.

모든 좋은 비디오 게임과 마찬가지로, 시스템 쇼크 2는 우리가 이미 논의한 여러 가지의 학습 원리를 채용한다. 플레이어는 자신이 선호하는 스타일에 따라 게임을 플레이하거나 새로운 플레이 스타일을 탐색하는 선택을 한다. 문제를 해결하는 방법도 여러 가지가 있다. 플레이어는 게임 속에서 이야기, 가상 세계, 문제 상황을 스스로 발견해 나갈 수 있고, 이를 위해 다중적이고 복합양식적인 정보 자료를 획득한다. 시스템 쇼크 2에는 또한 툼 레이더: 더 라스트 레버레이션과 같이 중요한 학습의 원리를 보여 주는 훈련 모듈 및 초기 에피소드가 있다.

시스템 쇼크 2의 훈련 모듈과 초기 에피소드

시스템 쇼크 2 도입부에 등장하는 병사 모집소에서 당신은 게임의 훈련 모듈을 이루는 여러 개의 방을 선택해서 들어갈 수 있다. 이 부분에서 당신은 폰 크로이 교수가 툼 레이더: 더 라스트 레버레이션에서 라라에게 했던 이야기와 매우 흡사한 대화를 많이 듣게 될 것이다. 첫 번째 훈련실에 들어가면 알 수 없는 목소리가 당신을 환영하면서, '실제 군용 사이버 인터페이스와 동일하게 시뮬레이션된 사이버 인터페이스'를 사용하여 가상훈련 과정에 참여할 것이라고 알려 준다. 그러고는 이 목소리가 다음과 같이 말한다. "마우스를 움직여 당신이 주시하고 있는 곳이 바뀌는지 확인할 수 있습니까? 이것은 당신이 사격 모드에 있다는 뜻입니다. 탭 키(Tab)를 누르세요. 이것은 마우스를 사용하여 이 세계의 아이템들과 상호작용할 수 있는 사용 모드로 전환합니다."

다시 한 번 우리는 게임의 가상 세계에서 당신을 하나의 가상 캐릭터로 대하는 대화(가령 '실제 군사용 사이버 인터페이스')와 현실 세계에 실제 존재하는 컴퓨터를 가지고 게임을 하는 당신을 대하는 대화가 혼합된 언어를 보게 된다. 당신은 이제 실세계의 정체성과 가상의 정체성을 융합한 언어를 이해하면서 게임을 배우기 시작한다. 이 훈련 모듈은 당신이 '진짜' 게임을 시작해서 실제 게임하면서 학습해 나갈 수 있을 만큼 충분히 알게 될 때까지 지속된다. 당신이 미리 앞서 정보를 기억하게 하거나 특정 상황의 구체적인 경험에서 벗어난 정보를 주려는 시도는 없다.

게임을 본격적으로 시작하면 당신은 재앙이 일어났음을 깨닫게 된다. 폴리토 박사는 당신이 있는 방의 산소가 부족해지기 전에 신속하게 탈출하라고 말한다. 그리고 당신은 그녀를 찾아가야 한다. 당신 주변에서 수많은 소동이 벌어지고 있다. 당신이 탈출구를 찾는 동안, 가는 곳마다 파괴, 연기, 끓어오르는 증기, 흐트러진 전선과 시체를 발견하게 된다. 당신은 이런 상황에 당황하지만, 그만큼 당황할 진짜 이유가 없다는 것을 깨닫는다. 대부분의 좋은 비디오 게임에서처럼, 이 첫 에피소드는 게임의 실제이자 훈련의 일부다. 여기서는 실제로 주어진 시간에 제한이 없으며, 매우 나쁜 일은 발생할 수 없다. 당신은 이 에피소드를 진행하면서 학습을 하게 되어 있다. 당신은 학습을 방해하는 어떤 나쁜 결과도 걱정할 필요 없이 게임의 '분위기'(여기서는 게임 전반에 퍼져 있는 당혹감과 공포감을 느낄 수 있다)를 경험할 수 있게 된다.

이 게임의 첫 번째 에피소드와 초기 에피소드에서 당신이 무언가를 배우는 한 가지 방법은 폰 브라운호의 낮은 층을 돌아다닐 때 정보 키오스크를 방문하는 것이다. 키오스크의 옆면에는 '트라이옵티멈 정보 터미널'이라고 적혀 있고, 화면의 상단에는 "귀하의 편의를 위해 마련된 트라이옵티멈 서비스입니다."라고 표시된다. 당신이 마우스 커서를 위로 올려 키오스크를 강조 표시하면,

화면 하단에 "정보 키오스크를 사용하려면 마우스 오른쪽 버튼을 클릭하십시오."라는 메시지가 뜬다. 마우스 오른쪽 버튼을 클릭하면 키오스크는 현재 위치와 관련된 게임 플레이 및 해당 시점 또는 그 직후에 취해야 할 조치에 대한 정보가 담긴 메시지를 보여준다. 이것은 시의적절하면서도 당면한 요구에 충실한 정보로, 이 정보는 쓰임과 의미를 갖는 상황 안에서 맥락화된다.

예를 들어 한 키오스크에는 다음과 같은 정보가 제공된다. "당신의 개인 데이터 보조장치에는 탑승 중에 찾은 모든 이메일, 로그 및 정보 키오스크 노트가 포함되어 있습니다. 또한 자동 메모 작성 유틸리티가 포함되어 있어 탑승 중 해야 할 작업을 계속해서 알려 줍니다. 오른쪽 정보 표시줄의 로그 아이콘을 클릭하면 개인 데이터 보조장치에 액세스할 수 있습니다." 당신은 이 메시지를 읽은 후에 근처에 놓여 있던 시체에서 옆 방으로 진입하기 위한 코드가 들어 있는 로그를 발견한다. 이 키오스크 덕분에 로그에 액세스하는 방법과 이에 필요한 코드를 알 수 있게 된 것이다. 초기 에피소드에서는 이러한 키오스크에서 다양한 상황 정보를 얻지만, 더 이상 정보가 필요하지 않고 게임의 기본 제어법을 알고 있다면 키오스크를 그냥 지나쳐도 무방하다. 요약하자면, 이 게임의 매뉴얼은 초기 에피소드 곳곳에 두루 퍼져 있어서 구체적인 경험을 통해 가장 잘 이해할 수 있고, 직접 사용할 수 있을 때 정보가 주어진다.

폴리토 박사의 초기 메시지는 구체적인 맥락 속에서 게임하는 방법을 알려 주고 이야기의 뼈대에 관한 단서를 제공한다. 예를 들어 당신이 지상에서 발전기를 발견한다면, 그녀는 당신에게 비록 발전기는 방전되었지만 근처에 충전기가 있을 것임을 알려 주는 메시지(당신은 인공지능 강화 덕분에 말소리로 들을 수도 있고 화면상의 작은 상자에서 읽을 수도 있다)를 보낼 것이다. 그녀는 "발전기를 사용하면 당신이 가지고 있는 모든 동력 구동 장치를 충전할 수 있습니다."라고 말한다. 당신이 발전기를 재충전하면, 폴리토 박사는 옆에 있는 기밀형 출입구의 전원 장치에 충전한 발전기를 연결하여 그 문을 열 수 있다고 말한다. 그런 다음 "신속하게 과제를 처리하십시오. 발전기가 더 이상 유지되기 어렵습니다."라고 말한다(이것은 첫 번째 에피소드이므로, 비록 서투르고 느리더라도 여전히 당신은 성공할 것이다).

모든 산소가 사라지기 전에 기압이 떨어지고 있는 방에서 나오면 폴리토 박사는 기술과 능력치를 향상시킬 수 있는 인공지능 부품을 주면서 당신을 칭찬하고 보상한다. 그녀는 바로 옆 방에 있는 업그레이드 스테이션에서 기술과 능력치를 향상시키려면 어떻게 해야 하는지를 설명한다. 그녀는 또한 인공지능 부품이 '구하기 어려운' 것이니 주의 깊게 사용하라고 말한다. 사실 그녀는 인공지능 부품을 네 개 줬는데, 네 개만으로는 그다지 눈에 띌 만한 향상을 기대하기 어렵다. 따라서 처음부터 어떤 새로운 기술이나 능력치를 원하는지 신중하게 선택하고 이를 바탕으로 계속해서 그것들을 구축해 나가는 것이 중요하다.

폴리오 박사는 그녀를 찾는 데 도움이 되는 추가 메시지를 제공한다. 물론 항상 그녀가 말한 대로 일이 되는 것은 아니다. 예를 들어 크세르크세스 인공지능은 주 엘리베이터를 끈 상태에서 특정 출구들을 막아버렸다. 이 경우에 당신과 폴리오 박사는 전략을 수정하여 새로운 진행 방법을 찾아야 한다. 이렇게 계속 게임을 진행할수록 상황은 점점 더 어려워진다. 결국 당신을 죽이려고 하는 (그리고 그렇게 할 수 있는) 적들, 즉 좀비들을 직면하게 될 것이다. 이제 당신은 당신이 선택한 캐릭터에 맞는 전략을 사용하면서, 이전에 선택한 기술과 능력치를 기반으로 하여 첫 번째 전투에 참여하게 된다.

이때의 초기 전투는 이어지는 전투들에 비해 수월하기에 당신은 다양한 전략들을 더욱 효과적으로 탐색하고 선택하여 사용하면서 점점 더 어려운 전투 상황에 대처할 수 있게 된다. 이 게임은 내가 3장에서 플레이어의 '역량 체계'라고 불렀던 것의 바깥쪽 가장자리에 머무른다. 상황은 어렵지만, 할 수 없을 정도는 아니다. 물론 중요한 시점에서 게임을 저장하는 방법을 배우면, 당신이 죽었을 때 처음부터 다시 시작할 필요 없이 마지막으로 저장한 시점부터 플레이하면 된다.

시스템 쇼크 2의 초기 에피소드는 좋은 비디오 게임에서 전형적으로 살펴볼 수 있는 학습 원리를 채택한다. 우선, 이 게임은 플레이어가 마주칠 상황과 해결해야 할 문제에 순서를 매긴다. 쉬운 문제라서 먼저 제시되는 것은 아니다. 그보다는 게임 플레이어가 기술과 전략의 측면에서 효과적인 패턴을 연습하고 그 속에서 일반성을 발견할 수 있도록 초기 상황과 초기 문제를 설계하는 것이 중요하다. 이때 배운 패턴 및 일반화는 이후의 게임을 해 나가는 데에도 유용하며, 동시에 더욱 복잡한 상황과 문제에 직면하여 더욱 복잡한 패턴과 일반화를 배우는 데에도 근간이 된다.

학교에서 아이들은 초기 단계에는 별로 도움이 되지 않는 것을 배우는 경우가 많다(특히 진보적 교육관을 추구하여, 교사의 지도도 없이 아이들을 풍부한 활동에 몰입시켜야 한다고 강조하는 학교에서 그렇다). 이때 아이들은 교사의 지도가 거의 없는 복잡한 과제 환경에 놓여 있어서, 더 쉽고 기본적인 것보다는 복잡한 것으로 초기 학습을 시작하게 될 수 있다. 모든 아이는 강력한 패턴 인식자이므로, 이 복잡한 상황에서도 아이들이 종종 흥미로운 패턴과 일반화를 발견하기도 하지만, 사실상 이것은 '정원의 미로'('정원의 미로'는 언뜻 보기에는 지금 가지고 있는 문제를 풀 흥미로운 해결책으로 보이지만 나중에 이와 관련된 문제를 풀 좋은 가설을 세울 수 있게 만들지는 못한다)에 지나지 않는다. 정원 미로식 패턴과 일반화는 미래의 학습에 유익하지 않아도 현재로서는 흥미롭고 지적으로 보이기도 한다. 하지만 사실 아이들은 이로 인해 궁극적으로 더욱 복잡한 과제 상황에서 패턴과 일반화를 발견할 수 있도록 도와주는 좀 더 수월하고 기본적이며 유용한 패턴과 일반화를 놓치게 된다.

여기서 쟁점은 아이(또는 게임 플레이어)가 '쉬운' 사례를 가지고 학습을 시작하는가가 아니다. 중요한 것은 학습자가 실제로 유익한 패턴과 일반화를 발견하고 연습해 볼 수 있게 기본적이고 본질적인 사례로 시작하는 일이다. 유익한 패턴과 일반화는 학습자가 해당 영역에서 실질적인 발전을 이룰 수 있게 하고, 나중에 더 복잡하고 덜 기본적인 상황과 사례에 직면했을 때 좀 더 복잡한 패턴과 일반화를 발견하기 위한 기초가 되거나 혹은 좋은 가이드 역할을 한다.

가령 시스템 쇼크 2에서 플레이어가 처음 맞닥뜨리는 적은 좀비다. 좀비는 쇠지렛대로 가격하여 무찌를 수 있다. 플레이어가 나중에 더욱 강력한 적은 쇠지렛대만으로 쉽게 처치하기 어렵다는 것을 알게 되면, 그는 지금의 쉬운 적은 쇠지렛대를 사용하여 해결하고 더 좋은 무기(이 게임에서는 무기가 마모된다)와 탄약은 앞으로 더 강력한 적과 마주칠 것에 대비해 절약해 두는 전략을 재빨리 취할 것이다.

하지만 첫 번째로 맞닥뜨린 적이 사이버 암살자라고 가정해 보자. 사이버 암살자는 플레이어 앞으로 뛰쳐나와 물체 뒤에 몸을 숨긴 채 멀리서 화살을 쏜다. 이 상황에서 플레이어는 풍부한 기술을 제대로 발전시키기 전에 게임 초반부터 좌절감을 겪기도 하겠지만, 동시에 정교한 무기들과 움직임을 활용할 수 있어야 할 것이다. 만일 플레이어가 정교한 전술을 사용하는 방법을 배운 다음 그 전술을 좀비에 적용해야 한다면(좀비는 사이버 암살자보다 약하지만, 현재 우리의 가정에 따라 사이버 암살자를 처리하는 법을 배운 후에 좀비를 마주치게 된다면), 플레이어는 쉽사리 그들을 죽일 수 있겠지만 동시에 구하기 힘든 무기와 탄약을 낭비하게 될 것이다. 이때 플레이어는 자신이 성공적이었고 또한 강력하다고 느낄 것이다. 그러나 이 전략은 좋은 무기나 탄약이 부족한 상태에서 좀비보다 더 강력한 생명체와 맞닥뜨리게 될 때, 궁극적으로는 플레이어를 막다른 길로 몰고 갈 것이다.

이는 모두 극히 단순한 사례일 뿐이다. 실제로 시스템 쇼크 2 같은 게임은 초기 상황과 초기 문제가 향후 유익한 학습으로 이어지도록 매우 정교한 방식으로 설계된다. 이 때문에 나중에 더 어려운 상황과 문제에 직면했을 때, 플레이어는 무엇을 해야 할지 쓸모 있는 추측에 도움이 되는 올바른 근거를 갖게 된다. 이것은 초기 상황과 초기 문제가 어렵지 않다거나, 플레이어가 '정답'을 신속하게 맞췄다거나 충분히 생각하고 노력해 보지도 않고 '정답'대로 수행했다고 말하는 것이 아니다(좋은 비디오 게임에는 항상 여러 가지 서로 다른 '정답'이 있다). 사실 어려운 상황이나 복잡한 문제를 푸는 것이 불가능한 것은 아니다. 비록 아이들이 아무런 근거도 없이, 또는 잘못된 패턴이나 일반화로 무장한 채로, 학교에서 어려운 상황이나 문제를 마주하는 경우가 잦지만 말이다. (교사를 위한 교훈: 학습자가 생산적 일반화를 구성할 수 있도록 문제에 순서를 매긴다.)

좋은 비디오 게임에서는 플레이어가 직면할 상황과 문제의 순서를 지능적으로 배열하는 것 이상의 것들이 발견된다. 좋은 비디오 게임의 초기 에피소드는 내가 응축된 표본이라고 부르는 역할을 한다. 이것은 플레이어가 배워야 할 가장 기초적이고 근본적인 인공물, 기술, 도구를 게임 초반부에 집중적으로 배치한다는 것을 의미한다.

이는 교사가 가장 기본적인 단어와 구절, 문법 형식을 초기 수업에서 집중하는 외국어 교실을 설계하는 것과 매우 흡사하다. 이런 단어와 구절 및 문법 형식은 초기 교실 표본에서 더욱 자주 등장하며, '실제 세계'에서보다 훨씬 더 집중적으로 나타난다. 이를 통해 학습자는 어휘와 문법의 가장 기본적이고 핵심적인 부분을 충분하게 연습할 수 있고, 이것은 나중의 학습과 실제 세계의 학습에 중요한 토대가 된다.

한 가지 간단한 예를 들어 보자. 체력 회복 수단을 찾아 사용하거나, 다른 방법으로 망가진 몸을 치유하는 것은 수많은 슈팅 게임에서 매우 중요한 부분을 차지한다. 체력 회복 수단은 플레이어의 캐릭터가 게임에서 지금까지 입은 피해를 치유하여 체력을 완전히 채워 주거나 어느 정도 만회해 준다. 슈팅 게임은 대체로 초반부에서 풍족하게 체력 회복 수단을 제공하며, 플레이어는 이 키트를 쉽게 발견하고 사용하면서 또 체력을 충분히 키워 게임 초반부에 활발히 모험을 하고 위험을 감수할 수 있다. 뒤로 갈수록 체력 회복 수단은 점점 더 희소해지지만, 그때쯤이면 이미 플레이어는 이 체력 회복 수단을 찾고 사용하는 데 능숙해져 있게 된다.

대개 게임의 초반부에는 플레이어가 발견해야 할 물건, 탐험해야 할 상황과 장소, 찾아야 할 인공물의 범주와 종류, 마주치게 될 장소와 공간, 해야 할 행동을 가르치는 일로 가득 차 있다. 이로써 플레이어는 게임과 그 게임을 제어하는 것에 대해 좋은 '느낌'을 얻게 된다. 초반부를 통과할 때쯤이면 플레이어는 더 숙달되고, 고급 학습에 대비할 수 있게 된다. 또한 플레이어는 자신이 알고 있는 일상적이고 예측 가능한 것에 비추어 이후에 마주치는 새롭고 특별한 경우들에 대해 잘 평가하고 사유할 수 있게 된다.

지금까지 이야기한 모든 것은 결국 좋은 비디오 게임에는 흔히 학교에서 '기본'이라고 부르는 것들을 다루는 특별한 방법이 있음을 의미한다. 플레이어가 새로운 장르의 게임을 처음 시작할 때 (가령 슈팅 게임만 하다가 실시간 전략 게임을 시작할 때)에는 무엇이 기본 기술이고 무엇이 더 고급 기술인지를 알 길이 없다. 여전히 그들은 더욱 복잡한 기술을 기르기 위해 어떤 기술을 계속해서 사용해야 하고 또 어떤 다른 기술과 결합해야 할지도 알지 못한다.

플레이어들은 이 게임뿐만 아니라 이와 비슷한 게임을 하면서 기본 기술이 '상향식'이라는 것을 발견한다. 플레이어들이 반복적으로 사용하고 수행하는 것, 다양한 방식으로 결합되는 것이 해당 게임 장르의 기본 기술로 판명된다. 이 기본 기술은 장르마다 서로 다르다. 아이러니하게도 플레이어가 주어진 게임에서 기본 기술이 무엇인지(게임의 이전 에피소드에서 반복적이고 집중적으로 사용하거나 조합했던 기본 요소가 무엇인지)를 인식할 때쯤이면, 그는 이미 그 기술을 습득한 것이다. 플레이어는 게임을 하면서 이러한 기본 기술을 배울 수 있다는 것이 게임이라는 장르가 가진 가장 일반적인 특징이라는 점을 깨닫게 된다. 예를 들어 플레이어는 (어떤 형태든 상관없이) 건강 키트를 찾고 사용하는 것이 슈팅 게임의 기본 기술(이자 장르의 특징)이라는 것을 알게 된다(그러나 한 방에 당신을 손상시키거나 사망에 이르게 하는 오퍼레이션 플래시포인트와 같은 '현실적인' 군사 게임에는 이런 특징이 존재하지 않는다).

게임의 기본기들은 탈맥락화된 반복 훈련이 아닌 실제 게임을 통해서 배울 수 있다. 이는 비디오 게임이 사례의 순서를 정하고, 초반부에 표본을 응축하며, 훈련 모듈과 초기 에피소드를 구성하는 방식에서 매우 잘 설계되었기 때문이다. 게임을 하는 사람이든 학교에 다니는 아이든 어설프게 잘못 설계된 공간에서 작업해야 한다면, 어느 누구도 단지 '해 보는'(즉, 풍부한 활동에 참여하는) 것만으로는 배울 수 없다.

그리고 현실 세계는 본질적으로 혹은 그 자체로 학습에 적합하게 설계되어 있지는 않다. 즉 게임 설계자나 좋은 교사가 없다면,

이 세계가 스스로 알아서 교실에 잘 설계된 가상 세계를 만들어 주지는 않는다. 아이들이 알아서 생각하고 탐구하도록 풀어둠으로써 단지 그들을 현실 세계의 자비에만 맡기는 것은 교육이 아니다.

학습 원리

지금까지의 논의를 통해서 좋은 비디오 게임에 내장된 다양한 학습 원리를 제안했다. 여기서 나는 이 원리를 한데 모아 제시하고자 한다. 이전 장에서와 같이 원리를 제시한 순서는 중요하지 않다. 그리고 다시 한 번 각각의 원리가 비디오 게임에서의 학습뿐만 아니라 교실의 내용 영역 학습에서도 관련성을 갖기를 희망한다.

◀ **LEARNING PRINCIPLE** ▶

23 하위 집합 원리. 학습은 심지어 시작 단계에서부터 특정 영역의 하위 영역 맥락에서 이루어진다.

24 점진성 원리. 학습 상황들은 초반부에서부터 질서정연하게 조직되며, 이러한 초기 학습 사례는 이후 사례들에서도 유익한 일반화로 이어진다. 학습자가 나중에 좀 더 복잡한 경우에 직면하면,

이전에 어떤 패턴이나 일반화를 발견했는가에 따라 학습자의 가설 공간(즉, 학습자가 추측해 볼 수 있는 경우의 수와 종류)이 제한되거나 확장된다.

25 응축 표본 원리. 학습자는 그다지 정련되지 못한 표본에서와는 달리 학습의 초기 단계에서 특히 학습의 근간이 되는 기호 및 행동의 예를 더욱 많이 발견하게 된다. 이렇게 중요한 기호와 행동이 학습 초기에 집중됨으로써 학습자는 그것들을 더욱 빈번하게 실천하면서 효과적으로 배울 수 있다.

26 상향식 기능 학습 원리. 기초적 기능은 따로 떼어 내서 배우거나 탈맥락적으로 학습할 수 없다. 오히려 기초적 기능은 해당 게임/영역이나 그와 유사한 게임/영역을 점점 더 많이 경험해 봄으로써 상향식으로 알아 나가게 된다. 기초적 기능은 해당 게임/영역의 장르적 요소다.

27 명시적 정보의 수요성 및 시의성 원리. 학습자가 정보를 필요로할 때 또는 실제로 정보를 가장 잘 이해하고 사용할 수 있을 때, 당면한 요구에 부합하면서 시의적절한 방식으로 명시적 정보를 제공한다.

28 발견 원리. 명시적 말해주기는 최소한의 수준으로 사려 깊게 사용함으로써 학습자가 직접 실험하고 발견해 보게 한다.

29 전이 원리. 이전에 배운 내용을 적용 및 변용하는 문제를 포함하여, 학습자가 이전 학습 내용을 이후 학습 문제로 전이할 수 있도록 충분한 기회와 지원을 제공한다.

06

문화 모형

: 블루 소닉 또는 다크 소닉, 무엇이길 원하는가

세계와 세계관

비디오 게임을 매우 강력하게 만드는 요소 중 하나는 플레이어가 온전히 창조된 세계에서 다양한 정체성을 실험할 수 있다는 것이다. 게임 플레이어가 이 작업을 수행할 때 두 가지 일이 발생할 수 있다. 한편으로는 이미 플레이어가 가정하고 있는 세계관이 강화될 수 있다. 예를 들어 누군가 전쟁은 영웅적인 것이라고 생각한다면, 리턴 투 캐슬 울펜슈타인이 그의 이런 관점을 바꿀 수는 없을 것이다. 누군가 삶의 질이란 자신의 소유물과 밀접하게 관련되는 것이라고 생각한다면, 심즈도 이런 관점을 바꾸지 못할 것이다.

다른 한편으로 비디오 게임은 새롭고 다양한 세계와 캐릭터를 창조함으로써 플레이어가 지금까지 받아들이고 있던 세계관에 도전할 수도 있다. 예를 들어 메달 오브 아너 얼라이드 어썰트에서 오마하 해변의 침공 부분을 플레이해 보면, 당신은 본격적인 전투가 어떤 것인지에 대해 완전히 새로운 관점을 경험하게 될 것이다(메달 오브 아너 퍼시픽 어썰트에서 진주만 공격을 플레이하는 것과 마찬가지로). 영화 라이언 일병 구하기에서도 이런 비슷한 일이 벌어지긴 하지만, 비디오 게임에서는 액션의 한가운데에 플레이어가 놓이게 되어, 땅에 바짝 붙어 오도 가도 못하거나, 귀를 먹먹하게 하는 굉음 속에서 부상당하고 포탄에 충격받은 군인들에 둘러싸이거나, 한 번 잘못 움직이면 여지 없이 즉사할 수 있는 상황과 마주하게 된다. 심즈에서 플레이어는 사람, 관계, 삶에 관한 선택을 하면서(때때로 플레이어는 자신의 친구와 같은 실제 인물을 게임의 가상 캐릭터로 만들기도 한다), 지금까지 당연한 것으로 여겼던 특정 가치와 관점을 의식적으로 깨닫고, 이에 대해 성찰하고 질문하게 된다.

6장은 비디오 게임의 내용이 플레이어가 당연하게 여겨 온 세계관을 강화하거나 반대로 그 세계관에 도전하는 방식을 설명한다. 이것은 비디오 게임의 현재 모습보다 미래 잠재력이 훨씬 더 중요하게 부각되는 영역이다. 또한 이는 논쟁의 시발점이 되는 지점이기도 한데, 비디오 게임이 좋든 나쁘든 세상과 정체성 측면에서 그 잠재력을 온전히 발휘하게 될 때 이 논쟁은 더욱 격렬해질 것이다.

소닉 더 헤지혹과 문화 모형

파란색의 작고 귀여운 고슴도치인 소닉은 확실히 게임 세계에서는 가장 빠르고 가장 오만하며 가장 유명한 고슴도치다. 원래 '소닉'은 게임제작사인 세가에서 만든 영웅으로, 1991년 비디오 게임 콘솔인 세가 '메가 드라이브/제네시스'를 위한 소닉 더 헤지혹에서 시작하여 세가 드림캐스트 전용 게임으로 이어지는 일련의 게임에 등장했다. 그러나 드림캐스트가 중단된 후, 소닉은 닌텐도 게임큐브의 소닉 어드벤처 2 배틀 게임을 비롯하여 다양한 게임 플랫폼에도 등장했다(가령 닌텐도 위의 소닉과 비밀의 반지 또는 소니 플레이스테이션 2 및 마이크로소프트 엑스박스 360의 섀도우 더 헤지혹). 소닉은 정말, 정말 빠르게 달릴 수 있다. 그는 특히 공을 굴릴 때, 마치 눈에 보이지 않는 파란 폭탄처럼 훨씬 더 빨리 달려나간다. 어느 쪽이든 소닉은 장애물을 뛰어넘고 적을 향해 돌진하며, 전방을 가로질러 장벽 넘어 공중으로 높이 도약할 수 있다.

소닉 어드벤처 2 배틀의 뒷이야기에서는 불길한 분위기의 에그맨 박사가 할아버지의 실험실 잔해를 수색하던 중 그의 강적인 어두운 형상의 소닉, 즉 '섀도우'라는 이름의 검은 고슴도치를 발견한다. 그리고 에그맨 박사는 섀도우와 공모하여 대량 살상 무기인 이클립스 캐논을 발사하려고 한다. 하지만 다크 섀도우와 블루 소닉을 구별할 수 없는(그들은 서로 닮았다) 당국은 섀도우의 악행

소닉 어드벤처 2 배틀 고슴도치 소닉 더 헤지혹을 주인공으로 한 액션 어드벤처 게임이자
소닉 어드벤처 2의 확장팩이다.

으로 인해 그만 소닉을 체포하고 만다. 따라서 소닉은 이 상황에
서 탈출하여 에그맨 박사와 섀도우가 만든 악의 세계를 해방시키
고 자신의 명예를 회복해야 한다.

플레이어는 두 가지 방법으로 소닉 어드벤처 2 배틀을 진행할
수 있다. 그들은 '선한' 파란색 소닉으로 게임하거나 또는 소닉의
닮은꼴인 '악한' 섀도우로 게임할 수 있다. 소닉을 선택하면, 친구
인 너클스(어린 수컷 바늘두더지)와 테일즈(어린 수컷 다람쥐)와 협
력하여 에그맨 박사와 섀도우가 세상을 장악하려는 시도를 막기
위해 노력할 것이다. 섀도우를 선택하면, 그의 친구인 루지(어린
암컷 박쥐)와 함께 에그맨 박사와 동업하여 세상을 파괴하려 할
것이다. 게임 플레이어는 번갈아 역할을 수행해도 되기에, 소닉

퀘스트의 일부를 플레이한 다음 새도우 퀘스트의 일부를 플레이
할 수도 있다.

앞선 2장에서 이야기한 여섯 살 아이도 소닉 어드벤처 2 배틀
을 했다. 그는 처음 이 게임을 받았을 때, 먼저 소닉 퀘스트에서
몇 개의 에피소드를 플레이한 다음에 새도우 퀘스트에서 다른 에
피소드를 플레이했다. 그는 새도우 역할을 하면서 '나쁜 놈이 좋
은 놈'이라는 사실에 대해 언급했다. 이상한 말이었다. 물론 이 말
의 본 뜻은 당신이 비디오 게임에서 가상 캐릭터로 플레이할 때에
는 그 캐릭터(당신)가 이야기의 주인공(중심)이고, 그런 의미에서
당신의 캐릭터가 아무리 나쁘더라도 게임의 관점에서는 '좋은 사
람'이라는 것이었다. 이 게임을 하기 전에 소년은 가상 세계의 이
야기에서 나쁘고 사악한 캐릭터가 영웅이 되는 게임을 해 본 적이
한 번도 없었다.

물론, 당신이 성자이면서 동시에 죄인인 캐릭터를 플레이하도
록 게임을 디자인하는 일은 그저 쉽다. 실제로 이런 사실은 많은
논란을 불러일으키기도 했다. 비디오 게임 세계는 악을 파괴하는
영웅들로 가득하지만, 중심 캐릭터가 마피아 두목이나 고용된 암
살자 또는 자동차 도둑인 게임도 많다. 예를 들어 그랜드 테프트
오토 2에서는 마약, 총기, 범죄 조직의 전쟁으로 찌든 멀지 않은
미래 세계에서 자신의 이름을 떨치기 위해 애쓰는 신출내기 범죄
자를 플레이해야 한다. 이 도시는 세 개의 범죄 조직으로 채워져

그랜드 테프트 오토 록스타 게임스사에서 개발한 오픈 월드 액션 어드벤처 게임으로, 플레이어는 범죄 세계에서 생존하고 번영하기 위해 여러 임무를 수행한다.

있고, 각각은 도시의 서로 다른 구역을 관리하고 있다. 각 조직에는 차를 훔치는 나쁜 일을 할 때 사용할 수 있는 공중전화기가 있다. 문제는 범죄 조직이 당신을 인정할 때만 일을 할당한다는 것이다. 이를 위해서는 경쟁 조직의 구역으로 운전해 들어가 최대한 많은 폭력배를 총으로 쏘아야 한다. 이때 당신은 전통적 주류 가치관에서 보자면 결코 '좋은 사람'이 될 수 없다(그랜드 테프트 오토 2에 이어서 그랜드 테프트 오토 3, 그랜드 테프트 오토: 바이스 시티, 그랜드 테프트 오토: 샌 안드레아스 등 매우 성공적인 속편이 이어졌다).

비디오 게임을 통해 우리의 여섯 살짜리 아이가 발견한 것 하나는 '좋은' 사람 또는 좋은 행동을 판단하는 데 두 가지 모형이 존재한다는 것이다. 첫째 모형에서 선한 사람 또는 선한 행동의 기준은 캐릭터 자신의 목표, 목적, 가치에 의해 결정된다. 이 기준은 캐릭터가 속한 특정 사회 집단에서 공유된다. 섀도우와 그의 편 루지와 에그맨 박사는 일련의 목표, 목적, 가치를 지니고 있으며, 이 관점에서 세계를 파괴하는 것은 그들에게 값진 목표가 된다.

섀도우의 관점에서 소닉 어드벤처 2 배틀을 하려면, 당신은 섀 도우를 '선한' 존재 또는 '영웅'으로 바라보면서 행동하고, 생각하 고, (플레이하는 동안) 가치를 판단해야 한다. 결국 당신은 섀도우 로 수많은 전투를 치르면서 승리하면 기쁨을 느끼고 패배하면 실 망한다. 만일 당신이 섀도우로 게임을 하면서 그의 가치 체계를 인정할 수 없다는 이유로 전투에서 고의로 패한다면, 이는 전적으 로 무의미한 일이다. 이런 식으로 게임하면 섀도우는 첫 번째 에 피소드에서 금방 죽게 될 것이며, 당신은 게임에서 섀도우에 해당 하는 부분에 대해 아무것도 알 수 없게 된다.

하지만 이와 다른 둘째 모형에서는 무엇을 선한 존재와 선행으 로 판단할 것인가의 문제가 캐릭터가 가진 목표, 목적, 가치(이것 들은 특정 사회 집단에서 공유되므로)보다 더 넓은 관점에서 결정된 다. 오히려 중요한 것은 행동에 대한 다소 일반화된 규칙과 원칙 뿐 아니라 때로는 경쟁 집단을 포함하여 '더 넓은 사회'의 가치와 규범에 따라 선함이 결정된다는 것이다. 이 모형의 관점에서 소닉 은 사회의 질서와 다수의 생존을 위해, 다른 많은 집단의 관점에 서 그리고 오히려 옳고 그름의 일반 원리의 관점에서 선한 것으로 간주되는 것을 위해 싸우는 것이다.

　무엇이 선함이고 선행인가를 판단하는 모형이 윤리에 관한 매우 '전문적인' 철학적 입장이나 혹은 도덕에 대한 신학적 입장을 의미하지는 않는다. 오히려 이 모형은 보통 사람들이 생각하는 일상적 개념을 의미한다. 우리가 '집단 모형'이라고 부를 만한 첫째 모형은 다음의 진술에서 그 윤곽이 잡힌다. "나는 내가 구성원으로 속해 있으며 내가 소중히 여기는 집단의 이익을 위해 행동할 때 좋은 사람처럼 행동한다." 반면에 '일반 모형'이라고 부르는 둘째 모형에서는 다음과 같이 말할 수 있다. "나는 협소한 집단 소속 관계를 초월하여 좋은 것과 나쁜 것에 관한 일반화된 개념에 따라 행동할 때 좋은 사람처럼 행동한다."

　이 두 모형은 실생활에서 주기적으로 갈등하면서 수많은 종류의 흥미로운 문제와 질문을 유발한다. 어떤 사람들은 자기가 속한 집단의 이익과 가치가 일반적 선이라고 믿거나 그리 되어야 한다고 믿는다. 하지만 어떤 사람들은 선에 대한 일반적 개념이 특정 집단을 일반적 선으로 은폐하는 사회에서 그들의 좁은 이익을 감추고 있다고 생각한다. 그러나 또다른 사람들은 자신들의 이익과 가치가 현재보다는 미래의 일반적인 선 개념을 대표한다고 믿으며, 현재의 선 개념에 반하는 것을 미래의 더 큰 선을 위한 필요악으로 볼 수도 있다. 물론 이 외에도 선과 악에 대한 일반적 개념이 무엇인지에 대한 여러 가지 생각들이 가능하다.

소닉 어드벤처 2 배틀을 플레이하는 여섯 살짜리 아이는 이 두 모형에 직면한다. 누군가(심지어 고슴도치)의 역할에 따라 행동하고 생각할 때 이 아이는 자신이 단순히 누군가의 새로운 정체성을 취할 뿐만 아니라 때때로 자신이나 다른 사람들이 '잘못이다'라고 생각하게 되는 바로 그 관점에서 생각하고 판단한다는 점을 깨달 았다. 이 아이는 또한 (자신의 마음 안에서 혹은 비디오 게임 속에서) 그런 관점으로 가상 세계를 경험한다고 해서 반드시 자신의 실세계 정체성이 그 관점과 그것이 지지하는 가치 및 행동을 채택해야 함을 의미하는 것은 아니라는 점도 배웠다.

선하다는 것이 무엇인지에 대한 이 두 가지 모형은 내가 문화 모형이라고 부르는 것의 예가 된다. 문화 모형이란 특정 집단이 특정 현상에 관해 무엇이 '정상적' 또는 '전형적'이라고 생각하는지를 드러내는 일종의 이미지, 줄거리, 원리, 또는 은유와 같은 것이다. 여기서 '집단'은 작은 집단일 수도 있지만 인류 전체에 이르는 총체적 집단까지도 의미한다. 문화 모형은 그 자체로 사실이나 거짓이 아니다. 오히려 그것은 현실의 일부만을 포착하거나 포착할 수밖에 없는 시각이자, 집단(그리고 일반적으로는 인간)이 꼼꼼한 사전 계획이나 의식적 사유 없이도 일상의 일들을 자연스럽게 수행하도록 도와주는 기제다. 바로 이 '자동항법'에 많은 것들을 맡겨 놓지 못한다면 우리는 생각하는 데에만 온통 시간을 소모하느라 행동하는 데에는 그 시간을 사용하지 못할 것이다.

그래서 예를 들면 "사람은 자신의 집단(가족, 교회, 지역 사회, 민족 집단, 국가 등. 당신의 집단을 선택해 보자)에 도움이 되는 방식으로 행동할 때 좋은 사람이다."와 같은 생각은 다양한 집단들이 가지고 있는 문화 모형을 뜻한다. 이는 내가 앞에서 언급한 것과 같은 선에 관한 집단 모형의 한 유형이다. "사람은 도덕의 일반 원리에 따라 행동할 때 선하다(당신의 원칙을 선택해 보자)."라는 생각은 많은 집단이 채용하고 있는 또 다른 문화 모형의 예로, 이렇게 생각하는 사람들은 전형적이고 일반적인 도덕 원칙이 무엇인지에 대해서 서로 다른 문화 모형을 받아들일 수 있다. 이것은 선의 일반 모형이라고 부르는 것의 한 유형이다. 물론 이 두 모형(선의 집단 모형과 일반 모형)은 서로 충돌할 수 있으며, 실제로 충돌하기도 한다.

일반적으로 사람들은 문화 모형을 의식하지 못하며, 이에 대해 명확한 정의를 내리는 경우도 매우 드물다는 점에서 그들이 문화 모형을 정확하게 표현할 방법은 딱히 없다. 만일 문화 모형을 공식화하라고 강요당한다면, 사람들은 각자의 상황에서 사뭇 다른 말로 그것을 표현할 것이다. 따라서 탁월한 연구자라면 사람들이 특정 집단의 일원으로 움직일 때의 말과 행동을 조사하고, 그렇게 말하고 행동하는 이유가 사람들이 주어진 현상에 대한 특정 문화 모형, 즉 우리가 언어로 표현할 수 있는 최선의 방식으로서 문화 모형을 받아들였기 때문이라고 결론지을 것이다. 물론 사람들이 서로 다른 상황에서 서로 다른 집단의 구성원으로 행동할 때, 그들은 우리가 가정한 문화 모형이 아닌 또 다른 측면에서 행동할 수도 있다.

사회적 집단은 위협을 받지 않는 한 일반적으로 그들 자신의 문화 모형에 특별히 눈에 띄게 주의를 기울이지 않는다. 물론 그들의 문화 모형이 도전받거나 다른 모형과 충돌한다면, 이때 비로소 문화 모형은 사람들의 의식적 인식 수준에(심지어 집단 전체의 의식적 인식에도) 이르게 된다. 누군가 가족의 선을 위해 자신이 취한 행동이 일반적인 도덕 개념과 충돌한다고 생각하게 되면(반드시 개인 자신의 일반적 개념화는 아니더라도), 이는 그에게 불편함과 갈등(다양한 방법으로 해결될 수 있는)을 유발할 것이다.

젠더에 관해 퍼져 있는 수많은 문화 모형이 우리 사회에서 공개적으로 도전받고 있다는 사실로 인해 이제는 많은 사람이 이 문제에 대해 의식하고 있다. 예를 들어 미혼 여성이 가족이 없다는 이유로 뭔가 부족한 '노처녀'라고 생각하는 문화 모형은 오랫동안 페미니스트, 자녀가 있는 미혼 여성, 자녀가 있는 레즈비언 커플, 좋은 경력과 만족감을 지닌 완벽하게 성공한 미혼 여성으로부터 도전받아 왔다. 물론 이런 사람들은 이전에도 있었지만, 지금까지 자신을 대변하지 않고 드러내지 않는 한 전통적 문화 모형에 의해 보이지 않는 존재로 소외되어 있었다. 그러나 그들이 자신을 당당히 드러내고 대변하기 시작하면서, 이런 문화 모형과 그들의 사회적 작업이 사람들의 의식에 이르게 되었고, 따라서 기존의 문화 모형은 확실히 방어되거나 혹은 변화되어야만 했다.

세상은 끊임없이 변하는 문화 모형들의 끝없는 배열로 가득 차 있다. 예를 들어 당신은 부모에게 "X이나 먹어!"라고 욕설을 퍼붓는 청소년기 자녀에 대해 어떻게 생각하는가? 아마도 어떤 이들은 "보통의 청소년들은 부모와 같은 권위자들에 반항한다."와 같은 문화 모형을 적용하면서, 이런 언행에 대해 그다지 걱정하지 않을지 모른다. 하지만 다른 누군가는 "보통의 아이들은 부모를 존중한다."와 같은 모형을 적용하면서, 이 청소년이 통제 불능이라고 결론지을 것이다. '정상적인' 또는 '전형적인' 청소년이란 누구인지, 또는 그들이 무엇을 어떻게 해야 하는지 누가 말할 수 있을까? 문화 모형은 각기 서로 다른 함의를 지닌다.

당신의 아이가 아무리 힘들고 오래 걸리더라도 무거운 차 문을 열려고 시도할 때, 서둘러 집안일을 끝내고 나와 그 문을 쉽게 열어 버린 당신을 보고서는 버럭 짜증을 낸다면, 이 아이는 어떻게 해야 할까? 아마도 "어린아이는 자립과 독립심을 키우고 싶은 충동에 때때로 어려운 '단계'를 직접 경험하고 싶어 한다."와 같은 문화 모형을 적용한다면, 당신과 아이가 처한 현재 상황이 아주 '정상'이라고 결론을 내릴 수 있다. 이때 아마도 당신은 아이를 격려할 수도 있다. 혹은 "어린아이는 당연히 고집에 세고 이기적이며, 다른 사람과 어울리고 협력하는 법을 배우려면 규율이 필요하다."와 같은 모형을 적용할 수도 있을 것이다. 요컨대 이때 당신은 이 아이가 '정상적'이지만 훈육이 필요하다고 결론지을 것이다.

길거리에서 구걸하는 사람을 볼 때 나오는 첫 반응은 "사람은 자기를 책임져야 하고, 실패하는 것은 자기 잘못이다."와 같은 문화 모형에서 비롯된다는 점에서, 당신은 돈을 구걸하는 그를 무시하고 가던 길을 계속 걸어갈 수 있다. 하지만 "실패한 사람들은 치열한 경쟁 사회에서 발생하는 버거운 문제들의 피해자다."와 같은 모형을 적용한다면, 당신은 그에게 돈을 건넬 수도 있다. 혹은 "사람들에게 돈을 주는 것은 그들이 스스로 돕기보다는 다른 사람에게 더 많은 도움을 구걸하도록 장려할 뿐이다."와 같은 모형을 적용한다면, 당신은 (아마도 그다지 질이 좋지 않은) 일거리를 얻는 데 도움이 될 만한 공익재단의 연락처를 그에게 제공할 수도 있다.

누군가와 논쟁할 때, 당신은 "논쟁은 일종의 언어적 갈등이다."와 같은 모형("내가 논쟁에서 승리했다." 또는 "내가 그녀의 입장을 깨부쉈다."와 같은 언어의 은유를 통해 알 수 있는)을 적용하는가? 누군가와 연애 관계에 있을 때, 당신은 "관계는 일종의 일이다."와 같은 모형("이 관계를 위해 노력을 많이 들였다." 또는 "그는 좋은 연인이 되기 위해 열심히 노력했다."와 같은 언어의 은유를 통해서 알 수 있는)을 적용하는가? 또는 사람들의 직업에 관해 이야기할 때, 당신은 "머리로 일하는 것이 발로 일하는 것보다 사회에 더 가치가 있다."라는 문화 모형을 적용하여 얼마나 많은 천사가 배관공의 머리 위에

앉을 수 있는가와 같이 쓸모없어 보이는 토론에 빠진 학자조차도 소중하게 생각할 수 있는가? 아마도 이 모든 경우에서 당신의 대답은 '아니요'일 것이다. 즉, 이는 당신이 적어도 때때로 그리고 장소와 상황에 따라 서로 다른 문화 모형을 가지고 움직인다는 것을 의미한다.

문화 모형에 관해 다루어야 할 몇 가지 중요한 사항들이 있다. 문화 모형은 당신의 머릿속에만 있지 않다. 물론 우리가 어떤 문화 모형을 대표하는 이미지와 패턴을 머릿속에 저장하지만, 그것은 세계를 통해서도 표현된다. 예를 들어 "어린아이들은 자립심과 독립심을 키우려는 충동으로 때때로 어려운 '단계'를 직접 경험하고 싶어 한다."라는 문화 모형은 아이와 육아에 관한 자기계발서나 자녀 교육서에 넘쳐난다. 우리 주변의 잡지, 신문 및 기타 매체들의 언어와 이미지는 수많은 문화 모형을 드러낸다. 또한 이 모형들은 우리가 다양한 집단의 구성원 자격을 공유하면서 상호작용하는 다양한 사람들의 말과 행동으로 표현되고 실천된다.

문화 모형은 더 큰 사회적 집단과도 관련된다. 예를 들어 아이들이 자립을 위한 '단계'를 거친다는 문화 모형은 완전히 배타적이지는 않을지라도 현대 중산층과 더 밀접하게 연관되어 있으며, "어린아이들은 당연히 고집이 세고 이기적이며 다른 사람들과 어울리고 협력하는 법을 배우려면 규율이 필요하다."라는 문화 모형은 완전히 배타적이지는 않지만 전통적 노동자 계급과 좀 더 밀접하게 관련되어 있다.

어느 하나의 확실한 방법으로 말할 수 없는 문화 모형은 사람들이 자기 자신에게 말하거나 마음속에서 모의로 실험하는 경험의 이야기 또는 이미지로, 이것은 '정상적인' 또는 '전형적인' 사례와 상황이 무엇인지를 잘 드러낸다. 이런 의미에서 문화 모형은 일종의 이론이다. 앞의 경우에 비추어 보자면, 자녀 양육, 관계, 우정, 선한 존재와 선행, 기타 모든 것에 관한 이론인 것이다. 이 이론은 일반적으로 무의식적이고 당연한 것으로 받아들여진다. 그러나 모든 이론이, 심지어 명백한 과학 이론들과 마찬가지로, 반드시 현실의 모든 부분에 대해 하나하나 세세한 설명을 제공해야 하는 것은 아니다. 현실은 너무도 복잡해서 모든 세부 사항을 정확하게 설명할 수 없다. 타인과 함께 목표를 달성하는 것이든 실험에서 성공적인 예측을 하는 것이든 상관없이, 오히려 문화 모형과 형식 이론은 둘 다 우리가 세상에서 그리고 세상과 더불어 무언가를 하는 방식에서 드러나는 일반적 패턴을 포착하는 데 목적이 있다.

문화 모형은 이 세계의 다른 사람들과 함께하는 행동의 일부로 선택된다. 우리는 다른 사람과 함께 행동하고, 그들이 무엇을 하고 말하는지 감지하려고 시도한다. 우리는 우리 사회의 미디어와 상호작용하고, 거기에서 말하고 행해지는 것들을 이해하려고 노력한다. 문화 모형은 (대개는 무의식적으로) 우리가 속한 사회 집단의 구성원들과 닮고자 하는 동안 일상적 사건에서 우리가 사유하고 실천하는 암묵적 이론이자 승인된 이론이다. 만약에 문화 모형이 없는 사람들은 어떤 행동을 시도할 때 분 단위로 모든 것을 스스로 생각해야 할지 모른다. 이때 그들은 마비될 것이고, 확실하게 사회적 존재가 되기 어렵다. 우리를 사회적 존재로 만드는 것 중에는 우리가 주변 사람들과 공유하는 일련의 문화 모형이 있다.

문화 모형은 다양한 목적으로 사용되며, 때로는 서로 충돌한다. 예를 들어 인류심리학자인 클로디아 스트라우스는 노동자 계급 남성들이 일상생활에서 '외벌이 가장 모형'이라고 부르는 문화 모형에 따라 행동한다는 것을 발견했다. 이 모형은 다음과 같이 표현될 수 있다. "남성은 자신의 이익을 희생하더라도 가족을 돌본다." 스트라우스는 반면에 많은 상류층 남성이 가족과 주변 사람들의 이익보다는 자기 계발을 강조하는 문화 모형을 작동시킨다는 것을 발견했다. 그들은 새롭고 더 나은 직장을 위해 이사해야 할 상황에 놓일 때 가족과의 관계가 손상되더라도 종종 그런 결정을 실행했다. 하지만 같은 선택에 직면했을 때 스트라우스가 연구한 노동자 계급 남성들은 가족의 이익을 위해 새로운 직업 기회를 포기했다.

스트라우스가 연구한 노동자 계급 남성들은 또한 자신의 행동을 판단하기 위해 '성공 모형'이라고 부르는 것을 적용했다. 이 모형에서 보자면, "미국에서는 충분히 열심히 일하면 누구나 앞서 나갈 수 있다."와 같이 말할 수 있다. 노동자 계급 남성들은 그들이 사회적으로 성공했다고 간주되는 직업을 가지고 있지 못하다는 사실을 잘 알고 있고, 이런 성공 모형을 적용하여 그들이 충분히 열심히 일하지 않았거나 또는 충분히 똑똑하지 않다고 스스로를 비난했다. 그들은 '이기적인' 단계를 밟게 하지 않는 성공 모형이 자신의 삶을 이끈 외벌이 가장 모형과 일면 충돌함에도, 이런 성공 모형을 적용하여 자기 자신을 부정적으로 판단하는 것이다.

이런 문화 모형 충돌은 연구 대상 남성들의 의식에 도달하지 못했기에 외부로 드러나지는 않았다. 그들은 단지 자신에 대해 안 좋게 생각했고, 특히 사회 전체와 관련지어 자신에 대해 생각해야만 했을 때 적어도 그랬다. 물론 그들은 이와 다른 환경에서는 전혀 다르게 생각했을 수도 있다. 사람들은 상황에 따라 서로 다른 정체성을 취하며, 우리가 여러 사회 집단의 구성원이라는 점을 기억해야 한다.

그렇다면 문화 모형은 '좋은' 것인가 '나쁜' 것인가? 문화 모형은 우리가 끊임없이 성찰하거나 사유하지 않고서도 우리가 이 세계에서 살아가고 행동하며 사회적 관계를 맺을 수 있다는 점에서 좋다. 문화 모형은 우리가 자기 또는 남에게 해를 끼치려는 목적으로 무언가를 했음에도 특별히 그것에 대해 추궁당하지 않고 넘어갈 때 나쁘다. 하지만 어떤 상황에서 우리는 문화 모형에 대해 분명하게 그리고 성찰적으로 사유해야 한다. 분명히 우리가 모든 문화 모형에 대해서 생각한다거나 또는 그렇게 원할 것이라고 받아들일 필요는 없다. 그러나 실제로 우리는 삶의 특정 상황이나 특정 시점에서 잠재적으로 이익이 되기보다는 해를 더 많이 끼칠 수 있는 모형에 대해 반드시 생각해 봐야 할 필요가 있다.

소닉 어드벤처 2 배틀은 여섯 살짜리 아이가 무엇이 '선한' 존재와 행동을 만드는가에 관하여 서로 다르지만 때로 충돌하는 두 가지 문화 모형을 분명하게 깨닫고 마주하도록 했다. 물론 이 상황은 시작에 불과했다. 앞으로 이어질 많은 경험을 통해서 아이는 이 모형에 대해 더 많이 생각할 기회를 얻게 될 것이다. 이 모형은 세상에 많은 해를 끼쳤거나 앞으로도 그럴 수 있는 잠재성을 지닌다는 점에서, 실로 여러 생각을 하게 만든다.

언더 애쉬

여섯 살짜리 아이의 경험은 훨씬 더 깊고 풍부해질 수 있다. 예를 들어 9·11 이후 아랍 어린이들의 경우를 생각해 보자. 2001년 9월 11일 테러 공격 직후, 이를 다룬 여러 비디오 게임들이 인터넷에 등장했고, 미군이 아랍인과 무슬림을 살해하는 패키지 게임도 나왔다. 이 게임은 분명히 아랍 어린이에게는 전혀 호감을 주지 않았다. 이에 대한 반응으로 시리아의 게임 제작사인 다 알 피크르는 언더 애쉬라는 비디오 게임을 디자인했다(그리고 여러 회사에서 제작한 비슷한 게임들이 연이어 출시되었다). 이 게임 속의 영웅은 이스라엘 군인과 정착민들에게 대항하기 위해 돌을 던지는 아흐메드라는 팔레스타인 젊은이다. 이는 자연스럽게 이 게임의 플레이어들을 팔레스타인의 대의와 팔레스타인의 관점에 깊이 몰입하게 만든다.

이 게임의 초반에 아흐메드는 이스라엘 병사와 정착민들을 피하거나 혹은 그들과 싸우면서 주요 이슬람 성지인 예루살렘의 알 아크사 사원으로 이동해야만 한다. 사원에 도착한 아흐메드는 부상당한 팔레스타인 사람들을 도우면서 무기를 찾아 이스라엘 군인들을 몰아내야 한다. 이 게임에서는 아흐메드가 유대인 정착지에 침투하고 레바논 남부에서 게릴라 전사로 복무하는 장면을 포함해 여러 에피소드가 등장한다. 이런 종류의 비디오 게임에서 전형적으로 볼 수 있듯이, 아흐메드는 그가 '민간인'이라고 여기지 않는 사람들만 찾아서 공격한다. 이 경우에 점령군이나 정착민과 군인은 '민간인'으로 인정되지 않는다. 나머지 '민간인'들은 모두 무탈하게 남는다.

물론 누가 '민간인'이고 그렇지 않은가의 문제는 분명히 이 비디오 게임의 가상 세계에서 맥락화된 다양한 관점에 기반한다. 처음에 나는 이스라엘 정착민(이들은 군인 소속이 아니다)이 민간인으로 인정되지 않는다는 사실에 놀랐다(이는 내가 다른 문화 모형을 따라 움직인다는 것을 보여 준다). 이후에야 나는 이 게임이 정착민을 점령군의 '전진' 부대로 간주하는 문화 모형을 채택하고 있다는 것을 깨달았다.

언더 애쉬 제작사의 총책임자인 아담 살림은 수많은 미국 슈팅 게임과 마찬가지로 이런 폭력적인 게임을 '평화에 대한 요구'라고 생각한다. 게임 전용 인터넷 사이트에서 살림은 "살육과 피 흘림은 창조 초기부터 인간이 저질러 온 최악의 행위였다."라고 말했다. 나는 이런 살림의 입장을 구글 캐시에서 찾았다. 이 사이트는 이제 더 이상 존재하지 않는다. 이 게임을 반대하는 사람들은 수많은 게임 전용 사이트를 파괴했다(여전히 이 게임에 대한 논평이 웹에 존재하지만). 나는 내가 찾았던 사이트 역시 이런 종류의 표적화된 파괴로 인한 것인지 아닌지 전혀 알 수가 없다. 살림은 "인간이 지구에 나타난 이래 살인 범죄를 없애기 위해 벌인 노력과 투쟁에도 아랑곳없이 이스라엘은 집단 살육과 인종 박멸을 자행하고 있다."라고 말했다.

다른 한편으로, 그는 다음과 같이 주장한다.

언더 애쉬는 살육과 피 흘림을 중지하라는 인류의 요청이다. 이 모든 끔찍한 경험과 광범위한 파괴적 전쟁 이후, 전 세계는 전쟁이 문제를 해결하지 못한다는 사실을 인식하게 되었다. (…)
언더 애쉬는 대화, 공존, 평화에 대한 요청이다. 정의는 전능하신

하나님이 명하신 뿌리 깊은 인간의 가치다. (…) 반면에 그들이 행하는 침략, 불의, 피해의 정도에 따라 민족은 멸망하며, 국가는 해체되고, 문명은 붕괴한다. (…)

언더 애쉬는 정의에 대한 부르짖음으로, 진실을 깨우치고, 과오와 폭력을 막는다. 하나님은 모든 인류를 빗살처럼 서로 동등하게 만드셨다. (…)

이것이 언더 애쉬의 철학이다. 이것이 근거하고 있는 생각은 폭력, 불의, 차별, 살육을 격퇴하고 사람들 사이의 평화, 정의, 평등을 요구한다.

이런 생각은 가능한 최선의 테크놀로지와 함께 우리의 청소년들에게 여전히 유효하다. 이 게임은 그들의 눈물을 마르게 하고, 그들의 상처를 치유하며, 그들의 영혼에 깃든 모든 굴욕감, 누추함, 비참함을 제거하고, 그들의 얼굴에 희망의 미소와 존엄성과 효능감을 그리려고 노력한다.

만일 비디오 게임의 폭력성 측면에서 이런 발언이 이상하다고 생각된다면(미국에서는 적이 아랍인이었던 슈팅 게임에 대한 항의가 전혀 없었음을 기억하자), 그것은 살림의 발언과 게임 자체가 많은 미국인에게는 낯설게 느껴지는 문화 모형을 지지하고 있기 때문이다(마치 미국의 비디오 게임과 그것에 대한 언급이 이와 다른 문화 모형을 인정하는 것처럼). 예를 들어 살림이 세계 전쟁의 폭력을 경험한 후, "이전에 서로를 미워하고 수 세기 동안 계속 싸웠던 국가들이 참을성 있는 대화로 둘러싸인 협상 테이블로 돌아가 유럽 연합을 설립했다. 그리고 누구도 해를 입지 않고 모든 사람에게 이익이 되는 연합 기구의 권한 아래 평화롭게 공존하기로 합의했다."라고 말한 점을 생각해 보자.

살림의 언급에서 작동하는 문화 모형 한 가지는 다음과 같다. "폭력의 경험은 사람들이 평화를 추구하도록 만들 것이다." 이 모형의 관점에서 우리는 게릴라 무장 세력이 자신보다 더 강력한 독립체(즉, 국가와 같이 게릴라가 완전히 패배시킬 수 없는 독립체)를 압박하여 전쟁이 아닌 협상을 통해 그들의 이해 차를 해소하려 한다는 것을 알 수 있다. 하지만 일부 미국의 비디오 게임과 현대전에 몰두하는 많은 미국 미디어에서는 "압도적인 폭력의 경험은 덜 강력한 게릴라 체제가 더 강력한 체제에 굴복하도록 만들 것이다."와 같은 문화 모형이 작동하는 듯하다. 다른 문화 모형들과 마찬가지로, 이 중 어느 것도 '참' 또는 '거짓'이 아니다(역사는 이 둘에 해당하는 사례와 반례로 가득하다). 문화 모형을 통해 사람들은 자신과 타인을 이해할 수 있으며, 같은 문화 모형을 공유하는 사람들과의 공동체 활동에 참여할 수 있게 된다.

이제 당신은 언더 애쉬를 하고 싶지 않아 할지도 모르겠다. 당신이 이 게임을 했다면, 당신은 여러 면에서 당신과는 사뭇 다른 문화 모형을 채택하고 있는 캐릭터의 가상 정체성을 취해야 하는 상황에 놓이게 될 것이다. 이 게임을 하는 동안 당신은 이런 가상 정체성을 채택할 뿐만 아니라, 내가 이 책의 3장에서 이야기한 당신의 가상 정체성(아흐메드)과 대면한 프로젝트 정체성을 취함으로써 "눈물을 마르게 하고, 그들의 상처를 치유하며, 그들의 영혼에 깃든 모든 굴욕감, 누추함, 비참함을 제거하고, 그들의 얼굴에 희망의 미소와 존엄성과 효능감을 그리려고 노력"하는 성난 젊은 이들 사이에 있는 것이 어떤 느낌인지 확실히 이해하게 될 것이다.

그렇다면 이런 문화 모형의 경험이 불현듯 이스라엘 정착민을 제거하고 싶다거나, 이전과 달리 이스라엘보다 팔레스타인의 대의를 지지한다는 의미일까? 확실히 그렇지 않다. 하지만 그건 당신이 어떤 소설이나 영화에서보다 훨씬 더 상호작용적으로 내부자의 관점에서 '타인'을 경험했을 것임을 의미한다. 더욱 흥미로운 점은 이 게임에 내장된 문화 모형이 당신의 것이 아니기 때문에, 그 모형이 당연하게 받아들여지는 젊은 아랍 플레이어에 비해 좀 더 분명하게 의식적으로 그것을 성찰할 수 있다는 것이다(미국인 게임 플레이어가 그들의 실제 감각에 맞는 문화 모형을 당연하게 여기는 것처럼). 결국 당신은 지금껏 당연하게 받아들이던 모형과 이 게임의 모형을 대조하는 과정을 성찰적 의식의 수준으로 끌어올릴 수 있게 된다.

만약에 언더 애쉬가 게임을 통째로 두 번 할 수 있도록 허락하여 당신이 한 번은 아흐메드로, 다른 한 번은 이스라엘 정착민으로 플레이할 수 있다면 어떨까? 이것은 마치 소닉 어드벤처 2 배틀에서 당신이 소닉 혹은 새도우가 된다거나, 에일리언과 프레데터 2에서 해병이 전투를 벌일 수 있게 하거나 외계인과 프레데터가 해병대를 죽여 생존해야 하는 상황과 비슷하다. 내가 생각하기에 당신이 아흐메드와 이스라엘 정착민으로서의 프로젝트 정체성을 모두 취했다면, 당신은 이 게임의 모든 것이 지금보다 훨씬 더 복잡하다고 생각했을 것이고, 양쪽의 죽음을 모두 받아들여야 하는 상황이 조금 더 꺼려졌을 것이다. 나는 이런 복잡성이 전쟁을 시도하는 사람들이나 국가들에는 나쁜 것임을 인정한다.

비디오 게임은 사람들이 서로 다른 관점에서 세상을 경험하도록 함으로써 복잡성을 창조하는 데 탁월한 잠재성을 발휘한다. 비디오 게임에서 주어진 캐릭터로 행동해야 한다는 것은 이러한 잠재성을 일부 보여 준다. 느긋하게 생각하지 않고 빠르게 행동하면서, 캐릭터의 승리를 축하하고 패배를 한탄하면서, 당신은 가상 세계에 살면서 반드시 그렇게 해야 함을 이해해야만 한다. 생각뿐만 아니라 실제 행동에서도 가상 세계를 이해한다는 것은 새롭고 다양한 문화 모형을 경험하는 것과 마찬가지다. 또한 당신은 현실 세계의 전형적 일상에서보다 훨씬 더 의식적으로 이런 모형을 경험할 수 있으며, 이 과정에서 현실의 모형 중 일부를 그들과 대조하면서 의식적으로 사유할 수 있어야 한다. 이제 언더 애쉬보다 미국인들에게 조금 덜 난해한 예를 들어 보겠다.

나는 비디오 게임의 잠재성이 온전히 실현될 경우, 그것이 논란을 일으킬 소지가 매우 크다는 점을 잘 안다. 폭력으로 인해 사랑하는 사람을 잃은 이스라엘 사람이나 팔레스타인 사람은 양편 누구로도 비디오 게임을 하고 싶어 하지 않을 것이다. 실제로 이스라엘 사람과 팔레스타인 사람은 각자 '자신의' 편을 플레이하고, 원수에 대한 가상의 복수를 실행하는 것을 즐긴다. 이들 각자는 게임 중에 반대편 역할을 해 보면서 세상에 대해 그런 관점을 취하는 것이 부도덕하다고 생각할 수도 있다. 나 역시 어떤 관점은 아주 혐오적이어서 게임을 하는 중에도 받아들여서는 안 된다고 생각한다. 하지만 누가 그것을 결정하겠는가? 그리고 우리가 게임에서조차 우리 편 이외에 아무도 받아들이지 않으려 한다면, 폭력은 피할 수 없는 것처럼 보인다.

각자의 정치적 관점과 무관하게 우리 대부분이 완전히 혐오감을 느끼는 게임을 상상할 필요는 없다. 그런데 사실 이런 게임이 실제로 존재한다. 예를 들어 버지니아에 본사를 둔 내셔널 얼라이언스에서 내놓은 인종 청소라는 게임은 플레이어가 험난한 빈민가와 음습한 지하철 환경을 헤쳐 나가면서 아프리카계 미국인, 라틴계 미국인, 유대인을 죽이도록 한다. 이 게임은 적어도 제작 당시만 해도 기술적으로 상당히 정교했다(이 게임은 제니시스 3D라는 무료 게임 개발 소프트웨어를 사용하여 만들어졌다). 내셔널 얼라이언스와 같은 증오 단체들은 오랫동안 웹사이트, 백인 우월주의 음악,

인종 청소 2002년 발매된 게임으로, 제목 그대로 특정 인종을 학살하는 것이 주요한 게임의 내용이다. 극단적 민족주의와 혐오 폭력을 선동하고 차별을 조장하는 내용으로 논란이 되었다.

서적과 잡지를 통해서 회원들을 모집해 왔다. 그러나 방금 우리가 논의한 이유만으로도, 비디오 게임과 같은 상호작용적 미디어가 수동적 미디어보다 더욱 강력한 장치라는 우려를 금할 수 없다. 하지만 동시에 비디오 게임과 같은 것들은 잠재적으로 선과 악 양쪽 모두를 위해 더욱 강력하게 작동할 것이다.

우리가 좋든 싫든 상관없이, 새로운 테크놀로지를 사용하면 아주 쉽게 정교하고 현실적인 비디오 게임을 디자인할 수 있고, 이로 인해 게임 플레이어는 거의 모든 종류의 사람이 될 수 있거나 혹은 게임 디자이너가 상상할 수 있는 거의 모든 종류의 세계에서 살아가는 존재가 될 수 있다. 결국 비디오 게임이 가진 이런 능력은 폭력이 아무런 역할도 하지 못하고 다양한 방식의 대화와 상호작용으로 대체되는 세상에서 우리가 살아갈 수 있도록 만드는 데에도 활용될 수 있을 것이다(모든 것이 자동화된 마을을 돌아다니는 여성 변호사가 등장하는 시베리아가 좋은 예이며, 그 속편인 시베리아 2 역시 이에 해당한다).

우리가 새로운 정체성을 형성하고 새로운 문화 모형에 따라 행동하는 법을 배우도록 만드는 비디오 게임의 잠재성은 같은 방식으로 우리가 새롭게 증오심을 갖거나 심지어 새로운 증오 모형을 배우게도 만든다. 그렇다면 당신이나 내가 어떤 정체성을 구현할 것이며, 그 과정이 우리에게 좋은 것인지 나쁜 것인지를 누가 결정한단 말인가? 이런 문제는 대개 어린이와 청소년의 관점에서 다뤄지지만(이 경우 부모가 주로 책임을 진다), 평균적으로 비디오 게임 플레이어는 20대 후반 또는 30대 초반이다. 나는 우리가 가상 세계에서 어떤 정체성을 만들어야 하는지 정치인들이 명령하는 상황을 원하지 않는다. 동시에 나는 인종 청소 게임을 하는 사람들을 크게 염려한다. 하지만 어떤 경우라도 신기술이 허용하는 정체성의 흐름을 막으려는 시도는 사람들을 그들이 가장 소중하게 생각하는 정체성의 틀 안에 가둘 위험이 있으며, 실제 그들 정체성 중 어떤 것은 우리에게 엄청난 죽음과 파괴를 가져오기도 했다. 따라서 내가 여기서 제시할 수 있는 확실한 답은 없으나, 다만 비디오 게임이 이런 수많은 질문과 쟁점을 야기할 만한 충분한 잠재성을 가지고 있다는 주장만은 가능할 것이다.

전쟁터로 가다

리턴 투 캐슬 울펜슈타인과 오퍼레이션 플래시포인트: 냉전의 위기는 모두 군사 환경에서 진행되는 슈팅 게임이다. 캐슬 울펜슈타인은 1인칭 슈팅 게임이다(당신은 손에 들고 있는 무기만 볼 수 있으며, 거울 같은 것을 통해서만 자신을 볼 수 있다). 오퍼레이션 플래시포인트는 1인칭 또는 3인칭으로 플레이할 수 있다(3인칭일 때 당신은 캐릭터의 약간 뒤에 서 있는 것처럼 보인다). 캐슬 울펜슈타인에서는 제2차 세계 대전을 배경으로 나치에 맞서 싸우는 윌리엄 블라스코비츠 소령(일명 비제이)을 플레이한다. 오퍼레이션 플래시포인트에서는 데이비드 암스트롱 일병으로 게임을 시작하지만, 게임 중에 당신(암스트롱)은 진급을 한다. 암스트롱 일병은 섬나라의 저항 운동에 대항하는 전쟁에서 나토를 대표하는 미군이다.

이 모든 것이 두 게임을 비슷하게 보이게 하지만, 실은 여러 가지 면에서 이 둘은 완전히 다르다. 리턴 투 캐슬 울펜슈타인에서 비제이 블라스코비츠 소령은 비밀행동국인 오에스에이에 모집되어 정교하게 훈련된 육군 경찰로, 10세기 어둠의 왕자 헨리 파울

오퍼레이션 플래시포인트 1985년 냉전을 배경으로 제작된 일인칭 전략 슈팅 게임이다. 플레이어는 데이비드 암스트롱이라는 병사의 역할을 수행하며 보급, 차량 조작, 순찰, 공습 등 다양한 임무를 맡는다.

러의 환생인 하인리히와 그가 이끄는 유전자 조작 슈퍼 솔저의 군대를 막기 위해 캐슬 울펜슈타인 성으로 가는 임무를 맡는다.

대부분의 슈팅 게임에서와 같이 당신의 캐릭터는 죽기 전에 큰 피해를 볼지 모른다. 캐릭터가 죽을 때까지 정말 많은 탄약이 필요하고, 그는 게임 내내 체력을 보충하기 위해 체력 회복 수단을 찾을 것이다. 강인한 적과 맞서면서도 특수 무기(한 번에 열두 개의 탄환을 쏘는 베놈 총 같은)로 상대에게 막대한 피해를 주고 자신이 피해를 당해도 상당한 정도로 버틸 수 있다는 사실은 플레이어인 당신을 꽤 슈퍼히어로처럼 느끼게 해 준다. 실제로 게임을 성공적으로 마쳤을 때, 당신은 어떤 열대 섬에서 쉬고 있는 자신을 상상하면서 워싱턴에 있는 블라스코비츠(당신)의 상사가 당신이 잘한 일이 무엇이고 현재 시점에서 주요 역할과 책임을 어떻게 이행하고 있는지에 대해 이야기하는 짧은 영상을 보게 된다. 하지만 이 영상은 블라스코비츠가 손에 기관총을 들고 선반에서 뛰어내려 여러 나치와의 또 다른 전투에서 맹활약하는 모습이 담긴 극적인 장면으로 이어진다. 이것이 그의 역할과 책임 수행 방식이다.

리턴 투 울펜슈타인과 같은 비디오 게임은 그것을 매력적으로 만드는 다양한 문화 모형을 활용한다. 이런 게임들은 영웅을 초인으로 취급하고, 전쟁('정당한' 이유를 위한)을 영웅적으로 보는 문화 모형을 적용한다. 또한 특히 남성들 사이에서 매우 널리 퍼져 있는, 즉 어떤 상황에서든 무슨 일이든 패거리에 맞서 홀로 싸우는(그리고 심지어 패배하는) 것을 낭만적으로 바라보는 문화 모형(사람들이 스포츠 경기에서 못하는 팀이 잘하는 팀에 대항하는 상황을 시청할 때 종종 유발되는 모형)을 사용한다. 그리고 특히 미국에 널리 퍼져 있는 문화 모형을 적용하여 집단에 대항하는 개인을 낭만적으로 묘사한다.

이것에 특별히 잘못된 것은 없다. 일반적으로 사람들은 자신의 문화 모형을 확인하면서 즐거워하는데, 특히 비디오 게임의 경우에는 일련의 문화 모형이 실제로 작동하는 것을 보면서 즐거움을 얻는다. 결국, 이 모형 중 상당수는 책과 미디어를 통해서 선택되지만, 현실 세계의 실제 경험에서는 그만큼 많이 선택되지 못한다. 하지만 나는 이런 모형이 결코 도전받지 않거나 분명하게 성찰되지 않는다면, 그것은 뭔가 잘못된 것이라고 생각한다.

몇몇 현대 슈팅 게임은 이런 만연한 모형에 흥미로운 방식으로 대응하기 시작했다. 씨프 죽음의 그림자, 메탈 기어 솔리드 4: 건즈 오브 더 패트리어트와 같은 게임은 전체적으로 데이어스 엑스: 인비저블 워나 노 원 리브스 포에버: H.A.R.M의 스파이의 일부분, 그리고 현대적으로 정교하게 만들어진 수많은 슈팅 게임과 같이 전쟁의 은밀함과 교활함을 강조한다. 사실, 이런 경향성은 듀크 뉴켐과 시리어스 샘과 같이 적진으로 돌격해 들어가 주변의 모든 것을 사격하는 슈팅 게임들의 '옛날 호시절'에 대한 향수를 불러일으킬 만큼 강력하다(듀크 뉴켐: 맨해튼 프로젝트에서 뉴켐 공작의 좌우명은 "그것이 내 길이거나 혹은 … 지옥, 그것이 내 길이다."다). 이 전략은 수많은 현대 슈팅 게임에서 당신을 빨리 죽게 만드는 길이기도 하다(예를 들어 레지스탕스: 폴 오브 맨 또는 기어즈 오브 워와 같은 게임의 여러 상황에서 당신은 전략적으로 엄폐물 뒤에 있어야 한다).

그러나 이런 전략 중 어느 것도 오퍼레이션 플래시포인트: 냉전의 위기와 같은 게임을 준비하는 데에는 소용이 없다. 이 게임은 당신이 책과 영화에서 배운 전쟁에 대한 모든 문화 모형을 재빨리 바로잡아 주는 현실적 군사 게임이다. 이 게임은 리턴 투 울펜슈타인과 같은 게임과 너무 극명하게 대조되어서, 게임의 플레이어가 영웅적인 슈팅 게임이 강화하는 문화 모형에 의식적으로 맞서지 않을 수 없게 만든다.

오퍼레이션 플래시포인트는 소련의 미하일 고르바초프 대통령이 집권했던 때처럼 냉전 시대를 배경으로 한다. 이 게임은 섬 공동체를 장악한 불만 가득한 악당 소련 군대와 소련의 요청에 따라 파견된 나토 평화 유지군 간의 전투를 중심으로 전개되는 허구적 이야기를 따라간다. 게임의 플레이어는 30개가 넘는 미션에서 데이비드 암스트롱 일병의 역할을 맡게 되는데, 그의 임무는 대규모 분대의 요원으로서 작은 마을을 공격하고, 차량을 지휘하고, 저격 공격을 시작하고, 나중에는 분대장 역할을 하는 것이다. 게임 초반에 당신은 다른 분대원들과 함께 차후 임무에서 살아남기 위해 애쓰면서 컴퓨터 인공지능이 제어하는 지도자를 따라다니게 되고, 이후 진급하여 결국 전투로 단련된 사령관이 된다.

오퍼레이션 플래시포인트는 완전히 현실적이다. 총알 하나만으로도 당신을 완전히 죽이거나 무력화시킬 수 있다. 상대 병사들이 멀리서 당신을 쏠 수 있고, 발견하기 어려운 은신처에서 당신을 저격할 수도 있다. 적은 종종 실제보다 훨씬 큰 덩치로 당신의 눈앞에 마주하는 게 아니라 수평선에 놓인 작고 치명적인 점으로 등장한다. 이 게임에서 당신이 찾을 수 있는 체력 회복 수단은 없다. 운이 좋으면 전장에서 아주 가끔씩 위생병을 찾아 달려갈 수 있다. 하지만 조금이라도 방심하면 총알이 어느 방향에서 날아오는지 알지 못한 채 총에 맞아 전사하고 만다.

오퍼레이션 플래시포인트에서 만일 당신이 마치 람보가 되어 모든 총을 영웅적으로 발포하며 뛰어나가려 한다면, 게임질라닷컴의 리뷰처럼 두말할 것 없이 "다음 날 비행편으로 미국으로 배송되는 검은 시신 가방에서 당신을 찾아야 할 것이다." 컴퓨터로 제어되는 분대원과의 협력은 생존을 위해 필수적이다. 잘 훈련된 적들의 수가 당신 편보다 훨씬 더 많은 상황이 여러 번 벌어진다. 일이 잘못되면 종종 위장을 한 상태에서 수풀 속에 숨어 있어야 한다. 하지만 일단 발포가 시작되면, 적이 그 소리를 듣고 당신의 위치를 예측하여 공격할 가능성이 높다(당신은 죽는다).

나는 오퍼레이션 플래시포인트: 냉전의 위기를 통해 이전에 없던 전쟁에 관한 매우 다른 문화 모형을 갖는다는 것이 어떤 것인지를 경험할 수 있었다. 초반에 나는 사령관을 따라 분대와 함께 적을 찾기 위해 숲 가장자리와 들판을 헤집고 다니는 나(암스트롱 병사)를 발견했다. 나는 어떻게 움직여야 하는지 전혀 몰랐다. '일반인'으로서 나의 성향은 그냥 일어서서 빨리 전진하는 것이었다. 하지만 그러다가 나는 멀리서 쏜 총에 맞아 죽고 말았다. 사실은 총을 쏜 적군을 아예 보지도 못했다.

다시 게임을 플레이하면서 나는 (컴퓨터로 제어된) 분대원들이 어떻게 움직이는지 지켜보았다. 종종 그들은 웅크린 자세로 앞으로 전진했고, 땅바닥에 잔뜩 몸을 낮추어 머물렀다. 그들은 직선으로는 거의 움직이지 않았고, 자주 멈추어 주변의 지평선을 확인했다. 위험을 감지했을 때는 땅에 엎드린 후 잠시 포복해서 앞으로 이동했다. 그들의 전진 속도는 엄청나게 느렸다. 당신은 적들을 보기 전에 적들이 당신을 잘 볼 수 있다는 것을 알고, 어디에든 위험이 도사리고 있다는 감각을 길러야 했다. 오랜 시간 동안 아무 일도 일어나지 않았고, 지루함이 나를 덮쳤다. 그러다 갑작스레 내 무전기로 정보가 들어오거나 지휘관이 명령을 외치면 엄청난 총격전과 함께 전쟁터는 아수라장이 되었다. 내가 죽기 전에 즐길 수 있는 시간이 거의 없었고, 미리 방호책이나 퇴로를 생각하지도 못했다.

게임의 초반 에피소드에서 (더욱 능숙하고 더욱 '편집증적으로') 분대원들과 함께 움직이면서 한층 고무된 기대와 낙관으로 작전에 임했다. 결국 우리는 '좋은 사람들'이었다, 그렇지 않은가? 우리는 고도의 자격을 갖춘 (나는 결국 단지 사병이었지만) 장교와 함께 잘 훈련된 전문 군대에 속해 있었다, 그렇지 않은가? 하지만 몇 번이고 일이 계획대로 진행되지 않았다. 우리는 계획을 바꾸고, 후퇴하고, 재편성하거나, 아니면 패한 후 퇴각해야 했다. 승리는 간단한 문제가 아니었으며, 한 발짝 앞으로 전진할 때마다 두 발짝 뒤로 후퇴하는 느낌이었다. 나는 종종 분대장으로부터 직접 또는 무전기를 통해 명령을 받았지만, 도대체 '큰 계획'이 무엇인지 언제나 알지 못했다. 단지 아는 게 있다면 우리 분대가 달성해야 할 것이 무엇인지와 그것이 현장의 실제 전투 상황에 따라 변경되었다는 것뿐이었다.

명령에 대해 말하자면, 내가 자주 재빨리 행동을 취해야만 하는 상황에서 명령이 떨어졌다. 하지만 이런 명령은 여러 번 나를 혼란에 빠뜨렸다. 예를 들어 어떤 경우에는 장교가 내게 특정 방향으로 이동하여 특정 위치를 점하도록 명령하자마자 곧바로 그가 사살당하는 일이 벌어졌다. 장교가 방금 총을 맞았는데도 나는 지금 그의 명령을 따라야 하는 걸까? 물론 명령에 대한 확신은 생기지 않았다. 또 다른 경우에는 곧이곧대로 명령을 따르는 것보다 분명히 훨씬 더 안전하고, 때로 내 관점으로는 더 현명하게 할 수 있는 일들이 있었다. 뭘 해야 할까? 얼마나 정확하게 이 명령을 따라야 하는 걸까? 내가 할 수 있는 판단의 여지는 무엇일까? 이렇게 망설일 때 가끔은 호통을 듣기도 했다. 어떤 때는 장교가 내 행동의 세부 사항을 관찰하기에는 내가 너무 멀리 떨어져 있기도 했다.

우리가 목표를 훌륭하게 달성했을 때, 내가 '승리'에 얼마나 많이 기여했는지나 얼마나 적게 기여했는지를 알지 못했다. 예를 들어 부대가 마을 외곽에 있는 적의 진지를 공격한 적이 있었다. 나와 동료들은 총격전 중에 전진하라는 명령을 받았으며, 동료 병사 중 일부는 후방에서 적들을 저격하기 위해 뒤에 머물러 있었다. 나는 전진하여 총을 쏘고 반격을 피했다. 우리는 '승리'했지만, 내가 적 중에 누구라도 무력화시켰거나 주어진 임무에 기여했는지는 전혀 알 수 없었다(부분적으로는 내가 정상에 도달한 첫 번째 군인이 아니었기 때문인데, 이에 대해서는 다음 단락을 보라). 분대 전체가 칭찬을 들었지만, 이 문제에 관해 얼마나 좋게 (또는 나쁘게) 생각해야 하는지 알 길이 없었다.

마지막으로 게임 초반에 나는 중요하지만 매우 실망스러운 원칙 하나를 발견했다. 나는 앞서 내가 분대원들을 관찰함으로써 이동 방법 같은 좋은 것들을 알게 되었음을 밝혔다. 하지만 나는 또한 전투 중 가장 안전한 위치로 가는 방법은 다른 분대원들과 함께 이동하면서도 그들 뒤에서 움직이는 것임을 알게 되었다. 앞서 이동하는 이들은 신속하게 결정을 내리고 첫 발포를 해야 한다. 다른 이들의 후방에 머무르는 것은 그다지 '남자답지 않게' 느껴졌다. 하지만 나는 특히 현장에서 전진 이동에 대해 가장 잘 알고 있으며 최선의 결정을 내릴 수 있을 것으로 보이던(그러나 항상 그런 것은 아님) 장교들 뒤에서 이동하는 것(너무 가깝지 않게)을 선호했다.

이것이 낭만적이고 영웅적인 전쟁이 아니라는 것을 지금까지 충분히 설명했다. 다음은 이 게임을 통해서 전쟁에 관해 내가 선택하게 되었던 몇 가지 문화 모형이다. 이중 어느 것도 리턴 투 캐슬 울펜슈타인의 플레이 경험과 동떨어져 있지 않다.

- 전쟁은 대부분 지루하다.
- 병사들은 마치 만성 편집증이 있는 것처럼 움직여야 한다.
- 전쟁은 흥미진진하기도 하지만 혼란스럽기도 하다.
- 명령 복종은 모호하고 성가신 일이다.
- 일이 계획대로 진행되지 않는다.
- 현장의 상황은 사람들이 가진 일반적인 생각이나 계획과 다르다.
- 누구도 상부층이 무엇을 알고 있는지, 자신들이 무엇을 하는지 실제로 알고 있는지 알지 못한다.
- 실제 전장에서 당신 옆에 있는 이들은 종종 자신들이 무엇을 하고 있는지 안다. 당신이 한 개인으로서 무엇을 공로로 인정받을 수 있는지 알기는 어렵다.
- '남자다운' 행동은 종종 당신을 빨리 죽게 하고, 람보식의 행동은 심지어 더 빨리 죽게 만든다.

이것들은 이미지, 원리, 또는 이야기의 줄거리이기 때문에 문화 모형들이다. 하지만 나는 이것들이 진실인지 정말 '알지' 못한다. 나는 게임의 경험을 바탕으로 이것들을 선정했고, 한 사람의 경험은 항상 특정 집단 및 특정 상황과 연결되어 제한적이고 지엽적이며, 결코 과학적으로 '타당화'되기 어렵다. 이런 문화 모형들은 한 개인이 자신의 경험을 조직하고 이해하게 도우며, 계속해서 당면한 일(이 게임의 경우에는 전쟁을 계속할 수 있을 만큼 캐릭터가 충분히 오랫동안 살아남는 것)을 완수할 수 있도록 지원한다. 물론 실생활에서 사람으로 사는 것과 가상 캐릭터로서 게임을 하는 것은 다르다. 내 경우에는 진짜 군인이 되고 싶은 소망이 전혀 없었고, 오퍼레이션 플래시포인트를 한다고 해서 내 욕망을 바꾸고 싶은 마음도 생기지 않았다. 그러나 이런 게임을 하면서 미디어가 전쟁을 묘사하는 방식에 대해 걱정하게 되었고, 전쟁에서 특히 하위 직급의 위치에서 싸워야 하는 모든 이들에 대해 크나큰 연민의 감정을 갖게 되었다.

학교의 문화 모형

문화 모형은 학교에서도 중요한 역할을 한다. 과학 교실에서 구체적인 예를 찾아보자. 물리 수업을 듣는 고등학생들이 수평면에서 구르는 공이 일정한 속도로 계속 움직일지 토론하고 있다. 학생들은 이상적인 조건(가령 마찰을 없애고 공의 진행을 가속화하거나 지연시키는 힘이 없다고 가정되는)에서 공이 일정한 속도로 계속 움직인다는 갈릴레오의 주장에 대한 강의를 이미 들었다.

토론 중에 한 학생이 "공을 움직이게 하는 것은 무엇이죠?"라고 질문한다. 이에 다른 학생이 "그 뒤에 있는 힘입니다."라고 대답한다. 질문을 한 학생은 "그것을 밀어붙이는 힘이 물체를 가게 할 거예요."라고 응대한다. 그러나 또 다른 학생은 "힘이 없는데 그 힘은 어디에서 왔을까요?"(물론 갈릴레오와 현대 물리학의 가정) 라고 말하고, 다른 학생은 "아니, 힘이 있어요. 밀어붙이는 힘은 있 지만 속도를 늦추는 힘은 없어요."라고 반응한다. 교사는 어떤 학 생들은 공에 작용하는 힘이 없다고 말하고 또 어떤 학생들은 '공 을 움직이는 힘'이 있다고 말했던 것을 다시 한 번 정리한다. 한 학 생은 이제 "처음에 공을 움직이게 한 그 힘이 에너지를 제공한 것 이에요."라고 말한다.

이 장면에서, 그리고 많은 물리학 교실에서 일부(대부분인) 학 생들은 어떤 힘이 물체에 지속적으로 작용하기 때문에(이 힘에 의 해 공이 '밀리고' 있다) 또는 물체가 초기에 작용한 힘('밀기')으로부 터 에너지를 저장했기 때문에 움직이는 물체는 계속해서 움직이 는 것이라고 가정하는데, 그 저장된 에너지가 일종의 '추진력'(그 자체가 물체에 작용하는 내부 힘과 같으며 점차적으로 '감소'하는 힘)이 라고 주장한다. 그러나 물리학이라는 기호 영역의 관점에서 볼 때, 물체는 어떤 힘이 상태를 변경하지 않는 한 계속해서 정지 상태에 있거나 일정한 움직임을 유지한다. 일단 이 상태가 변경되면, 다른 힘이 이 상태를 바꿀 때까지 현 상태(움직이거나 멈추어 있는 상태) 를 유지하는 것이다. 물리학에서는 물체가 계속 움직이거나 정지 해 있는 이유를 설명할 필요가 없다. 따라서 움직이는 물체가 저 장한 '추진력'(존재하지 않는 '힘')에 호소할 필요가 없는 것이다. 움직이는 것이 가속하거나 느려지는 상황, 정지해 있던 것이 움직이는 상황만 설명하면 된다. 따라서 이 경우에 우리는 물체에 어떤 힘이 작용했다고 가정해야 한다.

물론 현실 세계에서는 거의 항상 어떤 힘이 작용해 물체의 움직임을 변경(속도를 높이거나 늦춤)하기 때문에, 물체가 일정 시간 동안 일정한 움직임을 유지하는 경우가 거의 없다. 그리고 현실 세계에서 물체가 정지 상태에 있을 때는 종종 그것의 움직임을 변화시키려는 반대 힘이 작용하기 때문에, 물체가 현 상태를 유지하기 위해서는 많은 힘이 필요하다. 갈릴레오는 이상적인 세계, 예를 들어 표면과 표면 사이에 마찰이 없고 공의 움직임을 교란할 만한 것이 없는 환경을 가정했다. 또한 이 문제가 중력의 힘과는 무관하도록 공이 평평한 면 위에서 수평으로 구르는 것으로 가정했다(중력 덕분에 공이 아래로 떨어지면 가속될 것이다). 그는 이 현상에서 작동하는 기본 패턴이나 기본 원리가 명확하게 표현될 수 있도록 이상적인 방식으로 물체에 대해 생각하고 싶었다. 즉, 정지해 있는 것은 계속해서 정지 상태에 있고 일정한 속도로 움직이는 물체는 그 상태를 변경하기 위해 어떤 힘이 작용하지 않는 한 일정한 속도로 계속 움직인다는 원리다.

이것은 세상을 보는 신선하고 색다른 방식이다. 물리학에서는 일정한 속도로 움직이거나 정지 상태에 있는 물체를 설명할 필요가 없다. 설명이 필요한 것은 변화다. '일상의' 경험 세계에서 사물은 항상 변하기 때문에, 종종 우리가 설명해야 할 것은 특정 사물이 이러한 변화에 저항하여 일정한 상태를 유지하는 방법인 것이다.

물리학자들은 현실 세계에 적용될 수 있는 우아한 수학적 모형을 발견하기 위해 이렇듯 이상적인 세계의 관점에서 현상에 대해 생각하기를 좋아한다. 그 모형이 실제 세계에 적용될 때, 우리는 거기서 빠진 것들(마찰과 같은)에 대해서 생각해야 한다. 이렇게 추가적인 것들이 함께 고려될 때, 이 우아한 모형은 실제 세계에 관해 다면적으로 정확한 예측을 하게 된다.

대부분의 학문 분야가 이와 같은 방식으로 작동한다. 학문 영역에서는 미래의 다른 상황에서는 다른 방식으로 더욱 복잡하게 적용될 수 있는 기본 패턴을 공식화하기 위해 현재의 무수한 세부 사항을 생략한다. 예를 들어 일부 경제학 분야는 사람들이 자유 시장에서 행동할 때 항상 합리적이라는 가정하에 작동한다. 이를 통해 경제학자들은 시장이 이상적인 의미에서 어떻게 움직이는지에 대한 원리를 생각하고 발견할 수 있다. 물론 현실 세계에 대한 예측을 하고 싶다면, 사람들이 여러 가지 비합리적인 행동을 하거나 시장이 완전히 자유롭지 않게 되는 상황들을 추가로 조정해야 한다. 이렇게 어떤 경제학 원리가 나중에 추가로 조정(상황에 따라 다른 조정)됨으로써 좋은 예측을 할 수 있다면, 경제학자들의 이상적인 가정은 좋은 것이다.

아이러니하게도 이런 진행 방식, 즉 기본 패턴을 얻기 위해 많은 세부 사항을 생략하는 것은 문화 모형의 작동 방식과 크게 다르지 않다. 사람들은 경험으로부터 문화 모형을 형성하는데, 그들이 취하는 전형적 사례들을 정확하게 설명하기 위해 다른 많은 세부 사항을 생략한다. 과학 모형은 일상생활과의 무의식적인 만남이 아니라, 사회적으로 조직된 과학적 조사 과정(가령 공식적인 연구 및 동료 평가)을 통해 구성된다. 더욱이 과학 모형과 문화 모형은 존재 이유가 다르다. 과학 모형은 세계의 어떤 측면들이 형식적이고 의식적으로 공식화된 질문에 대한 답으로서 어떻게 기능할 수 있는지를 설명하려고 시도하는데, 때로는 과학자들이 다루는 세계의 그런 측면들은 우리가 일상생활에서 경험하는 것이 아니다(가령 원자). 문화 모형은 우리가 '일상'을 살아가는 데 도움을 주기 위해 존재하며, 물질세계에서의 일상생활이나 사회·문화적인 일에 덜 전문적이고 덜 의식적으로 반영되는 경우가 많다.

앞서 예로 든 고등학교 물리 수업에서 일부 학생들의 문화 모형은 물리학자들이 사용하는 과학 모형과 충돌했다. 학생들은 이런 사실을 깨닫지 못했고, 상충하는 문화 모형의 작동을 (잠시) 중지하고 물리학자들의 모형으로 생각해 보거나 행동해 보지 못했다. 이 학생들이 사용하고 있는 상충하는 문화 모형 중 하나에 대해 잠시 생각해 보자.

수많은 과학 교육 연구에 의하면, 학생들은 종종 운동이 힘에 의해 발생한다는 개념을 어떤 형태로든 물리 수업 시간에 가지고 들어온다. 그들은 물체가 움직이고 있다면 그 움직임을 만드는 힘이 있어야 한다고 믿는다. 일반적으로 과학 교육 연구에서는 이런 현상을 물리학을 모르는 사람들이 흔히 범하는 실수인 '오개념'이라고 말한다. 문제는 학생들이 물리학 수업을 많이 듣고 그것이 '실수'라는 것을 알게 된 후에도, 계속해서 이런 '실수'를 범한다는 것이다.

운동이 힘에 의해 발생한다는 생각을 버리기 어려운 이유는 실제로 그것이 '실수'가 아니기 때문이다. 오히려 그것은 일종의 문화 모형이며, 이 모형은 물질세계에서 우리의 경험을 바탕으로 구축된 것이다. 대부분 또는 모든 인간은 다음과 같은 모형을 가지고 있다. "물체는 어떤 형태의 힘이나 동인이 지속적으로 작용하기 때문에 계속해서 움직인다." 모든 모형과 마찬가지로, 이 모형은 옳지도 틀리지도 않다. 오히려 이 모형은 많은 상황에서 잘 작동한다. 그렇기 때문에 우리는 보통 의식적인 생각 없이 이 모형을 가정함으로써 현상을 완벽하게 잘 이해할 수 있게 된다. 예를 들어 우리는 엔진이 바퀴에 계속 동력을 공급하기 때문에 자동차가 계속 달리고 있다고 가정한다. 전기가 계속 흐르기 때문에 조명은 계속 작동한다. 인간은 어떤 수준에서는 (지속적) '의지'가 있기에 움직일 수 있고, 다른 수준에서는 음식에서 비축된 에너지가 세포와 팔다리에 연료를 공급하기 때문에 움직인다.

우리가 이것을 물리적 모형이라고 말하는 것이 타당하겠지만, 이는 또한 사회 문제에도 적용되므로 사회적 모형이기도 하다. 그리고 사실 이 모형은 물리적 세계와 사회적 세계 모두에 적용되는 바로 문화 모형인 것이다. 우리는 무언가가 동기를 부여하기 때문에 학생들이 계속 공부를 하고, 사람들이 노력을 기울이기 때문에 인간 관계가 지속된다고 가정한다. 일반적으로 사람들은 자신이 하는 일을 하고 또 계속하는데, 왜냐하면 그들은 의지나 욕망 등을 통해 자신에게 계속할 수 있는 권한을 부여하는 '주체'이기 때문이다. "어떤 형태의 힘이나 동인이 지속적으로 공급되기 때문에 일들이 계속 작동한다."라는 모형은 우리의 육체적, 사회적 경험에 깊이 뿌리를 두고 있다. 물론 서로 다른 문화적 집단은 어떤 종류의 사물이 힘이나 동인의 원천(가령 영혼, 신, 오래전에 죽은 조상, 신성한 것으로 보이거나 생기로 간주되는 환경의 일부)이 될 수 있는지 또는 없는지에 대한 서로 다른 문화 모형을 가지고 있기도 하다.

하지만 이런 문화 모형(운동이 힘에 의해 발생한다는 특정한 물리적 사례에서 기인한)이 다른 많은 영역에서 아무리 정확하더라도 물리학에서만은 잘못된 것이다. 만일 당신이 교사로서 이 모형의 영향력을 깨닫지 못하거나 혹은 그것을 견지하고 있는 학생들을 잘못 응대한다면(예를 들어 그들이 어리석거나 혹은 잘못 배웠다고 말하는 것), 학생들이 그들의 모형이 물리학에서는 잘못된 것이며 물리학에서 더 잘 작동하는 다른 모형을 선택해야 한다는 점을 깨닫게 하기 어려울 것이다. 따라서 학생들의 모형이 모든 상황에서 잘 못되었다고 암시하는 대신에, 교사는 학생의 모형을 그들의 의식 수준으로 끌어올려 새로운 상황에 적합한 사고방식과 병치해야 한다.

또한 당신은 물리학자들이 생각하는 방식(적어도 물리학을 수행할 때 이 문화 모형을 사용하지 않는 방식)을 학생들이 말로만 이해하는 것이 아니라, 학생들이 원래 모형을 얻게 된 동일한 물리적 세계 안에서 구체적인 사고와 행동의 측면에서 물리학자들이 생각하는 방식으로 합리적이고 명확하게 이해할 수 있도록 도와주어야 한다. 결국 사람들의 문화 모형이 일상의 경험 세계에서 나온 것처럼, 물리학자들의 과학 모형도 세계에 적용할 수 있는 물리학이라는 기호 영역에서의 경험(세계 안에서 그리고 세계에 대한 문제 해결, 사고, 대화를 통한)에서 비롯된다. 물리학의 기호 영역은 모든 전문 영역과 마찬가지로 '일상'의 사람들이 하는 것과는 다른 방식으로 세상을 이해하고 움직이지만, 그것은 여전히 물질세계에서 작동한다.

학생들은 수업 시간에 다양한 문화 모형을 가지고 온다. 예를 들어 무엇이 '좋은 영어'인가에 대한 문화 모형(가령 "교육을 받은 사람들은 좋은 영어 혹은 바른 영어로 말한다."와 같은)은 언어학을 배울 때 특히 문제가 된다. 또한, 나와 같은 언어학자에게는 "내가 가는 곳마다 강아지가 나를 따르곤 한다(My puppy be following me everywhere I go).”와 같이 말하는 방언도 그렇지 않은 방언만큼이나 충분히 규칙에 따른 '좋은' 것이라는 사실을 학생들이 알게 되었을 때도 문제가 된다(사실, 어떤 일이 반복적으로 또는 습관적으로 발생함을 의미하기 위해 'be'와 같은 형태를 사용하는 문장 구성은 전 세계 언어에서도 드물지 않다).

학생들은 학교에서 배우는 교과목에 관한 문화 모형(가령 과목으로서 '물리'가 무엇인지) 및 학습에 관한 문화 모형(가령 무엇이 학습인지 또는 학교에서 학습이란 어떤 것이어야 하는지)도 교실에 가지고 들어온다. 예를 들어 물리학 또는 기타 학문 영역과 관련하여 많은 학생은 "학습은 일련의 사실을 숙달하는 문제다."라는 문화 모형을 가져온다. 또한 "학습은 교사와 책이 전달하는 정보를 암기하는 문제다."라는 모형을 가져올 수도 있다.

이 모형이 '잘못된' 것은 아니다. 실제로 많은 학교의 일상은 이를 강화하는 방식으로 움직인다. 하지만 당신이 지금 여기까지 이 책을 잘 이해했다면, 당신은 이런 학습 모형이 많은 경우 불행한 것이라는 나의 생각을 확실히 알 수 있을 것이다. 그래서 학생들이 학교에서 교과 내용 학습의 모형을 채택하고자 할 때, 교사는 그들 마음속에 불행한 모형이 존재한다는 점을 분명하게 알아야 한다. 동시에 학생들은 왜 자신이 그런 모형을 가지고 있는지, 어떤 경우에 그것이 작동하거나 작동하지 않는지, 무슨 이유로 말과 행동을 통해서 새롭고 색다른 모형을 채택하고 싶어 할지 생각해 보아야 한다. 물론 내가 옹호하는 새로운 모형은 내가 이 책 전체에서 강조해 왔던 일종의 능동적이고 비판적인 학습을 수 반한다.

학습과 비디오 게임의 문화 모형

좋은 비디오 게임은 플레이어가 학습에 대해 이전에 상정했던 문화 모형을 의식적으로 인식하도록 만드는 강력한 방법을 제공 한다. 사실 좋은 비디오 게임은 전 세대에 걸친 전형적 학습 방법 들을 구성하고 있는 문화 모형을 드러낸다. 베이비 붐 세대의 학 습 모형은 여전히 학교에서 매우 널리 퍼져 있으며, 많은 교사, 관 리자, 학부모가 실제로 베이비 붐 세대다. 이 점을 감안할 때, 오늘 날의 아이들은 적어도 학교에 있는 동안에는 이 모형에 가장 확실 하게 노출되며, 그것을 무비판적이고 무의식적으로 채택하는 경 우도 많을 것이다.

하지만 좋은 비디오 게임은 베이비 붐 세대에게 학습에 대한 대안적 시각을 제공한다. 예를 들어 유명한 게임 시리즈인 메탈 기어 솔리드(가령 메탈 기어 솔리드, 메탈 기어 솔리드 2: 선즈 오브 리버티, 메탈 기어 솔리드 3: 스네이크 이터, 메탈 기어 솔리드 4: 건즈 오브 더 패트리어 트)를 생각해 보자. 메탈 기어 솔리드에서 당신은 솔리드 스네이크

메탈 기어 솔리드 일본의 게임 디자이너 코지마 히데오가 개발한 1인칭 슈팅 게임이자 잠입 게임이다. 플레이어는 주인공 솔리드 스네이크의 시점에서 테러 집단을 소탕하는 임무를 수행하는데, 이 과정에서 스네이크는 자신을 둘러싼 진실에 도달하게 된다.

(역사상 가장 유명한 비디오 게임 캐릭터 중 하나)이며, 테러리스트가 점령한 알래스카 군사 기지에 침투하도록 요청받은, 유전적으로 강화된 반테러리스트다. 테러리스트들 또한 유전적으로 강화되었는데, 일부는 그의 형제 리퀴드 스네이크처럼 솔리드 스네이크가 과거(메탈 기어 및 메탈 기어 2: 솔리드 스네이크와 같은 초기 게임)에 마주쳤던 적들이다. 테러리스트들은 '메탈 기어'라는 거대한 로봇에 핵탄두를 장착하고, 그들의 요구가 충족되지 않으면 미국으로 발사하겠다고 위협한다. 솔리드 스네이크는 군사 기지에 침투하여 궁극적으로 메탈 기어를 파괴하려고 시도하면서, 자기 자신에 대

해 그리고 사랑과 충성심에 대해 많은 것을 깨닫게 된다. 게임 중간에 솔리드 스네이크가 고문에 굴복하지 않는다면, 그의 위대한 사랑이자 동료 전사인 메릴이 살아남게 될 것이고, 결국 게임이 끝날 때는 둘이 함께 일몰 속으로 향하게 될 것이다(그가 고문을 멈추라고 굴복한다면, 메릴은 살아남지 못한 채 게임은 이와는 다른 결말로 맺어진다).

게임 초반에 당신(3인칭 시점의 솔리드 스네이크)은 수많은 출입문과 발코니가 있으며 안뜰을 향해 여러 개의 방이 위치한 거대한 건물의 그늘 밑에 서 있다. 건물 꼭대기에 고정된 탐조등이 사방을 감시하고 있다. 당신은 탐조등을 피해 어둠 속에 머물다가, 건물 안으로 잠입하여 들키지 않고 목표 지점으로 이동해야 한다.

플레이어가 최대한 간단하고 효율적으로 목표를 향해 이동하려 한다면, 이 게임을 포함한 거의 모든 비디오 게임은 이런 경향성에 벌칙을 줄 것이다. 비록 주요 경로를 따라 목표를 향해 이동하는 것이 지연되더라도, 플레이어는 행동을 취하기 전에 탐색하는 시간을 가져야 한다. 솔리드 스네이크가 건물 본관에 잠입하려는 목표에 곧바로 임하지 않고, 대신 안뜰 쪽 옆방으로 조심스럽게 이동하면 중요한 아이템(가령 무기, 탄약, 도구)을 찾을 수 있게 된다. 안뜰에 주차된 트럭 뒤쪽으로 몰래 들어가면, 탐조등을 피할 수 있을 뿐만 아니라 더 좋은 아이템을 발견할 수도 있다. 안뜰 주변과 건물 가장자리를 몰래 돌아가면, 건물로 잠입하기에는 그다지 확실하지 않은 방법도 확인할 수 있다.

　건물에 들어올 때도 머리 위로 지나가는 배관의 격자 위에 머무르면, 중요한 정보를 엿들을 수 있고 많은 것(투옥된 채 헐벗은 메릴을 포함하여)을 볼 수 있다. 건물의 다른 편 구석구석으로 몰래 들어가면, 유용한 정보들을 얻을 수도 있다. 그러는 사이 솔리드 스네이크는 자신만이 들을 수 있는 통신 장치를 통해 전진 이동하라는 지령과 함께 그 방법에 대한 정보를 받을 수 있다.

　나는 게임을 하는 동안 건물의 경비대가 분명히 직접 해치워야 할 표적으로 보였기 때문에, 돌진하여 그들을 저격한 후 깔끔하게 내 길을 가고 싶다는 유혹에 끌렸다. 하지만 경비대의 수가 당연히 많았기 때문에, 그렇게 하면 나는 죽거나 혹은 심각한 해를 입을 수밖에 없었다. 설령 경비병이 한 명뿐이고 분명히 쉬운 목표처럼 보이더라도, 내가 경비병 뒤의 열린 공간으로 몰래 빠져나가면 숨겨진 카메라에 의해 신속하게 경보가 울리고, 이 때문에 그 경비병을 지원하기 위해 수많은 경비병이 출동했다.

　이런 게임을 통해서 나는 내가 다음과 같은 학습의 문화 모형을 가지고 있음을 알게 되었다. "최종 목표가 중요하고 또 학습을 규정하므로, 좋은 학습자는 다른 요소에 산만해지지 말고 목표를 향해 움직여야 한다."와 "좋은 학습자는 자신의 목표를 향해 빠르고 효율적으로 움직인다."와 같은 것이다. 나는 다른 모형도 가지고 있었다. "좋은 학습자는 목표를 달성하는 데 요구되는 단 하나의 올바른 방법을 발견할 수 있다(나머지 우리는 보통 그렇지 않지만)."와 "학습이란 어떤 이들이 다른 이들에 비해 더 낫다거나 더 못하다는 문제로, 이것은 중요하다."가 그것이다.

이 모형들은 모두 학교에서 반복적으로 경험된다. 이것들은 모두 학습자가 목표를 완수할 때까지 더 좋은 기술을 향해 끊임없이 움직이는 것을 강조하는 단선적 모형이다. 또한 이런 경쟁적 모형은 더 잘함과 더 못함을 강조하면서 잘함과 못함의 기준으로 사람들을 분류한다.

비디오 게임은 대체로 이런 모형에 보상하지 않는다. 비디오 게임들은 비선형적 움직임(자신의 궁극적 목표와 그 목표가 정의하는 숙련도를 향해 빠르게 전진하기보다는 모든 곳을 탐험하는 움직임)과 결국에는 비선형적 움직임에 의해 심화, 변형되는 선형적 움직임 모두를 강조한다. 이들은 다양한 기준으로 판단되는 여러 가지 해결책을 강조한다. 이 기준 중 일부는 게임 내부에 존재하고(당신이 취하는 방책에 따라 상이한 일이 벌어진다), 일부는 게임의 플레이어가 설정한다(자신의 방식으로 문제를 해결하고자 하는 당신은 때때로 다른 방법으로 문제를 해결하기 위해 특정 장면을 반복해서 플레이해 볼 수 있다).

대개가 그러하듯 비디오 게임의 각 구간에 따라 특별히 시간이 정해져 있지 않다면(특정 게임 내에서 또는 일부 실시간 전략 게임에서의 특수한 문제 상황이나 경쟁 시합을 제외하고), 당신이 특별히 그렇게 생각하기로 선택하지 않는 한 얼마나 신속하게 목표를 달성하는가의 문제는 그다지 큰 가치를 지니지 않는다(그리고 게임에서 가장 좋은 부분을 많이 놓칠 수도 있다). 마지막으로, 확실히 더 잘하거나 더 못하는 비디오 게임 플레이어가 있고, 이들이 인터넷을 통해 서로 경쟁적으로 게임할 수도 있을 것이다. 하지만 좋은 비디오 게임은 분명히 탱크 위에서 리퀴드 스네이크와 싸울 때 더 잘 하거나 또는 잘 못하는 사람에 의해서가 아니라, 확실히 자신의 기준을 설정하고 그 기준에 따라 자신이 얼마나 잘하고 있는지를 고민하는 다양한 사람들에 의해 플레이될 수 있어야 한다.

좋은 비디오 게임은 학습에 대해 내가 가진 또 다른 문화 모형에도 도전했다. 마지막으로 예를 들면 나는 다음과 같은 모형을 가지고 있었다. "해결해야 할 문제에 직면했을 때, 좋은 학습자는 첫 시도에 혹은 그 직후에 신속하게 문제를 해결한다. 만일 그가 반복해서 문제를 시도해야 한다면, 이것은 지금 배우고자 하는 것에 능숙하지 않다는 신호다." 대부분의 좋은 슈팅 게임에는 적의 '우두머리'가 있으며, 특히 캐릭터보다 훨씬 더 질긴 생명력을 지닌 강력한 상대가 존재한다. 플레이어는 주기적으로 적의 우두머리를 죽이려고 많은 시간과 노력을 소비한다. 이때 플레이어는 여러 번의 시도가 실패하더라도 절대 포기하지 말고 새로운 전략을 찾아내야 한다.

플레이어가 적의 우두머리를 해치우는 데 성공하면(플레이어

발더스 게이트 발더스 게이트 시리즈의 첫 번째 작품으로, 던전 앤 드래곤 세계의 '포가튼 렐름'을 바탕으로 하는 롤플레잉 게임이다.

가 게임을 끝내고 나면), 어떤 게임은 난도를 더 높게 설정하여 우두 머리를 없애는 과제를 더욱 어렵게 만든다(많은 게임이 비교적 쉬 움, 보통, 어려움, 매우 어려움 등의 등급으로 플레이할 수 있다. 난도에 따라 적이 얼마나 많고 얼마나 강한지 등이 결정된다). 나는 한 젊은 변 호사가 가장 높은 난도의 발더스 게이트의 플레이스테이션 2 버전 에서 최종적으로 적의 우두머리와 다시 결투하는 것을 본 적이 있 다. 그는 진정한 선수였다. 그의 캐릭터는 복잡한 지하 감옥들을 돌아다니고, 여기저기에 숨고, 밖으로 나와 공격한 후 다시 도망가 고, 우두머리 드래곤을 더 효과적으로 공격하기 위해 좁은 구석이 나 협소한 공간으로 유인하면서, 반복적으로 드래곤에게 달려들 고 멀어지기를 반복했다. 그러면서 플레이어는 더욱 강력한 화살과 더 강한 체력을 얻기 위해 다양한 물약과 치유 주문을 사용했다. 전투는 20분 동안 숨 가쁘게 지속되었다. 하지만 결국에는 다리가 하나밖에 남지 않은 드래곤을 둔 채, 변호사는 마법의 화살과 치유 물약이 소진되어 죽고 말았다.

이 변호사는 게임에서 죽게 되었을 때 약간의 불쾌한 언어로 반응하기는 했지만, 결코 실패에 실망하지 않았고 얼굴에 큰 미소를 지었다(학교에서 어려움을 겪고 난 뒤의 학습자와는 달리). 비디오 게임에서 지는 것은 지는 것이 아니며, 쉽게 이기지 않는 것 또는 자신을 실패자로 판단하지 않는 것이 중요하다. 비디오 게임에서는 어려운 것이 나쁜 것이 아니며, 쉬운 것도 좋은 것은 아니다. 앞서 언급한 여섯 살짜리 아이는 비디오 게임에서 쉽거나 어려운 것 중에 무엇이 더 좋은지 질문받은 적이 있었다. 아이는 조금의 머뭇거림도 없이 어려운 것은 언제나 좋은 것이며 쉬운 것은 그렇지 않다고 말했다. 아이들이 학교에서 배울 때도 이렇게 말할 수 있을까?

때때로 꽤 어려운 게임이 될 수 있는 메탈 기어 솔리드에는 솔리드 스네이크가 적의 군사 기지에 침투하면서 자기 몸에 내장된 커뮤니케이션 시스템을 통해 매핑과 레이더 시스템 전문가인 젊은 동양인 여성과 이야기하는 멋진 순간이 있다. 그녀와 솔리드 스네이크는 서로 농담을 주고받으며, 게임의 가상 세계 상황과 실제 세계의 플레이어 모두에게 적용되는 중국 속담으로 각 대화 세션을 끝낸다. 어느 시점에서 그녀는 당연히 솔리드 스네이크에게 속담은 아니지만 거의 동일한 효과를 내는 말을 한다. "비디오 게임을 할 시간이 있다는 게 기쁘지 않아요? 긴장을 풀고 즐겨요."

플레이어가 이 말을 들을 때 스스로 자신이 매우 어려운 문제를 해결하면서 종종 실패하는 데 열중한다는 사실에 대해 정말 잘 알고 있을지도 모르겠다. 하지만 여전히 그들은 게임을 하고, 재미를 느끼고, 스스로 즐기고 있다. 학교에서 아이들이 어려운 문제로 힘겹게 고군분투하면서도 이렇게 말할 수 있다면, 그건 정말 좋은 일이지 않을까? "배움의 시간과 기회가 있다는 것은 행운이잖아요?"라며 미소를 지으며 고개를 끄덕일 수 있다면 말이다.

학습 원리

좋은 비디오 게임에는 다양한 학습 원리가 내장되어 있지만, 여전히 앞으로 더 발전할 수 있는 엄청난 잠재성도 있다. 가령 비디오 게임이 가상 신분과 세계를 자유롭게 만들 수 있다는 측면은 지금도 많은 논란을 불러일으키고 있으며, 의심할 여지 없이 앞으로 훨씬 더 많은 문제를 만들어 낼 것이다.

이 장에서 등장한 몇 가지 학습 원리는 다음과 같다. 다시 말하지만, 각각의 원리는 비디오 게임의 학습과 교실 안 내용 영역의 학습 모두와 관련된다. 세계에 관한 문화 모형 원리는 학습자들이 세계에 대한 자신의 문화 모형에 대해 성찰할 기회를 가져야 한다고 말한다(가령 오퍼레이션 플래시포인트가 전쟁에 관한 문화 모형에 대해 다시 생각하게 만드는 방식처럼). 학습에 대한 문화 모형 원리는 학습자가 학습에 대한 자신의 문화 모형뿐만 아니라 학습자로서 자신에 대해 성찰할 기회를 가져야 한다고 말한다(가령 메탈 기어 솔리드와 같은 게임들이 탐험의 가치와 주요 목표 달성을 늦추는 것에 대해 다시 생각하게 만드는 방식처럼). 기호 영역에 대한 문화 모형 원리는 학습자가 배우고자 하는 기호 영역의 본질에 입각하여 자신의 문화 모형에 대해 성찰할 기회를 가져야 한다고 말한다. 예를 들어 지금 하고 있는 비디오 게임은 어떤 유형인가 또는 어떤 게임이어야 하는가, 무엇보다 먼저 무엇이 그것을 게임으로 만드는가(언더 애쉬는 비디오 게임인가 아니면 테러리스트 훈련인가? 인종 청소는 또한 어떠한가?), 또는 물리학은 실제로 무엇인가(가령 그것은 일련의 사실인가? 우리가 세계에 대해 생각하고 행동하는 방식인가? 특정한 사람들이 참여하는 일련의 사회적 실천인가?) 등을 말이다.

◀ LEARNING PRINCIPLE ▶

- -

30 세계에 관한 문화 모형 원리. 학습자가 자신의 정체성, 능력, 사회적 관계를 훼손하지 않으면서 세계에 관한 자신의 문화 모형을

의식적·성찰적으로 바라보고, 여러 가지로 자신의 문화 모형과 충돌하거나 연결될 수 있는 새로운 모형들을 마주 세워 놓고 비교할 수 있을 때 비로소 학습이 이루어진다.

31 **학습에 관한 문화 모형 원리.** 학습자가 자신의 정체성, 능력, 사회적 관계를 훼손하지 않으면서 학습에 관한 자신의 문화 모형을 의식적·성찰적으로 바라보고, 자신의 문화 모형과 새로운 학습 모형 및 학습자로서의 자신을 마주 세워 놓고 비교할 수 있을 때 비로소 학습이 이루어진다.

32 **기호 영역에 관한 문화 모형 원리.** 학습자가 자신의 정체성, 능력, 사회적 관계를 훼손하지 않으면서 특정 기호 영역에 관한 자신의 문화 모형을 의식적·성찰적으로 바라보고, 자신의 문화 모형을 해당 영역에 대한 새로운 모형과 마주 세워 놓고 비교할 수 있을 때 비로소 학습이 이루어진다.

07

사회적 정신

: 당신은 어떻게 당신의 주검을 되찾아 올 것인가

에버퀘스트와 월드 오브 워크래프트: 사회적 학습

지금까지 나는 게임을 하는 한 개인의 관점에서 비디오 게임에 대해 이야기했다. 경험의 세계를 마주할 때 주로 개인의 신체와 정신에 관한 학습 원리에 집중하고 싶었기 때문이다. 하지만 나는 이런 개인주의적 관점에서조차도 학습이란 물질적, 사회적, 문화적 세계에 자리한 문제라고 주장했다.

나와 연구 조교가 이 책을 준비하면서 여러 명의 게임 플레이어(우리는 학교에 관심이 있었기 때문에 이들 대부분은 5세에서 19세 사이로 나이가 어렸다)를 인터뷰했을 때, 우리는 이들이 대부분 혼자서가 아니라 여러 사람과 어울려 다음의 세 가지 방식으로 비디오 게임을 한다는 것을 발견했다(나이가 어린 게임 플레이어는 일반적으로 첫째 번 방식만 사용하고, 십대 이상 플레이어는 세 가지 방식을 모두 활용한다).

1   플레이어는 컨트롤러(조종장치) 여러 개를 하나의 비디오 게
    임 플랫폼에 연결할 수 있다(가령 엑스맨 레전드 II: 라이즈 오브 아
    포칼립스 또는 마블 얼티밋 얼라이언스).

2   플레이어는 랜선으로 여러 대의 컴퓨터를 네트워크로 연결하
    여 같은 장소에 있지 않더라도 서로 대결할 수 있다(가령 헤일
    로 또는 카운터 스트라이크).

3   가장 인기 있는 선택지는 플레이어가 특별한 인터넷 사이트에
    접속하여 전 세계 수천 명의 플레이어들과 함께 게임을 하는
    것이다(월드 오브 워크래프트 또는 영웅들의 도시).

어떤 게임은 온라인으로만 할 수 있지만, 다른 많은 게임은 싱
글플레이어 모드와 온라인 모드를 모두 할 수 있다(실제로 게임 비
평가들은 싱글플레이어 모드에서만 되는 게임에 대해 비판하는 경향이
있다.)

온라인 게임이 처음 시작되었을 때 플레이어는 여러 캐릭터로
게임을 하면서 지하 감옥인 던전을 누비는데, 그들이 누비는 바로
그 우주는 전적으로 텍스트로 구성되어 있었다. 플레이어는 주변
의 환경이 어떠하고, 무엇을 완수해야 하며, 자신이 여러 가지 행
동을 할 때 어떤 결과가 일어나는지를 알려 주는 텍스트를 읽는

다. 이제 플레이어는 시각적으로도 아름답고 온전하게 실현된 3차원 세계를 통해 이동한다. 그들은 언어를 입력하거나 헤드셋을 통해 말하면 다른 플레이어의 컴퓨터에서 들을 수 있는 기술을 통해 서로 대화할 수 있다. 플레이어들은 자신의 '아바타'인 판타지 가상 캐릭터 역할이나 자신이 이미 형성하고 있는 실세계 정체성의 측면에서, 혹은 이 둘 사이를 전환하면서도 서로 이야기할 수 있다.

에버퀘스트는 대규모 멀티플레이어 온라인 게임 중에서도 상당히 인기 있는 게임이었지만, 이제는 매우 인기가 높은 월드 오브 워크래프트에 의해 추월당했다(사실 나는 에버퀘스트를 제외하고는 이 책에 언급된 모든 게임을 해 보았고, 특히 월드 오브 워크래프트는 수백 시간이나 했었다. 하지만 다음에서 논의할 인터뷰 때문에 에버퀘스트를 예로 사용할 것이다). 에버퀘스트나 월드 오브 워크래프트와 같은 게임의 가상 세계는 여러 대륙과 수많은 도시로 이루어져 있는데, 이곳에서 플레이어는 혼자서 또는 단체로 다양한 퀘스트를 수행한다. 게임 중에 플레이어는 자신에게 도움이 되는 다른 플레이어들과 마주치기도 하지만, 어떤 상황에서는 그들로부터 피해를 입을 수도 있다(가령 판타지 가상 캐릭터가 죽을 수도 있다).

이 게임에서는 몬스터(실제 사람이 아니라 컴퓨터에 의해 제어되고 인공지능이 부여된 캐릭터)만이 유일한 악당이며, 당신은 다른 플레이어가 당신을 죽일 수 없는 (그리고 당신도 그들을 죽일 수 없는) 세계에서 플레이하도록 선택할 수 있다. 또는 다른 플레이어들이

에버퀘스트 판타지 세계관을 중심으로 하는 대규모 다중 사용자 온라인 롤플레잉 게임이다. 탱커, 딜러, 힐러 등의 포지션과 레이드의 개념을 도입한 게임으로 알려져 있다.

나 산중에 서식하는 생명체들에 의해 죽거나 혹은 그들을 죽일 수 있는 세계에서 플레이할 수도 있다.

　이런 게임을 시작하기 위해서는 먼저 캐릭터('아바타')를 만들어야 한다. 에버퀘스트와 월드 오브 워크래프트에서는 캐릭터를 만들 때 사용할 수 있는 다양한 종족, 직업, 기술, 능력의 조합이 등장한다. 예를 들어 에버퀘스트에서 캐릭터 생성은 기본적으로 14개의 직업(음유시인, 종교 지도자, 성직자, 마법사, 마술사, 수도사, 주술사, 용병, 정찰대원, 불한당, 그림자 기사, 무당, 전사, 남자 마법사)과 함께 3개의 인간 문화, 3개의 엘프 문화, 6개의 기타 문화로 구성된 12개의 '종족'으로 나뉜다. 각 종족이 선택할 수 있는 직업은 제한되어 있다. 예를 들어 당신은 오우거 종족의 수도사가 될 수 없다.

당신에게는 종족에 따라 7가지 주요 능력치(힘, 체력, 민첩성, 손재주, 지혜, 지능, 카리스마) 중 자유롭게 배분할 수 있는 여러 능력점수가 제공된다. 그런 다음 당신은 캐릭터의 이름을 지정하고 성별을 선택한 후, 믿고 싶은 신(종교)을 결정한다. 인종, 성별, 계급, 종교는 에버퀘스트의 세계에서 어떻게 사람들이 당신을 대하게 될지를 좌우한다. 또한 당신은 게임에서 서로 지원하고 함께 협력하는 (가령, 특히 강력한 몬스터를 죽이기 위해) 수백 명의 (진짜) 사람들로 구성된 길드 조직에 가입할 수도 있다. 길드의 회원 자격은 게임 중에 다른 사람들이 당신에게 반응하는 방식에도 영향을 미칠 수 있다.

에버퀘스트와 월드 오브 워크래프트의 세계는 수요와 공급에 기반한 자체 경제 구조를 가진 매우 복잡한 공간이다. 특정 아이템(가령 특정 유형의 갑옷 또는 검)의 공급이 부족해지면 가격이 올라간다. 어떤 물건이 흔해지면 가격이 떨어진다. 경우에 따라 이런 게임의 플레이어는 '이베이'와 같은 온라인 경매 사이트에 가서 게임에 필요한 가상 아이템들(캐릭터에게 특별한 힘이나 특별한 종류의 검을 부여하는 장갑과 같은 것)을 실제 돈으로 사고팔 수도 있다. 내가 이 책을 처음 썼을 당시에 어떤 사람은 디아블로 2에서 사용할 가상 아이템을 2,000달러 넘게 주고 구입하기도 했었다. 종종 이런 행위(게임을 시작할 때 서명한 계약에 반하여)는 불법이지만 어디에서나 존재하기 마련이다. 실제로 플레이어들은 이 게임의 가상 통화를 달러에 고정시킨다. 그러면 실세계의 다른 통화들에 견주어 그 값어치를 추정할 수 있다(그리고 이건 전혀 나쁘지 않다).

에버퀘스트나 월드 오브 워크래프트 같은 게임은 어떤 의미에서 결코 끝이 나지 않는다는 사실 때문에 싱글플레이어 게임과는 다르다. 당신은 가능한 최고 수준에 도달할 수도 있지만, 이에 상관없이 원하는 만큼 계속 게임을 할 수도 있다. 자신을 위해 설정한 목표 외에 필요한 최종 목표는 없다.

에버퀘스트, 월드 오브 워크래프트와 같은 게임에서 플레이어들은 서로에 대해 '어그로'를 끌거나 후회할 일들을 자주 한다. 사람들은 에버퀘스트 같은 게임들을 처음 시작할 당시에는 플레이어들이 스스로 단속하면서 선한 행동으로 가득한 이상적 세계를 이루어 나갈 것으로 생각했다. 하지만 게임 플레이어들은 현실의 인간 세계와 다름없는, 수많은 결함을 안고 있는 가상 세계를 만들었다. 그래서 게임 디자이너들은 별도의 서버에 당신이 다른 플레이어들을 죽일 수 없고 그들이 당신을 죽일 수도 없는 분리된 세계를 만드는 등, 플레이어들이 서로의 게임 경험을 망치는 것을 막기 위한 수많은 방법을 고안해 냈다. 물론 몹시 나쁜 행동을 하는 플레이어는 아예 게임에 로그인하지 못하게 할 수 있다. 그러나 탐욕, 권력에 대한 굶주림, 다른 플레이어와의 경쟁, 컴퓨터 시스템 전반을 앞지르기 위해 자신의 지능을 남용하는 엄청난 욕망 같은 매우 인간적인 특성보다 한 발짝 앞서 나갈 수 있는 게임 디자이너는 거의 없다.

동시에 우리 사회가 인종과 계급에 의해 더욱더 분리됨에 따라, 그리고 사람들이 점점 더 가치관이나 라이프스타일이 자신과 비슷한 이들과 많은 시간을 보냄에 따라 월드 오브 워크래프트와 같은 게임은 새로운 '공공 영역'이 된다. 이 영역은 이제 사람들이 글로벌 대중과 접촉하는 세계다. 모든 연령, 국가, 가치 체계의 사람들이 이 가상 세계에서 만난다.

모든 롤플레잉 게임과 마찬가지로 에버퀘스트와 월드 오브 워크래프트에서는 더 많이 플레이하고, 더 많이 성취할수록 캐릭터의 능력 수준이 높아진다. 상위 레벨의 캐릭터는 하위 레벨의 캐릭터보다 더 많은 일을 할 수 있고, 더 많은 곳을 갈 수 있다.

에버퀘스트와 월드 오브 워크래프트 같은 게임에서는 당신의 캐릭터가 죽으면 그 주검이 땅에 떨어진다. 물론 당신의 아바타 캐릭터를 되살려 게임을 지속할 방법이 있지만, 죽음에는 대가가 따르기 마련이다. 에버퀘스트에서 당신 캐릭터의 '영혼'(더 적절한 단어가 필요하다)은 당신이 살해당한 지역에서 한참 멀리 떨어진 곳에서 부활하게 된다. 당신(당신의 영혼)은 주검이 부패하거나 혹은 다른 플레이어가 당신의 소유물을 빼앗기 전에 가능한 한 빨리 당신의 주검으로 돌아가야 한다(이건 당신이 상당히 높은 레벨에 있을 때 꽤 가치 있는 일이다). 당신이 일정 시간 동안 당신의 주검이 있는 곳에 도달하지 못하면, 이제 당신은 '경험 레벨'을 잃게 된다. 예를 들면 레벨 46에서 레벨 44로 떨어질 수 있다. 레벨 2개를 올리기 위해서는 몇 시간 동안 게임을 해야 하고 잃어버린 것을 되찾기 위해서는 더 오랜 시간이 걸릴 것이기 때문에, 이건 상당히 심각한 상황이다.

월드 오브 워크래프트에서는 상황이 다르게 움직인다. 당신의 '영혼'은 여전히 당신의 주검으로 돌아가야 하지만, 죽음으로 인한 별다른 벌칙은 없다(당신이 돌아가지 않기로 선택하지 않는 한, 당신은 '부활 후유증'에 시달리고 한동안 힘을 잃게 된다). 하지만 만일 당신이 막강한 괴물들이 득실거리는 곳에서 죽었다면, 당신은 다시 살아나자마자 또다시 죽을 수도 있다.

에버퀘스트에서는 당신이 매번 쉽게 주검으로 되돌아갈 수는 없다. 당신은 주검에서 멀리 떨어져 있을 수도 있고, 성능이 약하고 안 좋은 무기를 가지고 있어서 당신을 다시 죽일 수 있는 강한 적들을 피해 다녀야 한다. 당신이 주검으로 돌아가지 못하면 몇 수준 아래의 더 낮은 레벨에서 다시 게임을 시작해야 하고, 이전 레벨로 되돌아가기 위해서는 많은 괴물과 싸워야만 한다. 물론 이 외에도 당신의 삶을 되찾는 방법은 또 있다. 플레이어는 다른 사람과 팀을 이루어 게임을 진행할 수 있기 때문에, 당신의 팀에 주검을 부활시킬 수 있는 성직자가 함께 있을 가능성도 있다.

7장에서 핵심적으로 다룰 게임의 사회적 특성과 몇 가지 관련 쟁점들을 논의해 보자. 이제 아드리안(가명)이라는 청년이 에버퀘스트를 플레이하면서 얻은 경험을 당신에게 들려줄 것이다. 이 이야기를 들려줄 당시 아드리안은 15세였고, 매우 오랜 시간을 들여 에버퀘스트를 해왔다. 그의 게임 캐릭터는 상당히 높은 레벨까지 달성한 후 죽었다.

최고 레벨이 50인데 내 캐릭터는 46으로 매우 높은 수준이었어요. 우리에게는 미국 전역에서 모인 사람들로 구성된 클랜(함께 게임을 플레이하는 작은 집단)이 있었어요. 신을 죽이려면 많은 사람이 필요했고, 그게 길드가 필요한 이유였죠. 나는 클랜과 함께 게임을 하다가 정말로 대체 비행기 중 하나인 '공포의 비행선'으로 들어가는 문을 발견했어요. 이 비행기 안으로 들어가려면 필수 레벨이 되어야 해요. 캐릭터 수준이 최소한 레벨 45 이상은 되어야 하죠. 우리는 우르르 공포의 비행선에 올라탔고, '공포의 신'을 해치웠어요. 우리가 이 신성한 캐릭터들을 모두 죽였는데, 그리고 나서는 마치 거대한 정글 같은 공포의 비행선 안에서 등이 굽은 고릴라가, 정말 거대한 고릴라가 내 뒤에 나타나서 나를 파리처럼 두 번 내리쳐 죽인 거예요. 내 친구들은 그걸 보지 못해서 나를 보호할 수 없었죠.

그래서 내가 죽은 거죠. 죽을 때마다 다시 살아날 수 있지만, 능력치를 잃게 돼요. 레벨이 44로 떨어져서 2레벨을 잃었어요. 레벨 2개를 올리려면 게임을 하는 데 거의 12시간이 걸려요. 그걸 모두 진짜 되찾으려면 12시간보다 더 오래 걸릴지 몰라요. 정말 화가 났어요. 공포의 비행선으로 돌아갈 수 없으니까 화가 났죠. 그때 난 레벨 44였고, 비행선에 돌아가려면 레벨이 45 이상이어야 했거든요.

게임에 지역 성직자가 있었는데, 이 성직자와 함께 플레이하면 실제로 죽은 사람을 부활시킬 수 있어요. 그가 부활시키면 모든 능력치를 되찾을 수 있어요. 그래서 내가 다시 돌아왔을 때 레벨 46이 되는 거죠. 나는 (인터넷을 통해) 사람들(내 길드의 성직자였던)과 이야기했고, 그들에게 집 전화번호를 주었어요. 마치 "여러분들이 마침내 내 주검을 찾게 되면 제발 부활시켜 주세요."와 같은 것이죠. 하지만 게임에는 타이머가 있어요. 만약에 당신이 3시간 동안 컴퓨터를 하면, 타이머가 3시간을 기다렸다가 몸이 너무 늙어서 부활할 수 없다는 메시지를 표시해요. 나는 아버지에게 말했죠. "아빠, 제발 전화 끊으세요." (즉, 그의 주검이 부활할 수 있는 시간은 3시간밖에 없다. 성직자들이 주검이 있는 곳으로 향하는 길에서 적들과 싸우려면 시간이 필요하다. 아드리안은 성직자들이 자신을 부활시키는 순간이 언제인지 알아야 한다. 그래야 즉시 온라인에 접속하여 3시간이 되기 전에 자신의 캐릭터와 소유물을 되찾을 수 있기 때문이다. 따라서 그는 중요한 전화가 제시간에 오기를 바라며 기다리는 중이었다.)

내가 부활할 수 있는 시간이 제한되어 있어요. 그리고 부활하지 못하면 레벨 44가 되고 장비를 되찾지 못할 거예요. 그러니까 난 "오, 세상에나, 안 돼!"라고 소리칠 수밖에 없었어요. 그러고 나서는 계정을 로그아웃하고 안절부절 방을 이리저리 왔다 갔다 하면서, "나는 죽을 거야. 난 죽을 거야."라고 중얼거렸죠. 내 말은 캐릭터에 엄청난 시간을 투자했다는 뜻이에요. "난 죽을 거야, 난 죽을 거야, 난 죽을 거야." 그러고 나서 내 파트너 중 하나가, 그러니까 내 길드에 있는 30대 아저씨가 인디애나에서 내게 장거리 전화를 걸어왔어요. 그는 밤 11시 45분에 인디애나에서 내게 전화했고, 내 주검을 찾았다고 말했어요. 그가 나를 부활시켰고, 나는 레벨 46으로 되돌아갈 수 있었어요. 그러고는 게임을 하는 데 시간을 쏟았죠. 아마도 새벽 4시쯤까지 플레이한 것 같아요. 새로 게임을 하면서 공포의 비행선에서 여럿을 해치우고 나서야 잠이 들었죠. 내가 일어났을 때는 다음 날 오후 3시였던 것 같아요.

아직도 가끔 그 인디애나 출신 아저씨와 이야기해요. 우리 둘 다 서로 대화할 수 있는 웹사이트와 게시판을 가지고 있죠. 인터넷 보안과 같은 것을 생각해서 최대한 개인 정보를 제공하지 않으려고 하지만, 어느 정도 그 사람을 알게 되면 그게 제2의 천성이 돼요. 그러니까 내 말은 에버퀘스트의 내 캐릭터로, 내가 로그인할 때마다 "안녕, 여러분!"이라고 말할 거예요. 그리고 내 로그인 이름을 부르며 줄줄이 40명 정도의 사람들이 "안녕하세요."라고 말하겠죠.

사실 나는 사람들에게 게임 팁 활용법을 알려 주는 웹사이트가 하나 있어요. 내 사이트와 비슷한 사이트들에는 돈을 지급할 필요가 없는 세상을 만들려는 해커들에 관한 흥미로운 내용들이 많이 있어요. 이건 게임 비용 지급을 피하기 위한 것이 아니라 일종의 도전을 위한 것이죠. 게임을 만드는 사람들은 이런 사람들을 전혀 좋아하지 않아요. 많은 것들이 어렵게 암호화되긴 했지만, 이 사람들은 에버퀘스트를 개조하려고 노력해요. 파일을 해독하죠. 그래픽을 가져오고 게임 엔진 자체를 가져와서 개조하고, 이걸 전부 자기들 서버에 올려두고 사람들이 돈 없이 플레이할 수 있도록 하는 거죠.

그들이 하려는 건 게임을 가져가서 매일 사람들이 무료로 플레이하게 만드는 거예요. 내 웹사이트에서 하려고 하는 건 인터넷에서 플레이하는 사람들을 받아들이는 거예요. 그들이 비용 지출을 좋아하지 않는다면, 돈을 내지 않고도 더 높은 수준에 도달할 수 있는 지름길을 알려 주려고 해요. 아까 말한 것처럼 12시간 정도 작업해야 레벨 44에서 46으로 올라갈 수 있지만, 아무도 그 정도 여유 시간을 갖고 있지는 않아요. 이렇게 하면 다른 사람들이 하는 레벨에서 플레이할 수 있게 되죠. 게임 회사들은 사람들이 오랫동안 게임을 많이 하기를 원하기 때문에 당연히 내가 하는 것들을 좋아하지 않겠죠. 그들은 사람들이 게임을 많이 하길 원하고, 사람들의 돈을 원해요.

내 남동생도 지금 에버퀘스트를 하고 있어요. 그 애는 게임에 더 많은 시간을 보내고, 저는 게임이 공개되도록 해체하는 데 더 많은 시간을 보내죠. 16진 편집기(헥사 편집기)를 사용해서 뭘 할 수 있는지 한 번 확인해 보세요. 인터넷에서 내려받을 수 있거든요. 16진 편집기가 하는 일은 기본적으로 컴퓨터 코드를 거의 이진 코드로 나누어서, 왼쪽에는 0과 1을 수없이 제공하고, 오른쪽에는 코드가 실제로 무엇을 하는지 알려 줘요. 그래서 오른쪽으로 가면 실제로 편집할 수 있어요. 그렇다고 수업을 듣고 이런 걸 배우지는 않아요. 여기저기서 잡다하게 배우는 거죠. 어느 한 곳에서 모든 걸 배울 수는 없을 거예요. 실제로 출처가 엄청 다양하거든요(가령, 다른 사람, 채팅방, 웹사이트, 텍스트 등).

처음으로 게임을 편집한 게 문명을 할 때였어요. 문명을 했다! 문명에서 이겼어! 게임이 끝나고 자막을 읽어 내려가는데, 그게 '좋아, 정말 멋지다!'라는 생각이 들었죠. 그리고는 '좋아, 좀 멋지네. 그럼 한번 볼까? 내가 한번 실험해 보면 좀 더 멋질 것 같은데. 뭐가 바뀌는지 좀 보고 싶어.'라는 생각이 들었어요.

그래서 안에 들어가서 credits.dat이라 불리는 작은 데이터 파일을 찾았어요. 저는 '좋아, 이게 뭘 하는 거지?'라고 생각했어요. 그

걸 더블클릭했더니 파일을 여는 데 사용할 프로그램을 묻더군요. 그래서 픽처뷰 사용을 클릭했더니(즉, 픽처뷰라는 프로그램을 사용하여 credits.dat 파일을 열어 보도록 컴퓨터에 지시했다), 전부 다 뒤죽박죽인 화면이 떴어요. '좋아, 닫아야 하겠어.'라고 생각했어요. credits.dat을 다시 더블클릭했더니 무슨 프로그램으로 열지 또 물어봤어요. 이번에는 인터넷 익스플로러를 사용해 보니 엄청난 양의 뒤죽박죽된 코드가 나왔어요. 나는 '흠. 그래도 괜찮아.'라고 느꼈어요.

다시 한 번 시도했을 땐 '이번에는 메모장을 사용해야겠어.'라고 생각했어요. 그리고 메모장에서 열었더니 눈앞에 게임 크레디트가 펼쳐졌어요. '이것 봐, 멋지네.'라고 느꼈어요. 거기엔 '시드 마이어의 문명'이라고 되어 있었어요. 좋아, 백스페이스해서 내 이름을 입력했어요. '아드리안 ○○(이름과 성)'. 그런 다음 파일을 저장하고, 게임을 해서 다시 이겼어요. 마지막에 크레디트가 나오면 내가 게임을 만들었다고 표시되었어요. '멋지다!'라고 생각했죠.

이제는 직접 게임을 하는 것보다 게임을 개조하거나 게임 자체를 만드는 데 시간을 더 많이 쓰고 있어요. 저랑 친구들은 이제 실제로 게임을 하지는 않아요. 우리가 지금 디아블로 2를 열심히 하고는 있지만, 워크래프트 3가 나올 때까지만 시간을 보내고 있는 거죠. 그러면 우리 전부 그걸 구해 게임하면서 서로를 죽이려고 하겠죠. 저랑 친구들이 게임에 대해 이야기할 땐 새로운 게임에 대해서 어떻게 생각하는지 서로 말해요. 기본적으로 어떤 전략들이 좋은지를 이야기하는 거죠.

우등생인 아드리안에게 학교를 얼마나 좋아하는지 물었을 때, 그는 이렇게 대답했다. "학교는 괜찮아요. 학교와 함께 살고 숨 쉬지는 않지만, 그래도 괜찮아요." 아드리안의 발언은 우리가 인터뷰한 게임 플레이어들에게서 공통으로 발견한 몇 가지 주제를 드러낸다. 첫째, 여러 가지 면에서 아드리안에게 게임하기란 본질적으로 사회적이다. 그는 다른 사람들과 함께 게임을 한다. 그의 팀은 그가 속해 있는 훨씬 더 큰 집단의 일부다. 그는 게임 내부와 외부에서 이 사람들과 소통했다. 특정 게임에 대해, 일반적인 게임에 대해, 기타 다양한 문제에 대해 이야기했다. 플레이어들은 함께 게임을 하는 사람들의 연령대가 10대 초반부터 30대까지 다양하다고 말했다. 우리가 주기적으로 인터뷰한 15세의 미국인 게임 플레이어는 30대 중반의 캐나다 부부 교수와 함께 정기적으로 스타크래프트를 했다. 15세인 그는 게임을 하는 동안 게임 속에서 맡은 판타지 역할의 맥락에서뿐 아니라, 그의 현실 세계 정체성의 맥락에서도 이 교수들과 정기적으로 대화를 나눴다.
　둘째, 에버퀘스트의 플레이와 관련된 아드리안의 지식과 기술은 '분배'되어 있다. 아드리안의 지식과 기술은 아드리안의 머리와 몸에 존재한다. 하지만 아드리안의 지식과 기술 일부는 아드리

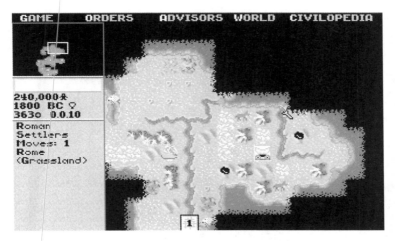

GAME   ORDERS   ADVISORS WORLD   CIVILOPEDIA

240,000人
1800 BC ♀
363◌ 0.0.10
Roman
Settlers
Moves: 1
Rome
(Grassland)

1

시드 마이어의 문명 플레이어는 역사상 가장 위대한 15명의 지도자 중 한 명을 선택하여 기록된 역사가 시작된 기원전 4000년경부터, 알파 센타우리로의 우주 여행이 현실이 될 것으로 예측되는 서기 2100년까지 자신이 선택한 문명을 이끈다. 1991년 최초 출시 이후 수많은 후속작이 나왔다.

안이 도움을 요청할 수 있었던 다른 사람들에게도 존재한다. 아드리안을 구출하려고 온 성직자들은 아드리안의 게임 캐릭터가 갖지 못한 힘, 즉 주검을 부활시키는 성직자의 힘을 가졌을 뿐 아니라, 이런 상황을 처리하는 방법도 잘 아는 성숙하고 탁월한 플레이어들이었다.

셋째, 아드리안의 지식과 기술은 자신과 다른 사람들 사이에 걸쳐 분배되어 있을 뿐만 아니라, 실제로 게임 코드를 조작할 때 사용하는 16진 편집기(헥사 편집기)와 같은 다양한 도구와 테크놀로지에도 분배되어 있다. 헥사 편집기에 내장된 지식은 아드리안이 이 도구를 활용하는 방법을 알고 있다는 점에서 아드리안의 지식으로 간주된다. 실제 사고와 행동의 단위는 '아드리안 + 도구'가 되는 것이다.

넷째, 비디오 게임과 컴퓨터에 대한 아드리안의 태도는 그 자체로 게임과 유사하며 매우 복합적으로 성찰적이다. 그는 문명이든 에버퀘스트든 비디오 게임을 탐험과 '놀이'의 공간으로 바라본다. 그는 이 과정에서 그가 게임을 처음 시작했을 때 잘하기 위해서 취했던 것과 동일한 탐구적, 성찰적 태도를 취한다. 이 과정의 일환으로 그는 자신의 지식과 사회적 연결망을 크게 확장한다. 아드리안은 다른 사람들이 에버퀘스트에서 더 빨리 더 높은 수준에 도달하도록 웹사이트를 개발한다. 그는 해커 그룹과도 연결되어 있는데, 이들은 실제로 에버퀘스트의 기저 프로그램을 완전히 이해하여 실제로 사람들이 게임을 무료로 플레이할 수 있는 사이트로 게임을 전송할 수 있다. 그는 컴퓨터와 게임 디자인을 너무 많이 배워서, 몇 년 후 대학에서 컴퓨터 과학 분야의 학위를 취득하기 위해 수강해야 할 과목들에서 다루는 대부분의 자료들을 이미 섭렵했다.

우리는 아드리안에게 어떻게 해커들이 게임사인 버던트사의 에버퀘스트에 대한 지배권을 '약화'시킬 수 있을지에 관심을 갖게 되었는지 물었다. 이때 아드리안은 버던트사의 게임 프로그래밍, 특히 때때로 발생하는 다양한 오류들의 개선 방법을 조사하는 과정에서 버던트사의 프로그래밍이 '우아하지 않다'는 것을 발견했다고 대답했다. 버던트사는 쉬운 길을 택해 일단은 구동되는 프로그램을 구축했지만, 이는 아드리안 생각에, 특히 미적 수준에서는 최적이 아닌 프로그램이었다(이 책의 4장에서 우리는 평가 체계 개발의 중요성을 논의했었다). 버던트사와 같은 회사는 어떻게 아드리안 같은 젊은이를 붙잡아 고용해야 할지를 잘 알지 못한다. 실제로 회사 직원들은 새로운 것을 배워 사용하기 위해 게임 플레이어들이 설계한 웹사이트와 채팅방에 정기적으로 '숨어' 있고는 한다.

그러므로 학습은 사회적이고, 분배되어 있으며, 사람, 도구, 기술, 회사가 서로 연결되어 구성된 네트워크의 핵심이 된다. 아드리안은 이 네트워크의 일부분이며, 아드리안이 지닌 지식과 기술 대부분은 이 네트워크를 통해 움직인다. 하지만 우리의 학교는 여전히 아이들을 이렇게 강력한 네트워크에서, 예를 들어 특정 과학 분야를 중심으로 구축된 네트워크에서 분리하고 있으며, 실제로 학생들을 다른 사람과 분리된 개인, 강력한 학습 목적을 위해 활용할 수 있는 다양한 도구와 기술로부터 분리된 개인으로서 테스트하고 평가한다.

아드리안의 이야기는 인지심리학의 주요 연구들이 탐구해 온 인간 정신에 관한 최신 관점을 반영한다. 이 관점을 우리는 '사회적 정신'으로 명명할 수 있다. 사회적 정신의 관점은 이런저런 모습으로 표출되는 현대의 고도 기술 중심 사회에서 학습(기업, 공동체, 최첨단 학교에서 이루어지는 학습)에 대해 다시금 생각하게 한다. 다음에서 나는 이 관점에 대해 다뤄 볼 것이다.

사회적 정신

나는 4장에서 인간이 세상 경험으로부터 발견한 패턴에 입각해 생각하고 사유한다고 주장했다. 가령 우리가 어떤 것을 어떻게 '쉽사리' 침실로 인식하는지에 대해 생각해 보자. 당신이 여러 침실을 방문해 지내본 후에 침실을 생각한다면, 당신의 마음속에 전형적인 침실의 이미지 같은 것이 떠오를 것이다.

물론 마음에 떠오르는 것이 실제 그림은 아니다. 오히려 뇌의 신경 체계들은 침대, 카펫, 전등, 그리고 침실과 관련된 모든 것을 개념으로 나타낸다. 이것들은 침실에 관한 더 큰 개념을 구성하는 개념적 요소들이다. 이 신경 체계들과 그 체계들이 부호화하는 개념들은 어떤 체계(가령 침대를 표현하는 체계)가 다른 체계(가령 서랍장, 협탁, 전등 등을 표현하는 체계)를 더 강하게 활성화시킨다는 점에서 더 강하거나 혹은 더 약한 고리들을 통해 서로 연결된다.

따라서 우리는 마음속의 패턴(가령 침실 패턴)을 다소 강도의 차이가 있는, 더 강하거나 혹은 더 약한 고리를 통해 연결된 노드의 집합(침대 노드, 협탁 노드, 카펫 노드, 전등 노드 등)으로 생각해 볼 수 있다. 우리 마음에 두 가지 항목이 상대적으로 강하게 연결되어 있을 때 우리가 하나를 생각하면 다른 항목도 쉽게 떠올리게 된다. 예를 들어, 우리가 침대를 생각한다면 아마도 시트, 베개, 담요와 같은 것들이 우리 정신에 매우 쉽게 떠오를 것이다. 왜냐하면 많은 이들에게 이런 물건들은 침대와 밀접하게 연관되어 있기 때문이다. 반면에 어느 두 항목이 덜 강하게 연결되어 있다면, 우리가 하나를 생각하더라도 다른 항목이 쉽게 떠오르기 어렵다. 예를 들어 잠자리에 들기 전에 책을 읽는 사람들에게는 책과 침실이 약간의 연관성이 있겠지만, 아마도 당신은 책을 시트나 베개, 담요에 비해 침대와 그다지 강하게 연관시키지 못할 것이다.

따라서 당신이 가지고 있는 침실 개념은 당신이 침실을 생각할 때 떠오르는 전형적인 침실의 모든 요소이자, 침실과 그것들이 서로 다른 강도로 연결되거나 연관되는 방식들이다. 하지만 상호연결된 요소들의 패턴이 언제나 고정적이지는 않다. 패턴은 빠르게 바뀔 수도 있다. 예를 들어 당신에게 전형적인 중산층 침실을 떠올리게 한 후에 그 침실에 전열기가 있다고 말한다면, 당신은 마음속에 떠올린 침실의 요소들과 그 연결고리들을 변경하여 전열기를 침실 개념에 추가할 것이다. 그리고 아마도 당신은 전형적인 대학생의 침실이나 최소한의 재정 능력만을 가진 사람의 침실이 갖춘 요소들(그리고 그것들 사이의 더 강하거나 혹은 더 약한 연결고리들)을 생각하게 될 것이다.

그래서 우리 인간은 종종 패턴의 관점에서 생각한다. 패턴 사고는 매우 강력하다. 그것은 우리가 두 가지 매우 중요한 일을 할 수 있게 만든다. 그 하나는, 우리가 삶에서 체득한 경험을 사용해 생각하고 사유하게 도와준다는 것이다. 우리는 침실과 침실 요소들이 서로 관련되는 세상 경험(그리고 미디어를 통해 본 가상 경험)을 통해서 침실에 대한 이미지(패턴)를 형성한다. 우리는 구체적인 세상 경험에 결속되지 않은 추상적 일반화를 통해서 생각하지 않는다.

우리는 패턴 사고를 통해 우리의 실제 경험을 뛰어넘는 세상에 대해서도 추측(예측)할 수 있다. 예를 들어 내가 '교수이자, 종신 고용을 득한, 물리학 분야의, 명문 대학에 재직 중인, 남성, 백인'이라는 요소들이 강하게 연관된 상황들을 여러 번 경험했다고 가정해 보자. 이때 내가 어떤 이가 저명한 대학에 재직 중인 물리학 분야의 종신 교수라는 말을 듣는다면, 나는 내 경험상 이 모든 것이 백인이라는 존재와 강하게 연관되어 있다는 사실에 기인하여 그가 백인이라고 예측할 것이다.

이와는 달리 내가 명문 대학의 여성 종신 물리학 교수에 대해 들었다고 가정해 보자. 이 패턴에서 '물리학 전공의 교수, 종신 고용, 명문 대학'이라는 네 가지 요소들이 내 경험상 백인과 밀접한 관련이 있기 때문에, 나는 그녀가 백인이라고 가정할 것이다. 이 네 가지 요소들이 내 마음속에 여성이라는 요소와 약하거나 심지어 부정적으로 연결되어 있기에 이런 연계를 수렁에 빠뜨릴 수도 있다. 하지만 우리가 이야기하고 있는 사람이 남성과 관련된 물리학 분야의 교수라는 사실 덕분에 그 네 가지 요소들이 내 마음속에 여전히 백인이라는 것과 강하게 연관될 것이다. 따라서 이 패턴은 내게 우리가 말하는 여성이 백인이라는 가설을 제시한다. 나는 이 여성 물리학자를 만나 본 적이 없지만, 실제 경험을 바탕으로 그녀가 백인일 것이라고 추론할 것이다.

이 예는 패턴에 입각한 사고가 가지는 장점과 문제점 모두를 명확하게 보여 준다. 한편으로 우리는 이런 패턴 사고에 관여하지 않고서 생존하고 기능할 수 없다. 거대한 불곰이 위험하다는 것을 알고 있으면서도 자신을 향해 달려오는 낯선 검은곰이 크기가 어중간하다는 이유로 실제로 위험할 것인지 아닌지를 알아낼 때까지 기다린다면, 우리는 그 자리에서 죽거나 중상을 입을 것이다. 적어도 곰이 당신을 쫓아 오고 있을 때는 갈색이고 거대하다는 요소가 없는 경우에라도 곰과 위험 사이의 연관성이 유지된다고 가정하면서 패턴을 채우는 편이 최선일 것이다.

패턴 사고는 많은 경우에 좋은 예측으로 이어지지만, 어떤 상황에서는 편견이나 고정관념으로 이어지기도 한다. 가령 물리학자와 관련된 패턴은 여성이나 아프리카계 미국인은 물리학을 할 수 없다는, 마음에 상처를 주는 거짓된 가정을 하게 만들 수 있다. 이런 가정은 아프리카계 미국인과 여성 물리학자들이 잘 알려 지지 않아 생기는 오류다. 실제로 물리학 분야에는 렌슬리어 공과 대 총장이자 과학 연구와 교육, 정치 원로급의 공공 정책 기여에서 평생 이뤄낸 성취로 2007년 권위 있는 버니바 부시상을 수상한 셜리 잭슨과 같은 아프리카계 미국인 여성들이 분명히 존재한다. 물리학 같은 분야를 백인 남성의 것으로 제한하는 것은 사실 문제다. 이 경우, 인종주의와 가부장제가 작용하여 우리의 세상 경험이 인위적으로 제한된다는 점에서 분명히 잘못된 패턴 사고가 발생하게 된다.

새

왜 우리는 개념과 정신에 대해 논의하는가? 그 이유는 이 논의가 우리를 중요한 역설로 이끌기 때문이다. 많은 증거가 시사하듯 만약 인간의 정신이 강력한 패턴 인식기라면, 사고에 관해 논할 때 가장 중요한 것은 그것이 우리 머릿속에서 일어나는 '정신적'인 것이 아니라, 오히려 우리가 속하거나 속하고자 하는 사회 집단에 의해 조정되고 규범화된 사회적인 것이라는 점이다. 이 진술은 우리가 가진 상식적 심리학 관념에 위배된다는 점에서 서둘러 설명할 필요가 있다.

잠시 탐조클럽에 대해 생각해 보자. 조류 관찰자들은 새의 일부 요소(특징)들을 잘 파악하고 그 패턴을 빠르게 확장하여 특정 유형의 새를 명명한다. 이들은 작은 새들이 탁 트인 초원에서 키가 큰 수풀을 뚫고 날아오를 때, 이 새들의 몸에서 어두운 빛깔과 흰색 얼룩을 관찰할 수 있다. 그들은 이 새들의 다른 특징을 모두 확인하지 못했음에도, 적어도 그들이 본 것이 미국의 대부분 지역에서 관찰되는 쌀먹이새라고 결론지을 것이다. 마찬가지로 숲의 나무들 사이로 날아다니는 약간 더 큰 몸집의 새들에서 갈색과 흰색이 반짝이는 것을 본다면, 그들은 이 새들의 독특한 반점과 노란색 부리를 보지는 못했지만 딱따구리의 일종인 플리커라고 결론 내릴 것이다.

탐조클럽이 최우선으로 할 일은 모든 회원이 새에 관한 패턴을 형성하고 실제 현장에서 이 패턴을 채워 나가는 쪽으로 올바른 경험을 했는지 확인하는 것이다. 사람들은 누구나 이곳저곳을 돌아다니며 새와 관련된 모든 종류의 일을 경험하면서 새에 대해 특별한 주의를 기울일 수 있다. 이런 많은 일들이 모두 흥미롭겠지만, 당신이 탐조클럽의 회원이 되고 싶다면 이 모든 것이 언제나 도움이 되지는 않는다. 가령 아마도 당신이 탐조를 나갈 때마다 매번 개활지에서 날아다니는 새들을 보는 일은 없을 것이다. 새들이 활발하게 움직이고 종종 수풀 줄기나 작은 식물 위에 앉아 있는 이른 아침이나 황혼에 외출하지 않는 한 이런 일은 쉽게 일어나기 어렵다. 보통 새들은 키 큰 수풀 사이의 감춰진 땅 위에 머물기 때문이다. 따라서 당신은 개방된 초원에 사는 새의 종은 없다고 결론 내릴 것이다. 개활지가 새와 부정적인 관련이 있다는 (잘못된) 패턴을 형성했기 때문이다. 탐조클럽은 당신이 하루 중 적절한 시간대에 개활지로 나가 쌀먹이새와 들종다리를 볼 수 있는지를 확인할 것이다. 왜일까? 탐조클럽은 당신이 회원들과 충분히 비슷한 경험을 하고 그들과 지식을 공유할 수 있기를 바라기 때문이다.

탐조클럽이 첫째로 하는 일은 새로운 회원들이 새와 탐조 세계에 대한 경험을 다른 회원들과 공유하고, 그들이 본 새에서 몇 가지 특징들을 관찰했을 때 공통 패턴들을 찾아서 완성하는 방법을 함께 나눌 수 있는지 확인하는 것이다. 그런 다음 회원들은 전국의 특정 지역에서 겨울에 나타나는 모든 새의 목록을 만들면서, 개체수의 감소로 인해 언론의 주목을 거의 독차지하고 있는 숲속의 새들보다 오히려 개활지에 서식하는 새들이 더 심각한 멸종 위기 위험에 처해 있다는 것을 알게 된다. 이제 그들은 특정 시간 동안 정해진 장소에서 가장 낯선 종의 새를 식별할 수 있다는 의미에서 최고의 조류 관찰자가 누구인지 결정하는 시합에 참여할 수 있게 된다. 그들은 모두 '게임'의 기본 관행과 규범에 능숙해졌기 때문이다.

그러나 이제 탐조클럽이 해야 할 두 번째 일이 있다. 성실한 회원인 메리 스미스가 어느 날 갑자기 클럽에 와서 그녀가 들판에서 본 것을 말했다. 메리는 자신이 본 새가 몇 가지 특징들에 근거할 때(메리는 새가 날아가기 전에 그 새를 온전하게 보지 못한 듯하다) 도가머리딱따구리(정말 흔하지는 않으나 분명히 존재하는)가 아니라 분명히 큰흑백색딱따구리(아마도 멸종했으나 그 또한 확실하지 않으며, 이 책의 초판이 나온 이후에 명망 있는 탐조인들은 논란에도 불구하고 이 새들을 봤다고 강하게 주장했다)라고 믿는다고 했다. 이 두 새는 서로 비슷해 보이지만, 큰흑백색딱따구리는 몸집이 더 크고 부리의 모양이 조금 다르다. 누구든지 큰흑백색딱따구리를 볼 가능성이 매우 희박하다는 점을 고려한다면(멸종하지는 않았지만 가능하다), 탐조클럽은 이 새를 본 적이 있다고 주장하는 누구라도 그것이 확실한지 신중하게 점검해야 할 것이다(일반 딱따구리와 매우 흡사한 붉은 볏이 있는 크고 검은 딱따구리를 본다면, 그것은 도가머리딱따구리임이 거의 확실하다).

만일 메리 스미스가 계속해서 자신의 주장을 고집하면 어떻게 될까? 일단, 클럽은 소식지에 그녀가 작성한 조류 목록의 게시를 거부할 것이다. 그러나 계속해서 그녀가 주장한다면, 클럽은 그녀를 쫓아낼 것이다. 여기서 무슨 일이 일어나고 있는 걸까? 이 클럽은 회원들이 생성한 패턴들과 그것을 충족시키는 방법들을 규범화(일종의 치안 유지 활동을 한다고도 말할 수 있는)하는 것이다. 만일 패턴을 충족시키는 회원들의 방식이 사회 집단으로서의 클럽이 규범적이라고 생각하는 분야에서 전문적으로 채택한 방식과 너무 멀어지면, 클럽이 회원들을 정련된 선 안으로 다시 끌고 들어오기 위해 일종의 '벌'을 가하는 것이다. 큰흑백색딱따구리가 여전히 존재한다면, 어떤 회원도 그것을 관찰하지 못하거나 혹은 클럽 소식지에 그것을 게시하지 못할 이유가 없다. 그러나 조류 관찰의 맥락에서 다른 새들을 관찰하는 것과 마찬가지로, 큰흑백색딱따구리를 관찰하는 일은 단지 정신적 사건일 뿐 아니라 사회적 실천이기도 하다. 무엇이 큰흑백색딱따구리를 본 것으로 인정되는가에 대한 사회적 규칙이나 규범이 있는데, 이 경우에 그것은 매우 엄격할 것이다.

말하자면 요점은 이렇다. 패턴과 패턴을 충족시키는 방식은 실제로 회원들의 머릿속에 자리하고 있지 않다(물론 그것들은 그곳에 있지만). 클럽의 모든 구성원은 한 개인으로서 새에 관한 무수한 패턴을 형성하고 있으며, 그들 머릿속에 이 분야에서 어떻게 패턴을 채울 것인가에 대한 나름의 방식을 가지고 있다. 하지만 사회 집단인 클럽은 특정 유형의 패턴과 이를 '이상적(핵심적)'으로 충족시키는 방식이 무엇인지 결정하는 일련의 규범과 가치관을 지닌다. 이런 이상은 실제로 누군가의 머릿속에 있는 것이 아니다. 그 이상은 일종의 '유인자'로서, 그런 방향으로 클럽의 개별 구성원들이 자연히 끌리는 것이며, 클럽은 구성원들이 그 방향에서 너무 멀어질 때 사회적 실천('치안 유지 활동')을 통해 그들을 그쪽으로 밀어붙인다.

큰흑백색딱따구리를 보는 것과 관련하여 '올바른' 패턴을 구성한다는 것이 무엇인지, 또는 좀 더 현실적으로는 다양한 유형의 (비슷해 보이는) 참새와 갈매기를 식별할 수 있는 올바른 패턴이 무엇인지 누군가 의문을 제기한다 해도, 클럽의 사람들 중 어느 누구도 다른 사람의 머리를 열어 볼 수는 없는 일이다. 그들은 서로 대화(협상 및 논쟁)에 참여하고, 행동을 점검하고, 텍스트를 읽고, 클럽의 신입이나 비주류 회원들보다는 경륜 있는 고참이나 '주류 회원'들이 어떻게 생각하는지를 물어볼 것이다. 인간의 사고가 패턴의 재구성과 패턴 충족의 문제라면, 결국에 우리가 우리의 패턴들이 세상에서 작동하기를 원한다는 점에서 인간의 사고란 최소한 정신적이고 개인적인 만큼이나 사회적인 것이 된다. 사실, 그것은 정신적이고 개인적이기보다는 사회적이다. 물론 이런 생각은 심리학에 대한 전통적 사고방식에 위배된다. 하지만 그렇다 해도 어쩔 수 없다.

새에 특별히 관심이 없더라도, 지금까지 당신은 참새를 많이 보았거나 또는 마음속에 참새에 관한 패턴들을 형성해 왔을 것이다. 당신은 아마도 몸집이 작고 갈색인 새를 참새의 일종이라고 매우 강하게 연관 지을 것이다. 도시나 교외 주택의 마당에 머문다는 사실과 참새를 쉽게 연관시킬 수도 있다. 머릿속의 패턴에 따라, 몇 가지 다른 유형의 참새를 인식하기도 한다(아마도 마당에 있는 참새 중의 일부는 머리에 노란색 모자를 쓰고 있고, 일부는 그렇지 않다는 것을 알아챈다). 아니면 특별한 인식 없이, 기본적으로는 모두 같은 종류의 새라고 볼 수도 있다. 우리의 머릿속에는 참새와 관련된 일련의 요소들이 있고, 우리는 그것들을 서로 간에 그리고 참새라는 것과 다양한 강도로 연관시킨다.

당신의 머릿속에 들어 있는 참새 패턴은 '일상의' 사람들에게 는 완벽하게 정상적일 것이나, '탐조인'이 되기에는 그다지 적합하지 않다. 탐조클럽의 관점에서 볼 때 이는 잘못된 패턴이며, 당신이 가입하려고 하는 클럽은 당신 머릿속에 들어 있는 패턴을 좀더 이상적인 방향으로 전환하기 위해 여러 가지 새로운 경험을 제공할 것이다. 탐조인들과 그들의 행동이나 텍스트에 의해 규범화된 사람들은 이 세상에 매우 다양한 종류의 참새가 있다는 패턴을 생성하는데, 이런 참새 패턴은 많은 부분 매우 비슷하다. 이들은 참새 패턴 중 상당수를 도심이나 교외가 아닌 환경과 연관시키고, 실제로 그들은 보통의 집참새(유럽에서 미국으로 유입된)가 미국의 토종 참새와 그다지 근연 관계가 없기 때문에 집참새를 외양 면에서만 다른 참새들과 연관시킨다.

세상은 다양한 특질로 가득하고, 사람은 강력한 패턴 인식자이다. 따라서 누구나 머릿속에서 거의 모든 종류의 흥미로운 패턴을 형성한다. 즉, 모든 종류의 개념과 하위 개념을 형성하는 것이다. 하지만 우리가 참여하기를 원하는 영역에서 어떤 사회 집단이 패턴들(개념들)을 규범화(또는 치안 유지)하는지 묻기 전까지는, 이 중에 어느 것도 '옳거나' '그르지' 않다. 탐조클럽에 가입하고 싶다면, 당신은 참새에 대한 머릿속의 패턴이 '잘못되었다'는 사실을 인정해야 한다. 클럽에 가입하고 싶지 않다면, 당신의 문화든 공동체든 가족이든 탐조클럽이 아닌 다른 집단의 관점에서 볼 때 당신의 패턴은 괜찮을 수 있다. 다시 말하지만, 패턴은 우리 머릿속에 있으나 그것은 특정 패턴을 해당 집단의 모든 구성원이 지향해야 할 이상적인 규범으로(머릿속의 패턴이 이상과 완벽하게 닮지 않았더라도) '강제하는' 사회 집단의 관점에서만 의미('올바른' 또는 '잘못된')를 갖는다. 어떤 목적에서는(다른 목적에서는 아니더라도) 특정 집단의 실천 행위가 다른 집단의 실천 행위보다 더 효과적이다.

내가 지금까지 탐조클럽에 관해 이야기한 것들은 다른 집단의 경우에도 모두 해당된다. 우리 인간은 수많은 사회 및 문화 집단에 속해 있다. 이런 집단으로는 다양한 규모의 가족 또는 공동체가 있다. 다른 집단으로는 다양한 방식으로 정의된 문화 집단이 있다. 또 다른 집단으로는 앞선 장에서 설명한 '친교 집단'이라고 부르는 것이 있다(탐조클럽은 친교 집단이다). 친교 집단이란 기본적으로 이에 속한 사람들이 공동의 노력과 그 노력을 실현하기 위해 애쓴다는 측면에서 사회적 실천을 지향하는 집단을 말한다. 이런 집단에서 성별, 인종, 문화 또는 대면 관계는 부차적인 역할로만 기능할 뿐, 집단 구성원들이 이것들을 지향하지는 않는다. 실제로 사람들은 대다수 회원이 서로 얼굴을 마주 보는 상황을 거의 경험하기 어려운 친교 집단에 속한다(가령 이런 집단에서는 인쇄물,

인터넷 등 미디어를 통해 원거리에서 부분적으로 소통할 수 있다).

분배된 지식

따라서 인간의 사고와 사유는 본질적으로 사회적이다. 사고와 사유는 또한 본질적으로 분배되어 있으며, 현대 기술 세계에서는 점점 더 그러하다. 이는 우리 각자가 타인들 그리고 다양한 도구 및 기술이 우리를 대신해 생각의 일부를 수행하도록 만든다는 것을 의미한다. 나의 전공인 언어학 분야에서도 내가 모든 것을 다 알 필요는 없다. 나는 항상 다른 언어학자들에게 확실하지 않은 것들에 대해 물어 볼 수 있다. 논문과 책도 참조할 수 있다. 아이들이 다니는 학교에서는 잘 드러나지 않지만, 이것은 매우 분명하다. 학교에서 우리는 사람, 텍스트, 다양한 종류의 도구 및 기술을 포함하는 일체의 사고 도구와는 별개로 학생들을 테스트한다. 우리는 학생들이 홀로 무엇을 할 수 있는지 알고 싶어 한다. 하지만 현대 사회에서는(마찬가지로 현대의 수많은 첨단기술 직업에서도) 사람들이 타인들과 다양한 도구 및 기술을 활용하여 무엇을 생각하고 무엇을 수행할 수 있는지 아는 것도 똑같이 혹은 그 이상으로 중요하다.

그러나 이런 접근은 분배된 사고와 행동의 문제를 제대로 살펴보기에는 여전히 너무 개인주의적이다. 지식을 사람, 텍스트, 도구 및 기술에 저장하는 분배의 힘은 정말이지 모든 것이 하나의 네트워크로 연결되는 방식이다. 정말 중요한 지식은 하나의 '노드(사람, 텍스트, 도구 또는 기술)'가 아니라, 네트워크 전체(즉 사람, 그들의 텍스트, 도구와 기술, 그리고 더욱 결정적으로는 이들이 서로 연결되는 방식)에 총체적으로 걸쳐 있다. 이 네트워크가 강력한 지식을 대량으로 저장하는가? 이 네트워크는 지식이 지금 그것을 필요로 하는 시스템의 각 부분으로 빠르고 원활하게 이동하도록 보장하는가? 이 네트워크는 새로운 것을 빠르게 잘 배워 변화된 조건에 민첩하게 적응하는가? 이것은 지식에 관하여 현대 사회에서 우리가 물어볼 수 있는 가장 중요한 질문들이다. 하지만 이 질문들은 우리가 학교의 교육과 평가를 구성하는 방식에는 거의 반영되어 있지 않다.

나 같은 사람이 실제 능력보다 훨씬 더 똑똑해지도록 지식을 분배하기 위해 작동하는 매우 강력한 시스템이 무엇인지 보여 주는 아주 간단한 예를 살펴보자. 하프라이프는 역사상 가장 유명한 1인칭 슈팅 게임 중 하나다(하프라이프는 하프라이프 2, 하프라이프 2: 에피소드 1, 하프라이프 2: 에피소드 2를 비롯하여 여러 관련 게임으로 이어졌다). 하프라이프에서 당신은 거대한 극비 지하 시설인 블랙 메사에서 일하는 고든 프리맨이라는 과학자를 플레이한다. 언젠가 당신은 이 시설에 출근하면서 모든 것이 옳지 않다는 것을 깨닫게 된다. 몇몇 동료 과학자는 과거에 일어났던 이상한 일들에 대해 걱정한다. 당신은 시설 주변의 전기 패널이 가끔씩 끊길 때마다 걱정하기 시작한다. 동료 과학자들이 당신을 말로 안심시키지만, 그들이 새로운 표본을 작업하기 위해 당신을 위험 물질 검사실로 안내할 때(그들이 외부에서 상황을 주시하며 점검하는 동안) 매우 당황한 것처럼 보인다.

보통 비디오 게임에서 가장 최고의 장면에서는 치명적인 폭발이 발생하고, 공기가 녹색으로 변하며, 여기저기서 온통 빛이 번쩍이면서, 간헐적으로 다양한 종류의 외계인이 나타났다 사라진다. 당신 주변의 모든 것이 무너지기 시작하면서, 실험실 밖 동료 과학자들은 자기 목숨을 구하기 위해 그다지 성공적이지 못한 탈주를 시도하면서 당신에게도 목숨을 구하고 싶으면 도망치라고 말한다.

당신(고든 프리맨)은 그 자리에 남아 무슨 일이 일어났는지 파악하고 다시 한 번(비디오 게임에서 자주 일어나는) 과학이 입힌 피해를 되돌리려고 시도한다. 처음에는 확실히 당신이 할 수 있는 일이 별로 많지 않은 것처럼 보인다. 시설의 동료 과학자들과 경비대원 대부분이 죽었다. 나머지 사람들은 모두 겁에 질리고 망연자실에 빠졌지만 당신을 위해 여러 개의 보안 출입문을 열어 주려 한다. 거대한 지하 시설에서 탈출하려고 시도할 때, 당신은 곳곳에서 벌어지는 파괴를 목격하면서 외계인과 마주치게 된다. 두말할 것 없이 당신의 동료 과학자들은 게 모양의 머리통을 가진 외계인들이 덮쳤을 때 좀비로 변해 버렸다. 초반부에 당신은 무기가 없었기 때문에, 당신이 찾은 쇠지렛대를 보관해 두어야 했다.

상황은 점점 악화된다. 심각한 문제들이 벌어지고 얼마 지나지 않아, 당신은 군대가 상황을 장악하고 생존자를 구출하기 위해 블랙 메사로 진입하고 있음을 알게 된다. 군대가 나타났을 때, 당신은 그들이 온 이유가 실제 누군가를 구하기 위해서가 아니라 이 재앙의 증인들을 제거하기 위한 것임을 즉시 깨닫게 된다. 이 때문에 당신은 군인과 외계인 모두를 피해 다니면서, 왜 미국 정부가 '사고'로 추정되는 것을 의도적으로 은폐하려 하는지 의문을 갖기 시작한다. 매우 흥미롭게도, 정장 차림으로 서류 가방을 든 수수께끼의 남자가 당신보다 한발 앞서 여기저기 모습을 드러낸다. 그는 누구일까?

당신은 뉴멕시코 사막 지하 몇 마일 아래에 있다. 문제 해결을 시작하려면, 지상으로 올라와 도움을 구해야 한다. 결국 많은 문제를 가지고서 오랜 시간 게임을 한 끝에, 당신은 외계의 차원으로 건너가 모든 외계인의 배후에 있는 외계인 우두머리를 죽여야 한다. 이것은 장대한 전투임에 틀림없지만, 게임은 일련의 사건들에서 보인 미국 정부의 극악무도한 짓에 맞서기 위해 당신을 지구로 되돌아가도록 이끈다. 한 인터넷 리뷰에서는 이 게임의 분위기를 다음과 같이 포착한다. "경보가 울리고, 질척질척한 괴물이 침을

흘리고, 푸른 제복의 경비대원들이 과학자들을 보호하기 위해 싸우며, 군대가 움직이는 모든 것을 싹쓸이한다. 우리에게 필요한 것은 펌프 연사식 총기의 추가적인 도움으로 이 삼중 난타전을 정리할 영웅이다. 안타깝게도 탄약이 다 떨어지고 이빨 괴물의 두개골에 지렛대가 휘어졌기 때문에, 이제 누구라도 그 역할을 감당해야 한다. 당신이 이곳을 살아서 빠져나오는 것만도 행운일 것이다."

하프라이프 게임의 막판에 외계인 우두머리와의 마지막 전투에까지 이르게 되었을 때, 나는 크게 성취감을 느꼈다. 수많은 어려운 싸움과 문제에 봉착할 때마다, 나는 얼마 남지 않은 머리카락을 꽤 규칙적으로 쥐어뜯으며 오랜 시간 이 게임을 했다. 마지막 전투에 이르러서는 거대한 동굴에 서 있는 나를 발견했다. 내가 동굴 바닥에 그려진 신비스러운 불룩한 원들 위로 뛰어오를 때마다 그것들이 나를 공중으로 밀어 올렸고, 그래서 때로는 높은 난간에 착지할 수 있었다. 이 불룩한 원들이 거기 있다는 것은 행운이었다. 왜냐하면 내 머리 위 동굴 천장 높이에 이상한 아기처럼 보이는 외계인 우두머리의 거대한 머리통이 떠 있었기 때문이었다.

외계인 우두머리는 몇 초 안에 나를 죽일 수 있는 빛의 파동을 뿜어댔다. 게다가 그는 나에게 파괴적인 광선을 쏘아대는 작은 외계인 비행체들에 둘러싸여 있었다. 우두머리는 내가 날아다니는 외계인을 해치울 때마다 더 많은 외계인을 만들어 내는 것 같왔다. 나는 안전을 지키면서 동시에 우두머리를 없앨 기회도 얻기 위해 바위나 수정체 구조물 뒤에 숨기를 반복하면서 격렬하게 뛰어다녔다. 나는 공중에 떠다니는 외계인 우두머리를 잘 볼 수 있을 만큼 충분한 높이의 난간에 도달하기 위해 불룩한 원을 활용하여 미친 듯이 공중으로 튀어 올랐다. 이 우두머리를 죽이려면 플레이어가 특별히 강력한 무기의 화염을 사용해서 그를 충분히 흐물거리게 만든 다음, 그가 머리를 열 때 그의 뇌에 직접 총탄을 발사해야 한다.

엄청난 노력과 수차례의 죽음 이후에(게임의 처음부터 또는 저장된 전투 부분에서부터 게임을 다시 시작하면서), 놀랍게도 나는 이 작전을 수행하기에 충분한 양의 탄약 없이 동굴에 들어와 있다는 사실을 깨달았다. 이제 돌아갈 길은 없었다. 높은 난간의 좋은 지점에 안착했지만, 결국은 충분한 탄약도 없이 매우 성난 우두머리와 함께 있게 되어버렸다. 더 많은 탄약을 얻을 수 있다는 것을 알았지만, 그러기 위해서는 땅바닥으로 뛰어내려 커다란 터널 같은 구멍의 아래 깊은 곳으로 내려가야만 했다. 구멍의 바닥에는 더 많은 탄약이 있었지만, 동굴의 지상층으로 돌아가 전투를 재개하기 위해서는 난간에서 난간으로 높이 뛰어올라 그 구멍(중력이 낮음)의 위쪽으로 이동해야만 했다. 설상가상으로 난간에서 난간으로 멀고 먼 길을 돌아 구멍 위로 뛰어오르려고 하자, 우두머리의 외계인 비행 지원군이 공중에서 쉴 새 없이 내게 총격을 가하기 시작했다.

그때 나는 비디오 게임에서 점프하는 데 정말 형편없었다. 당연히 날아다니는 외계인이 내게 총을 쏘고 나 또한 그들을 향해 사격할 수밖에 없던 상황에서 난간에서 난간으로 도약하여 구멍의 상층부로 올라가는 일은 매우 서툴렀다. 몇 번이고 시도해서 겨우 구멍의 벽을 조금씩 올라가는 데 진전이 있었지만, 나는 여러 번 뛰어오르는 도중에 그만 바닥으로 떨어지고 말았다. 몇 번이고 그때마다 날아다니는 외계인들이 결국 나를 해치웠다. 나는 이 게임을 하는 데 정말 많은 시간을 할애했다. 하지만 내 자신이 점프에 너무 무능했기에 이 과제를 제대로 완수하지 못했고, 이야기의 끝도 알 수 없었다. 정장 차림의 그 남자는 대체 누구일까?

비디오 게임 플레이어들은 만일 자신이 원하거나 또는 방법을 안다면, 언제든 강력한 네트워크의 일부가 될 수 있다. 그들 자신의 무능함이 그들을 막을 필요는 없다. 비디오 게임에는 만일 어떻게 활용하는지 그 방법을 안다면 여러 쓰임새가 있는 지식이 존재하고, 이런 지식은 플레이어와 상호작용하는 사람, 도구, 기술에 저장되어 있다. 나는 인터넷에 접속하여 여러 게임 사이트를 찾아보고, 게임에 명령을 입력할 수 있는 치트키를 발견하여 비행 외계인에게 내가 보이지 않게 만들었다. 이렇게 해서 나는 마구 총을 쏘아대는 그들을 의식하지 않고 편안하게 점프할 수 있었다. 나는 동굴 바닥으로 돌아왔을 때, 치트키를 끄고 전투를 계속했다.

그리고 충분한 탄약을 가지고 엄청나게 애쓴 끝에 결국 외계인 우두머리를 제거할 수 있었다. 이제 나는 정장 차림의 남자가 누구인지 안다.

치트키는 내가 개인적으로 소유하지 않은 비디오 게임을 디자인하고 프로그래밍하는 데 필요한 방대한 지식을 입력할 수 있는 매우 간단한 절차다. 예를 들어 스타워즈 제다이 나이트 2: 제다이 아웃캐스트 게임에서 영생(죽지 않음)을 얻기 위한 치트키는 다음과 같다. 우선 게임이 실행 중일 때 시프트 키(Shift)와 물결표 키(~)를 같이 누른다. 그러면 커서(프로그램의 행들과 함께)가 있는 화면이 나타난다. 이제 'devmapall'을 입력하고 엔터 키(Enter)를 누른다. 그런 다음 'god'를 입력하고 다시 엔터 키를 누른다. 마지막으로 시프트 키와 물결표 키를 한 번 더 같이 누른다. 이제 당신은 게임에서 죽을 수 없다. 게임마다 서로 다른 치트키가 있는데, 이것은 일반적으로 제작 단계에서 게임을 테스트하는 사람들이 사용하게끔 설계된 것들이다.

물론 죽지 않고 제다이 아웃캐스트를 하는 것은 그다지 재미가 없다. 하지만 하프라이프를 할 때 치트키를 사용하는 것은 꽤 기능적이다. 나는 치트키를 사용하면서 나에게 무한한 양의 탄약이나 생명을 줄 수도 있었지만, 그보다는 내 점프력을 향상시킨 뒤 내 능력으로 나머지 게임을 끝낼 수 있는 키를 사용하고 싶었다.

엄청난 양의 사용자 친화적 프로그래밍 지식을 담고 있는 이

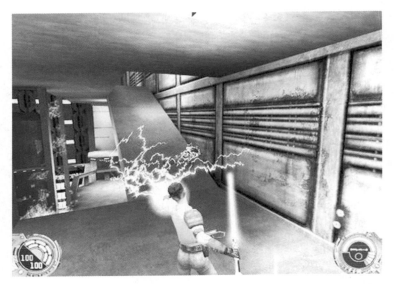

스타워즈 제다이 나이트 II: 제다이 아웃캐스트 SF 영화 스타워즈 시리즈를 기반으로 하는 동명의 일인칭 또는 삼인칭 슈팅 게임이다. 2002년 발매된 스타워즈: 제다이 나이트: 미스 테리 오브 시스의 2년 후 시점을 배경으로 한다.

작은 치트키는 딱 알맞은 방식으로 나를 보완하고 강력하게 만들어 줌으로써, 가능하다면 혼자서 게임을 완료하려는 내 목표를 달성할 수 있게 허락했다. 역설적이지만, 자랑스럽게 하프라이프를 완료했다는 나의 개인적 성취는 여전히 사회적 성취였다. 나는 다른 사람들의 지식과 함께 나를 보완해 주는 다양한 도구를 제공하는 대화방이나 게임 사이트들이 서로 연결된 대규모의 네트워크를 활용했다.

나는 이전에도 이 네트워크를 사용한 적이 있다. 형편없는 점프 선수로 비디오 게임을 시작했을 때, 내 방향 감각과 공간적 위치 감각은 완전히 비참한 수준이었다(이런 측면에서 게임은 실제로 나에게 도움이 됐다). 이런 상태는 많은 게임에 다양한 미로가 포함되어 있다는 점에서 보면 결코 좋은 상황이 아니다. 게임 초반에 나는 이 미로로 인해 깊이 좌절했다. 그런데 어느 날 내가 어떤 게임 전용 대화방에서 댓글을 읽고 있을 때, 한 플레이어(가명을 사용했기 때문에 나이, 인종, 성별을 모르는 사람)가 미로 밖으로 탈출하는 방법을 말해 주었는데, 미로에서는 가능하다면 항상 왼쪽으로 돌아야 한다는 것이었다. 이 플레이어는 실제 누군가의 질문에 답을 하던 중이었다. 나는 이 방법이 왜 효과가 있는지, 또 이 방법이 모든 경우에 잘 작동하는지 알지 못했지만 내 경우에는 항상 잘 통했다(그리고 항상 오른쪽으로 도는 방법도 당연히 잘 통했다).

물론 나는 적어도 처음에는 이 네트워크에 있는 다른 사람들과의 연결을 통해서 그들이 나한테서 얻는 것보다 훨씬 더 많은 것을 얻을 수 있었다. 하지만 나는 어느 날 한 사이트에서 수많은 플레이어가 특정 치트키를 어떻게 작동시키는지 전혀 알지 못한다는 사실을 알고서 기뻐했다. 이 키는 도스(DOS, MS윈도 이전에 개인용 컴퓨터에서 사용했던 운영 체제)에 들어가 올바른 디렉토리를 찾아서 도스 명령어를 입력해야만 얻을 수 있는 코드였다. 이 사이트의 플레이어들은 아마도 도스를 기억하거나 도스를 능숙하게 사용하기에는 너무 어린 나이였을지도 모른다. 물론 나는 도스를 정말 많이 사용했을 만큼 충분히 나이가 들었다. 이 때문에 아이러니하게도 나는 게임, 컴퓨터, 프로그래밍에 대해 분명히 나보다 더 많은 것을 알고 있을 젊은이들에게 어떻게 치트키를 작동시키는지 알려 줄 수 있었다. 여기서 우리는 심지어 네트워크 안에서의 약한 연결고리조차도 적합한 상황이라면 그 네트워크를 더욱 강력하게 만들 수 있음을 알 수 있다.

물론 이건 터무니없이 간단한 예다. 나는 의도적으로 매우 간단한 예를 사용해 요점을 명확하게 설명하려고 한다. 이 네트워크 상에 있는 다른 플레이어들과 치트키 같은 다양한 도구들은 내가 아는 것의 일부가 된다(나 역시 다른 플레이어들이 아는 것의 일부가 된다). 이것은 나의 정신 안에 다른 플레이어들이나 치트키들(적어도 처음에는)이 없더라도 마찬가지다. 내 지식은 사회적일 뿐만 아니라 내 몸 바깥에도 분배되어 있다. 집에서 혼자 비디오 게임을 하는 실력만 따진다면, 당신은 나를 과소평가할지 모른다. 하지만 당신이 나를 네트워크의 노드로 평가할 때는 내가 노드로서 어떻게 움직이는지도 확인해야 한다. 내가 게임을 하면서 얻는 지식은 나이 든 베이비 붐 세대처럼 제한적이긴 하지만, 그것은 노드로서 내가 수행하는 기능의 일부에 불과하다. 내가 얻은 지식 역시 네트워크 전체로 확산될 수 있는 지식이다. 결과적으로 지식이 나에게로 흘러 들어와 사람들이 원래 예상했던 것보다 나를 훨씬 더 좋게 만든 것이다.

학생들이 과학 분야에서 얼마나 잘하는지 또는 현대의 지식 중심 직업에서 직원들이 얼마나 잘하는지 알고 싶다면, 다음 질문들을 '모두'(첫 번째 것만이 아니라) 던져봐야 한다. 무엇이 그들의 머릿속에 있는가? 타인들, 도구, 기술, 환경에 분배된 지식을 얼마나 잘 활용할 수 있는가? 그들은 타인들과 다양한 도구 및 기술들을 다양한 방식으로 연결된 네트워크 안에서 어떻게 찾는가? 학교는 학생들의 머릿속에 들어 있는 것들에만 주의를 기울이는 경향이 있다. 이때 학교는 학생들을 머리와 몸이 타인이나 다양한 도구 및 기술, 네트워크의 강력한 노드 형성을 촉진하는 환경으로부터 완전히 분리된 존재로 취급한다. 아드리안은 이런 상황에서는 게임을 하지 않을 것이며, 우리가 인터뷰한 플레이어들 대부분도 그럴 것이다. 과학과 기술 중심의 '새로운 자본주의'에서 좋은 직장은 이런 식의 게임을 하지 않는다. 내 관점에서 보자면 이런 것들을 일삼는 학교는, 오늘날의 세계에서는 마치 응급실에 도착하자마자 사망한 사람과 같이 허망한 것이며, 비디오 게임을 하는 아이들은 이런 사실을 꽤 잘 알고 있다.

교실에서의 과학

사회적 상황인지 분야의 선도적 이론가인 진 레이브는 내가 여기서 말한 모든 것에 잘 어울리는 학습관을 발전시켰다. 레이브는 학습이 (전통적인 학교의 척도인) 정신의 변화가 아니라 "변화하는 실천 과정에 참여하는 변화"로 가장 잘 판단될 수 있다고 주장한다. 또 학습이 단지 실천의 변화가 아니라 정체성의 변화라고도 강조한다. 레이브에게는 "실천을 통해서 정체성을 형성하는 일이 근본적인 과제다. 이런 학습을 위해서는 특정 도구와 기술이 필요하다기보다는, 오히려 참여자가 되는 방법, 참여하는 방법, 참여자와 실천이 변화되는 방법이 요구된다. 어떤 경우든 구체적인 참여 방법에 대한 학습은 특정한 상황적 실천 맥락에 따라 달라진다. '학습 메커니즘'이라는 용어는 '메커니즘'이 실천 속으로 사라짐에 따라 중요성의 측면에서 약화되고 있으며, 사실 이 용어는 완전히 사라질 수도 있다. 대체로 사람들은 다양한 개인이 되는 것이다."

레이브의 관점은 현대의 많은 직업이 팀 혹은 프로젝트 기반을 중심에 두는 경향에 완벽하게 부합한다. 이 학습 관점은 '새로운 자본주의'(산업 제조 공정보다 지식에 더 많은 기반을 둔 자본주의)의 현대 세계에서는 점점 더 우리 자신을 단일 직업에서 '경력 사다리'를 오르는 단선적 발달 관점에서가 아닌 일종의 '포트폴리오'로 보아야 함을 강조한다. 여기서 포트폴리오는 빠르게 변화하는 세상에서 우리가 직장에서 직장으로, 프로젝트에서 프로젝트로, 이 경력에서 저 경력으로 움직이는 궤적 안에서 '직장' 안팎의 다양한 과업들을 통해 습득한 재배열 가능한 기술과 정체성으로 구성된다. 레이브의 관점은 또한 지속적인 변화에 적응하는 암묵적 지식 근로자들이 잘 활약할 수 있도록 촉진하는 새로운 자본주의적 강조점과도 맞아떨어진다. 또한 이 관점은 게임 플레이어가 웹사이트와 채팅방을 통해 클랜과 길드의 구성원으로서 비디오 게임을 할 때 그들이 학습하는 방법과 잘 어울린다.

교육 분야에서 레이브의 학습 관점은 두 명의 선도적인 교육 인지과학자인 앤 브라운과 조셉 캠피온이 디자인한 교실('학습자 공동체'라고 함)에서 잘 구현되었다. 안타깝게도 브라운은 얼마 전에 사망해 학습 이론 분야는 빈약한 상태로 남아 있다. 브라운과 캠피온의 강의실에서는 지식과 이해가 공적이고, 협력적이며, 분산되고, 분배될 수 있게 다양한 장치를 사용했다. 이 중 두 가지 방법은 '상보적 교수법'과 '직소 방법'이다.

상보적 교수법에서는 교사와 학생 모둠이 글 자료를 읽고 교대로 토론을 주도한다. 모둠의 사회자는 질문을 하는 것으로 토론을 시작한다. 모둠은 글을 다시 읽고, 필요한 경우 글 해석에 관한 가능한 문제들을 논의한다. 이들은 기회가 있을 때마다 글 내용의 이해를 분명하게 확인하려고 시도한다. 토론이 끝나면 사회자는 읽은 것의 핵심 내용을 요약한다. 사회자는 또한 모둠원들에게 앞으로 나올 글 내용에 대한 예측을 요청한다. 이런 방식으로 성공적인 독해의 핵심 구성 요소들(일반적으로는 '사적인 정신'에 보관되는 것으로 간주되는)이 공론화되고, 분명해지며, 분배된다.

협동 학습에서 일종의 퍼즐 맞추기인 직소 방법의 경우, 학생들은 1차 모둠에서 학습 대주제의 하위 영역 일부를 배정받아 상보적 교수법을 통해 배운 후에 2차 모둠에서 다른 구성원들에게 자신이 배운 내용을 가르칠 수 있어야 한다. 브라운과 캠피온은 이 방법을 과학 교실에 적용했다. 이 교실에서 학생들은 여러 개의 연구 모둠(1차 모둠)에서 협력적으로 학습했는데, 각각의 모둠은 전체 주제 혹은 상위 주제 아래의 다양한 소주제들, 가령 동물 보호 기제, 인구 변화, 먹이 사슬과 같은 것 중 하나를 각각 맡아 헌신적으로 탐구했다. 그런 다음 학생들은 각각의 연구 모둠에서 주제를 탐구한 구성원들 각 한 명씩으로 구성된 학습 모둠(2차 모둠)으로 재배치되어 습득한 하위 주제를 순서대로 가르쳐야 했다.

직소 활동에서 모둠의 구성원은 처음에는 전체 주제 중 한 부분에 대해서만 전문가이며, 다른 어떤 모둠도 전체 주제에 대한 전문가가 아니다. 하지만 각 모둠은 자신들이 공부한 소주제 지식을 전문적으로 전체 교실에 분배한다. 이 활동에서 유일한 '지도자(교사)'는 없다. 학생들은 다양한 집단 구성과 토론 상황에서 연구자, 학습자, 교사의 역할을 동시에 수행한다. 어디에도 '중심'은 없으며, 분배된 역할과 책임이 작동하는 유연한 네트워크가 있을 뿐이다.

현대적 컴퓨터, 원격 의사소통, 네트워크 기술의 보편적인 사용에 더하여, 브라운과 캠피온의 교실은 여전히 중요한 여러 특질을 실현한다. 예를 들어 학생들은 외부 전문가와 이메일 대화를 나누고 관련 정보를 웹에서 검색했다. 이는 모두 학교 교실과 아이들을 더 큰 지식 시스템으로 연결하는 방법들이다.

이 교실의 학생들은 또한 일부 영역을 각각 '전공'했다. 각 학생은 특정 소프트웨어, 특정 테크놀로지, 또는 특정 관심 영역에 대한 전문가가 될 수 있다. 물론 이때 학생은 여전히 교실 전체 프로젝트의 모둠 구성원으로서 온전하게 참여하면서도, 자신의 전문 분야에서는 다른 학생들을 적극적으로 돕고 가르친다.

브라운과 캠피온의 교실이 지니는 모든 측면은 공동 활동 '영역' 안에서 학습을 지원하기 위한 방식으로 조직되었으며, 이런 것들은 이 교실이 현대 지식 및 기술 중심의 직장과 공유하는 또 다른 특질이라고 할 수 있다. 브라운과 캠피온은 러시아 심리학자인 레브 비고츠키에게서 '근접 발달 영역'이라는 개념을 빌려왔다. 그들은 이 영역을 '(개인이 위치한) 현재의 이해 수준과 (그가) 다른 사람 또는 강력한 인공물과 협력했을 때 도달할 수 있는 미래의 이해 수준 간의 거리'로 정의했다. 이 개념의 핵심은 초보자가 대부분은 무의식적으로 관련 도구 및 기술을 가진 타인과의 비계식 공동 활동을 통해 현재의 자신보다 더욱 전문가다운 목표, 가치, 이해를 '내재화'하거나 수용한다는 것이다. 브라운과 캠피온의 교실이 지닌 아름다움은 학습자 이외의 나머지 학생들, 교실에 존재하는 다양한 기술들, 교실 활동들의 구조 그 자체가 단지 전통적인 교사의 역할뿐 아니라(비록 교사들이 이런 교실에서 늘상 활동하고 있지만) 비계를 제공하는 체계적인 전문가의 역할을 맡는다는 것이다.

브라운과 캠피온의 접근 방식이 여전히 사용되고 있지만, 오늘날 많은 학교에서는 기능 훈련과 시험 준비가 다른 무엇보다 우선시된다. 그럼에도 불구하고 학습과학 분야의 사람들은 브라운과 캠피온의 접근법이 가진 장점을 극대화하여 다양한 방식의 혁신적 교육과정 아이디어를 제시해 왔다. 이들은 지식을 공적이고 협력적으로 분배 및 분산되도록 만든다.

브라운과 캠피온의 교실과 많은 현대적 직장은 사람들이 '실천 공동체'라고 부르고 내가 친교 집단이라고 부르는 것으로 구성된다. 나는 여기서 '실천 공동체'라는 용어를 사용하지 않으려 한다. 그 이유는 이 용어가 다양한 의미를 가지기 때문이며, '공동체'라는 단어에 수반되는 낭만적인 개념들을 피하고 싶기 때문이다. 친교 집단은 선과 악, 그 사이의 모든 것이 가능하다. 아드리안과 같은 비디오 게임 플레이어들은 친교 집단 구성원의 대표적인 예라고 할 수 있다. 직장, 학교, 지역 공동체에 상관없이 나에게 친교 집단은 종종 다음과 같이 특징지어진다.

1 친교 집단의 구성원은 일차적으로는 공동의 노력으로만 서로 결합하며, 이차적으로는 결국에 공동의 노력을 촉진하는 데 활

용되는 정서적 유대로 결합한다. 시사점: 정서적 유대와 사회문화적 다양성은 그것이 공동의 노력보다 더 중요해질 때 사람들을 분열시키기 때문에 위험을 초래하기도 하지만, 그렇지만 않다면 좋은 것이다.

2 공동의 노력은 단일하고 개별적이거나 탈맥락화된 작업이 아니라 전체 과정(다양하지만 통합된 기능을 포함한)을 중심으로 조직된다. 시사점: 어떤 엄격한 부서, 경계, 범위도 없다.

3 친교 집단의 구성원은 집약적 지식뿐만 아니라 확장적 지식도 가지고 있다. '확장적'이란 구성원들이 공동으로 노력하는 많은 부분 또는 모든 단계에 참여해야 함을 의미한다. 이때 그들은 다중적으로 혹은 부분적으로 서로 겹치는 기능들을 수행하고, 그들의 노력을 부분이 아닌 전체 시스템으로서 성찰할 수 있다. 시사점: 협량한 전문가도 없고, 엄격한 역할도 없다.

4 확장적 지식 외에도 구성원들은 각자 하나 이상의 영역에서 집약적 지식, 즉 심층적이고 전문적인 지식을 가지고 있다. 구성원들은 또한 외부 경험과 다양한 사회문화적 관계(가령 민족적 소속)에서 얻은 특정한 종류의 집중적 지식을 친교 집단이 공동의 노력을 기울일 때 가져올 수 있다. 시사점: 범위가 좁지 않은 전문가가 바람직하다.

5 친교 집단의 지식 대부분은 암묵적이고(구성원들이 다른 구성원들과 다양한 도구 및 기술을 사용해 정신적, 사회적, 물리적 조

화를 이루는 사이에 구체화됨), 분배되어 있으며(다양한 구성원들, 공유된 사회적 기술적 실천과 도구 및 기술에 걸쳐 퍼져 있음), 분산되어 있다(모두 현장에 있는 것은 아니지만, 여러 공간과 기관들에 걸쳐 네트워크로 연결됨). 시사점: 지식은 머리, 개별 구성원, 또는 책에 있는 것이 아니라 다른 무엇보다도 관계들의 네트워크 안에 있다.

6 친교 집단에서 지도자의 역할은 수많은 지식이 항상 암묵적이며 실천 속에 있음을 인지하면서, 집단을 디자인하고, 지속적으로 자원을 제공하며, 구성원들이 자신의 암묵적 지식을 명시적 지식으로 전환하도록 지지하고 지원하는 것이다. 여기서 시사점은 지도자는 '보스'가 아니며, 명시적 지식만이 원래의 친교 집단 외부로 전파되어 사용될 수 있다는 것이다.

어떤 '직업'이나 일련의 고정된 기능 혹은 실천과 동떨어진 문화가 아니라 실천 자체가 스스로에게 정체성을 부여한다는 점에서, 친교 집단의 사람들은 이렇게 실천 과정에 깊게 참여함으로써 헌신한다. 다양한 개인의 능력과 문화는 친교 집단 그 자체를 초월하는 정체성으로서가 아니라 그 집단의 자원으로 사용된다.

브라운과 캠피온이 디자인한 교실과 유사한 다양한 변형들이 존재한다. 아이러니하게도 1980년대 미국 경제가 일본 경제나 다른 아시아 경제들에 비해 부진했을 때, 이런 교실들이 인기를 얻고 확산되었다. 정책 입안자들이 원했기 때문이다. 그러나 미국 경제가 상승하고 아시아 경제가 하락하자 많은 정책 입안자가 기능의 반복 훈련으로 돌아가자고 소리 높여 주장했고, 학습자를 사회적 고립 존재(다른 사람, 지식, 도구로부터 격리된)로 보는 인식을 다시금 요구했다.

내가 보기에 여기서 일어난 일은, 정책 입안자들이 이전에 생각했던 것처럼 '새로운 자본주의'가 모든 노동자를 '지식 노동자'로 만들지는 못할 것이라고 보기 시작했다는 것이다. 오히려 새로운 글로벌 하이테크 경제는 지식 노동자 외에도 서비스 노동자를 요구했다. 서비스 노동자는 양질의 의사소통 기술과 협력적이고 유연한 의지가 필요했지만, 그들에게 정교한 기술이나 전문 지식이 필요하지는 않았다. 따라서 경제적으로 더 혜택받은 학습자들이 다니는 더 유리한 학교는 사고 교육과정을 통해 미래의 지식 노동자를 준비시켰을 테지만, 경제적인 혜택을 덜 받은 학습자들이 있는 덜 유리한 학교는 '기초' 기능의 반복 훈련을 통해 새로운 자본주의 시대가 필요로 하는 서비스 노동자와 기타 산업 및 육체 노동자를 준비시켰을 것이다.

아마도 이런 생각이 지나치게 냉소적일지 모른다. 그러나 어쨌든 혹은 무슨 이유로든, 비디오 게임을 하는 젊은이들은 종종 더욱 치밀한 친교 집단을 경험하면서, 다양한 사람, 도구, 기술로부터 더 많은 지식을 얻고, 그 지식을 지렛대로 활용하며 학교에서

보다 더욱 강력한 네트워크로 서로 연결된다.

내부자와 생산자로서의 학습자

비디오 게임은 질문에 기반한 교실 또는 노동자의 비판적 사유를 장려하는 직장에 잘 어울리는 강력한 학습 원리들을 통합하고 있다. 이런 게임들 대부분에는 게임 디스크 안에 무료 소프트웨어가 함께 들어 있는데, 플레이어는 이 소프트웨어로 그 게임의 새로운 확장(팬 수정 또는 모딩)을 시도하거나 심지어 새로운 게임을 만들기도 한다.

예를 들어 인터넷에서 다른 사람들과 함께 슈팅 게임을 즐기는 플레이어는 새로운 '맵'(플레이어가 서로 전투에 참여할 수 있는 새로운 환경)을 만들 수 있다. 실제로 게임 회사는 플레이어들이 이런 맵을 만들어 인터넷을 통해 다른 사람들이 사용할 수 있도록 적극적으로 권장함으로써, 회사가 원래 해야 할 일, 예를 들어 이미 만든 맵을 보완하여 새롭게 디자인하는 작업을 공짜로 해 낸다. 종종 플레이어들은 싱글플레이어 모드에서 게임을 마친 후 완전히 새로운 수준의 게임을 디자인해서 계속 플레이하고는 한다. 일부는 특정 게임에 연결된 소프트웨어를 사용하여 완전히 새로운 게임(완전 변환이라고도 하는 '모딩')을 만들어 인터넷을 통해 판매하

데이 오브 디피트 밸브사의 멀티플레이 기반 1인칭 슈팅 게임으로, 플레이어는 연합국과 추축국 중 하나를 선택하여 제2차 세계 대전을 배경으로 하는 전투에 참여한다.

기도 했다(하프라이프는 하프라이프 카운터 스트라이크, 데이 오브 디피트, 액션 하프라이프와 같은 게임을 개발한 매우 역동적인 모딩 공동체를 탄생시켰다).

좋은 비디오 게임에서 플레이어는 수동적인 소비자를 넘어 자신의 학습 경험을 맞춤화할 수 있는 적극적인 제작자가 된다. 게임 디자이너가 내부자가 아니듯, 플레이어도 외부인이 아니다. 이는 학교에서 교사는 내부자이고 학습자는 단순한 소비자로서 마치 주어진 것만을 따르는 외부인이 되어 버리는 경우와는 사뭇 다르다. 오히려 게임 디자이너와 게임 플레이어는 모두 내부자이면서 동시에 플레이어는 마음만 먹는다면 제작자가 될 수도 있다.

여기서 외부인은 필요하지 않다.

소프트웨어를 사용하여 새로운 확장 기능이나 아예 새로운 게임을 디자인하는 것은 플레이어가 학습자이면서 동시에 제작자가 되는 고난도의 극적인 예이지만, 대부분의 좋은 비디오 게임에는 다양한 난이도 수준에서 이런 원리가 장착된다. 비디오 게임에서 플레이어는 여러 가지 난이도를 선택할 수 있다. 일부 게임에서는 게임이 너무 어려워지거나 너무 쉬워질 때 게임 중간에도 플레이어가 난이도를 조정할 수 있다(그 후에 먼저대로 전환한다). 또한 이전 장에서 설명했듯이, 좋은 비디오 게임에서는 플레이어가 다채로운 플레이 스타일(가령 스텔스 또는 공공연한 어그로)을 선택해 여러 가지 방법(가령 논리적, 체계적 시행착오, 자유 탐색, 암시 등)으로 문제를 해결할 수도 있다. 따라서 플레이어는 자신이 선호하는 학습 스타일에 맞게 게임 경험을 맞춤화하거나 아예 새로운 스타일을 시도할 수 있다.

플레이어 집단이 (인터넷을 통해 함께 작업할 수 있는) 게임 회사 자체의 무료 소프트웨어를 사용하여 만든 완전 변환 게임 중에는 일반적인 시판 게임보다 훨씬 좋고 뛰어난 것들도 있다. 모딩을 위해서는 여전히 원본 파일을 사용해야 한다는 점에서 이런 완전 변환 게임의 플레이어는 일반적으로 원본 게임을 가지고 있어야 한다. 따라서 게임 회사는 종종 인터넷을 통해 플레이어들이 모딩을 사용할 수 있도록 기꺼이 도와준다. 데이 오브 디피트는 하프라이프 게임의 완전 변환이다. 하프라이프는 과학자와 외계인에 관한 것이지만, 데이 오브 디피트는 제2차 세계 대전에 관한 매우 사실적인 군사 게임이다. 데이 오브 디피트는 하프라이프를 만든 회사에 의해 (소액의 접속료로) 제공되었으며, 한때 이것은 상업용으로 만들어진 많은 여타 군사 게임들보다 훨씬 인기가 높았다. 이 회사는 이미 또 다른 완전 변환 게임(카운터 스트라이크)을 즉각 사들여 상업용 게임으로 판매하는 데 성공했다.

다음은 온라인 잡지 『살롱닷컴』이 2002년 4월 게임 플레이어가 게임 디자이너가 되는 현상을 다룬 내용이다. "이제 사람들은 최고의 게임 회사들이 모딩 제작자인 모더(게임을 개조하는 사람)들에게 게임 디자인을 위한 좀 더 창의적인 방식을 제시하고, 야만적으로 경쟁하는 시장에서 모더들이 생존할 수 있도록 보장해주기를 기대한다. 이는 팬들이 콘텐츠에 손대는 것을 보복적으로 막고 저작권에 대한 관행적 해석에 집착하는 음악 및 영화 산업과는 눈에 띄게 대비된다. 팬들의 창의력을 키움으로써 게임 업계에서 더 민첩한 동료들이 살아남았을 뿐만 아니라 오히려 번창했다." 2002년 이후로 게임 업계에서도 팬이 만든 제작물에 대한 반발이 있었음을 인정해야 했지만, 나는 모딩이 계속될 것이라고 믿는다. 왜냐하면, 점점 더 많은 젊은이가 쉽게 구할 수 있는 게임 엔진을 통해 자신의 게임을 디자인하는 방법을 배우고 있고, 많은 대학과 회사에서 청소년들이 게임 디자인을 배우는 데 도움이 되

토니 호크의 프로 스케이터 스케이트보드를 소재로 한 3D 스포츠 게임으로, 세계적으로 유명한 프로 스케이터 토니 호크의 이름을 따서 만들었다. 플레이어는 유명 스케이터를 조종하고, 다양한 스케이트보드 트릭을 수행하며 높은 점수를 기록해야 한다. 플레이어는 주어진 점수에 따라 동메달, 은메달, 금메달을 획득한다.

도록 사용하기 쉬운 소프트웨어를 만들기 시작했기 때문이다.

내가 맥스(가명)라고 부르는 12살 소년의 이야기를 한번 들어보자. 맥스는 매우 인기 있는 스케이트보드 게임 시리즈인 토니 호크의 프로 스케이터(이 시리즈에는 토니 호크의 아메리칸 언더그라운드, 토니 호크의 아메리칸 웨이스트랜드, 토니 호크의 프로젝트 8 등 여러 게임이 있다)를 플레이하면서 새롭게 디자인한 맵에 관한 이야기를 들려줬다. 이 게임에서 플레이어는 전설적인 (그러나 실재하는) 스케이트보드 전문가 토니 호크를 선택하여 그의 트레이드마크 기술로 스케이트를 타거나, 또는 다른 전문 스케이터 중 한 명을 선택할 수도 있다. 플레이어는 사람들과 장애물로 가득 찬 다양한 도시 또는 비도시 환경에서 스케이트를 타며 거친 도약과 기술들에 몰입한다. 맥스는 토니 호크의 프로 스케이터에서 플레이어가 스케이트보드를 타고 문제를 해결할 수 있는 새로운 환경, 즉 스케이트보드 공원의 지도를 새롭게 만드는 방법을 설명한다. 맥스는 인터뷰 중에 기자에게 그의 지도 중 일부를 보여 주었다. 일반적인 대면 인터뷰에서처럼 인쇄본만 봐서는 모든 세부 사항을 이해하지는 못하지만, 인터뷰의 요지는 충분히 명확하다.

대략 스무 개의 지도를 만들었어요. 첫 번째 지도는 아주 닥치는 대로 만들었어요. 꽤 형편없고 어수선했어요. 무언가에 부딪히기도 하고 별로 재미가 없었어요. 내 첫 번째 지도는 아주 다채로웠지만 난잡하고, 모든 걸 다 집어넣어서 그런지 여백이 없었어요. 그게 나빴던 이유예요. 그저 모든 걸 쑤셔 넣으려고 애썼어요. 그렇게 끝까지 해 내긴 했지만, 재미는 없었어요.

그래서 처음부터 다시 시작했고, 하나의 주제를 갖고 시작했죠. 그때 공원을 만들어야겠다는 생각이 머리에 떠올랐어요. 나무들과 사물들이 있는 장소처럼요. 거기엔 나무들이 있고, 내가 나무를 많이 만들어서 올라탈 수도 있죠. 그것도 근사해 보였어요. 그리고 수목원 같은 데서 보는 계단과 난간 같은 것들도 있었어요. 꽤 괜찮은 지도가 되었죠.

내가 만든 또 다른 건 '비밀의 방 찾기'였어요. 나는 이걸 정말 지루한 곳으로 만들려고, 바깥에 벽을 두고 작고 눈에 띄지 않는[찾아내야 하는] 방을 만들었어요. 친구들이 내 지도에서 게임을 하게 만들고, 그 친구들이 게임을 하러 여기로 와요. 나는 "야, 이거 해봐."라고 말하죠. 친구들은 비밀의 방을 찾아냈어요. 별로 좋진 않았죠. 재미있었지만 방이 제대로 숨겨져 있지 않았어요. 저는 게임을 처음 갖게 되었을 때, 아마도 게임을 시작한 이튿날부터 지도들을 만들기 시작했어요.

맥스는 고작 열두 살이지만, 이건 제작자의 이야기였다. 분명히 디자이너의 이야기였다. 맥스는 자신의 디자인 결정(그는 그것에 대해 자기 비판을 아끼지 않는다)을 분석할 수 있는 치밀한 평가 체계를 스스로 개발하고 있었다. 맥스는 학습자로 게임을 소유한 이튿날부터 곧바로 제작자이자 내부자가 되었다. 이것은 그가 지도를 만든 첫 번째 게임이다. 점점 많아지는 우리의 과학 교실 평가 체계에 관하여 과연 12살짜리 아이들이 프로듀서, 디자이너로서 이런 대화에 참여할 수 있을까? 시험과 기능 집약적 학습을 권장하는 오늘날 학교에서는 대부분 그렇지 못한데, 그렇다면 아이들은 우리 문화에서 사람들이 여전히 '시간 낭비'라고 생각하는 비디오 게임을 할 때 학교에 있을 때보다 훨씬 강력한 학습관을 경험할 수 있을 것이다.

학습 원리

다음은 이 장에서 논의한 것처럼 좋은 비디오 게임에 내장된 학습 원리들이다. 다시 말하지만, 각각의 원리들은 비디오 게임의 학습과 교실의 내용 영역 학습 모두와 연관된다. 다시 한 번 강조하지만, 이들 원리에는 특별한 순서가 없다. 이들 각각이 모두 중요하다.

◀ LEARNING PRINCIPLE ▶

---

33 분포 원리. 의미/지식은 학습자, 대상, 도구, 기호, 기술, 환경에 분포해 있다.

34 분산 원리. 의미/지식은 학습자가 영역/게임 외부의 사람들과 그것을 공유한다는 점에서 분산되어 있는데, 공유 대상에는 학습자가 거의 또는 전혀 대면한 적이 없는 사람들도 포함되어 있다.

35 친교 집단 원리. 학습자들은 인종, 성별, 국가, 민족 또는 문화가 아니라, 주로 공동의 노력, 목표, 실천을 통해 결속된 '친교 집단'을 구성한다.

36 내부자 원리. 학습자는 (단순히 '소비자'가 아니라) '내부자', '교사' 및 '생산자'로서 학습 전반에 걸쳐 자신의 학습 경험과 영역/게임을 맞춤화할 수 있다.

08

리터러시 학습의 조건

: 게임이 가르치다

2003년에 이 책의 초판이 출간된 이래 교육 현장뿐 아니라 나에게도 많은 일이 일어났다. 이제 전 세계적으로 비디오 게임에 관해 다양한 담론이 펼쳐지고 있지만, 이 책을 읽은 많은 사람이 학교나 그 외 교육 환경에서 게임을 사용하라는 주장으로 이 책을 받아들인다는 점을 나는 잘 알고 있다. 하지만 이는 내가 의도한 주장이 아니다. 첫째, 나는 좋은 비디오 게임이 가진 좋은 디자인이 좋은 학습 원리를 내장하고 있으며, 게임이 있든 없든 상관없이 학교나 직장, 다양한 배움의 공간에서 이 원리를 활용해야 한다고 주장하고 싶었다. 둘째, 나는 젊은이들이 비디오 게임을 포함한 다양한 대중 문화적 실천을 할 때 실제로 무언가를 학습하고 있으며, 그것도 깊게 학습한다고 주장하고 싶었다. 우리는 굳이 학교와 교육을 암시하지 않고서라도, 일상생활에서 경험하는 즐거움의 한 형태인 배움을 더욱 깊게 만들기 위해 좋은 비디오 게임이 가진 디자인을 중요한 지렛대로 활용할 수 있다. 이제 이 두 지점 너머에서, 나는 학교와 직장이 좋은 학습 경험을 제공할 수 있는 한 가지 방법(유일한 방법은 아니지만)이 실제로 게임이나 게임과 같은 테크놀로지를 통해서 가능할 것이라고 주장하고자 했다. 물론 우리의 목적을 위해 젊은이들의 문화를 끌어들이는 일에는 각별한 주의가 필요하겠지만, 배움을 위해 게임을 사용하는 모든 일들을 설계할 때 우리는 젊은이들을 온전하고 생산적인 동반자로 존중해야만 한다.

나아가 이 책에서 나는 사람들이 비디오 게임을 하면서 배우는 내용이 항상 좋은 것이라고 주장하지 않는다. 오히려 좋은 비디오 게임을 즐기면서 사람들이 참여하는 일련의 사회적 실천이 좋은 학습일 경우가 많다. 우리는 도덕적인 것을 배우는 것만큼이나 수월하게 악한 것도 배울 수 있다. 좋은 학습을 도덕적인 학습으로 만들기 위해서는 학습자가 도덕적 공동체에 참여하고 게임과 소프트웨어 너머에 있는 것들을 바라볼 수 있어야 한다. 진짜 배움은 전적으로 게임 그 자체가 아니라, 비디오 게임과 같은 강력한 테크놀로지가 작동하는 사회적 상호작용 시스템에서 비롯된다.

좋은 비디오 게임이 플레이어를 강력한 형태의 학습에 참여하게 만드는 데에는 몇 가지 이유가 있다. 이런 종류의 강력한 학습은 사람들이 '교육'과 결속될 수 있는 학교, 직장, 공동체에서 다양한 방식으로 확산될 수 있다.

좋은 비디오 게임은 플레이어에게 강력한 정체성을 제공한다. 물리학이든 가구 제작이든 새로운 영역을 배우려면 물리학자나 가구 제작자가 수행하는 방식, 즉 새로운 방식으로 일과 세상을 바라보고 가치를 판단하는 법을 배워야 한다. 비디오 게임에서 플레이어는 메탈 기어 솔리드의 솔리드 스네이크와 같은 독특한 정체성 혹은 엘더스크롤 3: 모로윈드에서처럼 자신이 처음부터 구축한 정체성의 안목과 가치관을 통해서 세계를 읽는 법을 배운다.

좋은 비디오 게임은 플레이어를 과학자처럼 생각하게 만든다. 게임 플레이는 '가설을 설정하고, 세상을 조사하고, 반응을 수집하고, 결과를 성찰하고, 더 나은 결과를 얻기 위해 다시 생각하는' 일련의 전형적인 실험 과학의 순환 과정에 기반한다.

이런 게임은 플레이어를 소비자가 아니라 생산자로 만든다. 엘더스크롤 3: 모로윈드와 같은 개방형 게임은 결국 플레이어에 따라 저마다 다른 게임이 된다. 플레이어는 저마다 고유하게 행동하고 결정하면서 게임을 공동 디자인한다. 또 다른 수준에서 보자면, 플레이어는 게임이 함께 제공하는 소프트웨어를 가지고 게임을 개조하고, 토니 호크의 스케이트장처럼 시나리오를 새롭게 창작하거나 아예 완전히 새로운 게임을 생성하기도 한다.

게임은 실패에 따르는 영향을 줄여 준다. 플레이어가 실패하면 마지막으로 저장된 부분부터 게임을 다시 시작할 수 있다. 플레이어는 위험을 감수하면서 새로운 것을 탐색하고 시도하도록 권장된다.

좋은 게임은 플레이어가 자신의 학습 스타일과 플레이 스타일에 맞춰 게임을 설정할 수 있게 허용한다. 대개의 게임은 다양한 난이도를 갖고 있고, 특히 좋은 게임에는 여러 가지 방식으로 해결할 수 있는 문제들이 있다.

게임의 이런 모든 특질 덕택에 플레이어들은 진정한 주체성, 주인의식, 통제력을 느낄 수 있다. 이건 그들의 게임이다.

하지만 학습은 좋은 게임에서 더욱 심화된다. 최신의 학습 연구는 학습자가 문제 공간에 자유롭게 놓이면 종종 복잡한 문제들에 대한 창의적 해결책을 스스로 찾기도 하지만, 이런 해결책이 심지어 쉬운 문제의 경우에서도 나중에 좋은 가설로 이어지지 않는 경우가 빈번하다는 사실도 보여 준다. 좋은 비디오 게임에서는 문제들이 질서정연하게 조직되기 때문에, 초기 문제의 해결책이 이후의 더 어려운 문제에서도 유기적으로 잘 작동하는 가설로 이어진다.

좋은 게임은 일련의 도전적인 문제들을 제시하고 플레이어가 '숙달'의 단계에 이를 때까지 이 문제들을 꾸준히 연습하게 만든다. 그런 다음 '우두머리' 혹은 '보스'라 불리는 새로운 부류의 문제들을 던짐으로써 플레이어들이 당연히 숙달된 것으로 받아들이는 것들에 대해 다시 생각하도록 돕는다. 새로운 숙달의 경지는 변형된 연습의 반복을 통해서 강화되고, 이로써 플레이어는 곧 더욱 새로운 도전에 직면하게 된다. 이렇듯 강화와 도전의 순환적 학습 경험은 어떤 영역에서든 전문성 계발의 근간이 된다.

좋은 게임은 플레이어의 '역량 범위' 안에서 도달할 수 있는 가장 바깥쪽 경계에 머무른다. 이 때문에 플레이어는 게임을 한 번 '해 볼 만'하면서도 도전적이라고 느낀다. 이때 플레이어는 일종의 몰입 상태에서 기분 좋은 좌절을 경험한다.

게임은 플레이어가 고립된 사건, 사실, 기능이 아니라 이들 간의 관계에 대해 생각하도록 독려한다. 라이즈 오브 네이션스와 같은 게임에서 플레이어는 자신이 취한 행동이 미래의 행동에 어떤 영향을 미칠지, 각 시대에 걸쳐 문명을 움직일 때 다른 플레이어의 행동에 어떤 영향을 미칠지 생각해야만 한다.

게임은 지능을 바라보는 독특한 시각을 장려한다. 베이비 붐 세대는 똑똑하다는 것이 목표를 최대한 빠르고 효율적으로 달성하는 것이라고 생각한다. 하지만 좋은 게임은 플레이어가 행동에 앞서 철저히 탐색하고, 단선적이 아니라 복합적으로 생각하며, 이런 탐색과 다면적 사고를 통해서 때때로 자신의 목표를 재검토하도록 촉진한다. 이건 고위험의 복잡한 시스템으로 가득 찬 세상에서 통하는 좋은 생각이다.

고도의 테크놀로지가 주도하는 작업 공간과 마찬가지로 게임은 스마트 도구, 분배된 지식, 범용 조직을 필요로 한다. 게임에서 조작하는 가상 캐릭터들은 '스마트 도구'다. 그들은 플레이어에게 대여해 줄 수 있는 기술과 지식을 자체적으로 가지고 있다. 예를 들어 라이즈 오브 네이션스에서 가상 세계의 시민 캐릭터들은 도시를 어떻게 건설할지 그 방법을 알고 있지만, 플레이어는 도시를 어디에 건설할지 그 위치를 알아야 한다. 월드 오브 워크래프트와 같은 대규모 멀티 플레이어 게임에서는 플레이어 각각이 서로 다른 기술을 보유하고 팀에 소속되어 게임을 한다. 가령 마법사는 전사와는 다르게 플레이하기 때문에 각각의 플레이어는 자신의 전문 분야에 숙달되어야 하지만, 서로의 전문 분야를 어떻게 조화시켜야 할지도 충분히 이해해야 한다. 더욱이 협력적 팀 프로젝트 맥락에서 사람들은 그들의 인종, 계급, 민족 또는 성별이 아니라 그들 공동의 노력에 대한 헌신을 통해서 제휴한다. 인종과 같은 요소들은 만일 플레이어가 원한다면 집단 전체를 위한 자원으로 사용될 수도 있다. 따라서 비디오 게임 플레이에서 요구되는 핵심 지식은 현대의 과학 실험실이나 고도의 기술을 요구하는 직장에서처럼 일단의 사람들과 일련의 스마트 도구들 사이에서 실제로 분배된다.

비디오 게임은 역량에 앞서 수행의 원리에 따라 움직인다. 플레이어는 게임 역량을 갖추기 전이라도 게임의 디자인과 게임이 제공하는 '스마트 도구', 게임 또는 대화방에서 교류하는 고급 플레이어들의 도움을 받아서 게임을 수행할 수 있게 된다.

언어의 측면에서 볼 때, 사람들은 맥락에서 벗어난 단어들을 다루는 데 취약하다. 게임은 거의 항상 플레이어가 필요로 하거나 사용할 준비가 되어 있을 때 '시의적절하게', 그리고 플레이어의 요청에 따라 '맞춤형으로' 언어 정보를 제공한다.

더욱이 연구에 따르면, 사람들은 단어가 지시하는 것에 관한 경험들, 가령 행동, 이미지, 대화 등을 연결할 수 있을 때만 실제로 그 단어가 의미하는 바를 제대로 알 수 있다고 한다. 경험의 연결은 단지 언어적 의미뿐 아니라 상황적 의미를 이해할 수 있게 한다. 게임은 항상 언어의 의미들과 그것들이 행동, 이미지, 대화 등에 따라 어떻게 다양해질 수 있는지를 맥락적으로 보여 준다. 게임은 단지 단어를 위한 단어, 즉 '정의'만 제공하지는 않는다.

학습 분야의 연구는 좋은 비디오 게임에서 발견되는 학습의 특질들을 모두 충분히 뒷받침한다. 이 모든 특질이 과학이나 사회 과목의 학습에서와 같이 학교 상황에서 실현될 수 있고 또한 실현되어야 할 것이다. 만일 우리의 젊은이들이 학교에서보다 대중문화에서 더욱 심층적인 학습의 원리들을 지속적으로 발견하게 된다면, 그들에게는 어떤 생각이 떠오를까?

내가 볼 때 비디오 게임은 새로운 형식의 예술이다. 우리는 아직 사람들이 비디오 게임을 어떻게 '읽는지', 그것에서 어떤 의미를 만들어 내는지 알지 못한다. 그리고 여전히 우리는 그들이 미래에 게임을 어떻게 '읽을지'도 알지 못한다. 비디오 게임은 이제 겨우 그 잠재성이 발휘되는 시작 단계에 있을 뿐이며, 게임에 대해 "우리는 아직 아무것도 보지 못했다". 비디오 게임은 더욱 깊고 풍부해질 것이다. 하지만 지금 이 순간, 비디오 게임은 매우 재미있고 매력적인 상호작용적 테크놀로지임이 분명하다.

이것이 전부다. 솔직히 나는 비디오 게임을 하는 것이 정말 즐거웠고 또한 지금도 즐거우며, 다른 게이머들처럼 비디오 게임에 대해 이야기하고 싶었기에 이 책을 집필했다. 사실, 사람들은 자신이 지금 배우고 있는 것에 대해 말하고 쓸 기회가 주어질 때 가장 잘 배울 수 있다. 이건 참으로 중요한 학습 원리다. 이 책을 쓰면서 아마도 나는 이 책을 읽은 그 누구보다도 많은 것을 배웠을 것이다.

부록 1

좋은 게임에 숨겨진 36가지 리터러시 학습 원리

1 **능동적·비판적 학습 원리.** 기호 영역의 디자인과 구현 방식을 포함한 모든 측면에서 수동적 학습이 아니라 능동적이며 비판적인 학습을 촉진할 수 있도록 학습 환경을 설계한다.

2 **디자인 원리.** 기호 영역의 디자인과 디자인 원리를 배우고 평가하는 것이 학습 경험의 핵심이다.

3 **기호 원리.** 이미지, 언어, 행동, 상징, 인공물 등 여러 가지 복잡한 기호 체계가 갖는 내적·통합적 상호 관계성에 대해 배우고 그것을 평가하는 것이 학습 경험의 핵심이다.

4 **기호 영역 원리.** 기호 영역을 일정 수준으로 숙달하고 해당 기호 영역과 관련된 친교 집단(들)에 일정 수준으로 참여해야 한다.

5 **기호 영역에 대한 메타적 사고 원리.** 해당 기호 영역이 다른 기호 영역과 맺는 관계들에 대하여 능동적이고 비판적으로 사고해야 한다.

6 **'심리사회적 유예기' 원리.** 학습 공간에서의 행동이 현실 세계에 큰 영향을 미치지 않는다면, 학습자는 학습 공간에서 기꺼이 위험을 감수할 수 있다.

7 **헌신적 학습 원리.** 가상 세계가 흥미롭고 가상 정체성이 헌신할 만한 가치가 있다고 느낄 때, 학습자는 자신의 실세계 정체성을 확장하기 위해 더욱더 열심히 노력하며 실천한다.

8 **정체성 원리.** 학습을 위해서는 정체성을 취해야 한다. 학습자는 자신의 가상 정체성을 만들어 나가는 과정에서 기존의 정체성과 새로운 정체성 사이의 관계성을 매개할 충분한 선택권과 기회를 갖게 된다. 학습자가 여러 모습의 실세계 정체성, 가상 정체성, 프로젝트 정체성을 학습 과정에서 서로 연결하고 성찰할 수 있을 때 이 세 가지 정체성은 삼위일체로 작동한다.

9 **자기 지식 원칙.** 가상 세계는 학습자가 해당 기호 영역을 배울 뿐만 아니라 자신의 현재 상태와 잠재력을 깨닫고 나아가 자기 자신에 대해서도 알아 갈 수 있도록 구조화된다.

10 **입력 증폭 원리.** 학습자는 작은 투자만으로 큰 결과를 얻는다.

11 **성취 원리.** 다양한 학습자를 위해 학습의 초기 단계에서부터 각 학습자의 수준, 노력, 숙련 정도에 따라 맞춤화된 내적 보상이 주어지며, 이 보상 체계는 학습자의 지속적 성취도를 나타낸다.

12 **실천 원리.** 학습자는 실천이 지루하지 않은 상황에서(즉, 가상 세계가 학습자에게 흥미롭게 느껴지고 그 속에서 거듭하여 성공해 나갈 수 있을 때) 부단히 노력하고 실천한다. 이때 학습자는 학습 과제에 수많은 시간을 쏟아붓는다.

13 **지속적 학습 원리.** 학습자와 전문가의 구분은 모호하다. 왜냐하면 학습자는 (다음에 제시한 역량 체계 원리에 따라 점점 더 어려운 수준으로 올라갈수록) 새롭거나 변화된 조건에 적응하기 위해 그동안 자신에게 익숙해진 능력과 기술을 던져버려야 하기 때문이다. 지속적 학습이란 새로운 학습, 자동화, 자동화의 철회, 새로운 자동화라는 일련의 순환 과정이다.

14 **역량 체계 원리.** 학습자는 자신이 가진 자원의 범위 안에서 움직여야 하지만, 동시에 자기 역량의 한계에 도전할 충분한 기회가 주어져야 한다. 학습자는

그 한계점에서 어렵다고 느끼면서도 동시에 '못 할 것이 없다'고 생각하게 된다.

15 **조사 원리.** 학습은 세계를 조사하는(즉, 무언가를 하는) 순환 과정이다. 학습자는 행동하는 중에 성찰하고, 행동한 후에 성찰하며, 이를 근거로 가설을 설정한다. 이 가설을 검증하기 위해 세계를 재조사한 후, 가설을 받아들이거나 재검토한다.

16 **다중 경로 원리.** 발전하고 전진하는 방법은 여러 가지가 있다. 따라서 학습자는 대안적인 방법을 모색하는 중에도 자신의 학습 방법과 문제 해결 방법, 자신의 강점을 믿고 다양한 선택을 할 수 있다.

17 **상황적 의미 원리.** 기호(언어, 행동, 사물, 인공물, 상징, 텍스트 등)의 의미는 구체적인 경험 안에서 맥락화된다. 의미란 일반적이지도 탈맥락적이지도 않다. 의미가 도달하는 일반성은 그것이 무엇이든 구체적인 경험을 통해 상향식으로 발견된다.

18 **텍스트 원리.** 텍스트는 (텍스트에 있는 단어들의 정의와 그들의 내적 관계의 측면에서) 온전히 언어로만 이해되는 것이 아니라 구체적인 경험의 측면에서 이해된다. 학습자는 텍스트와 구체적인 경험 사이를 오가며 움직인다. 순수한 의미에서 언어적 이해(구체적 행동과 동떨어진 텍스트 읽기)는 학습자가 해당 영역에서 구체적인 경험을 충분히 쌓았고 비슷한 텍스트를 읽은 경험이 충분히 있을 때만 실현될 수 있다.

19 **상호텍스트 원리.** 학습자는 자신이 읽은 텍스트를 일종의 텍스트 범주('장르')로 이해하고 그 범주 안의 다른 텍스트들과 관련지어 해당 텍스트를 이해하지만, 이는 반드시 텍스트에 관한 체화된 이해를 전제한다. 일단의 텍스트를 범주(장르)로 이해하면 학습자가 그 범주의 텍스트를 이해할 때 상당한 도

움을 얻을 수 있다.

20 **복합양식 원리.** 의미와 지식은 언어만으로 구성되는 것이 아니라, 다양한 복합양식성(이미지, 텍스트, 상징, 상호작용, 추상적 디자인, 소리 등)을 통해 구성된다.

21 **물질 지능 원리.** 사고·문제 해결·지식은 도구·기술·물체·환경에 '저장'된다. 학습자는 자신의 마음을 쏟아 어떤 일에 몰입하는 동안 이런 도구·기술·물체·환경에 저장된 지식과 자신이 생각해 낸 것을 자유롭게 결합하여 더욱 강력한 효과를 달성할 수 있다.

22 **직관적 지식 원리.** 반복적 경험과 실천으로 축적된 직관적 지식 혹은 암묵적 지식은 종종 친교 집단에서 매우 중요하고 가치 있는 것으로 존중된다. 언어적이고 의식적으로 사유된 지식만이 보상받는 것은 아니다.

23 **하위 집합 원리.** 학습은 심지어 시작 단계에서부터 특정 영역의 하위 영역 맥락에서 이루어진다.

24 **점진성 원리.** 학습 상황들은 초반부에서부터 질서정연하게 조직되며, 이러한 초기 학습 사례는 이후 사례들에서도 유익한 일반화로 이어진다. 학습자가 나중에 좀 더 복잡한 경우에 직면하면, 이전에 어떤 패턴이나 일반화를 발견했는가에 따라 학습자의 가설 공간(즉, 학습자가 추측해 볼 수 있는 경우의 수와 종류)이 제한되거나 확장된다.

25 **응축 표본 원리.** 학습자는 그다지 정련되지 못한 표본에서와는 달리 학습의 초기 단계에서 특히 학습의 근간이 되는 기호 및 행동의 예를 더욱 많이 발견하게 된다. 이렇게 중요한 기호와 행동이 학습 초기에 집중됨으로써 학습자는 그것들을 더욱 빈번하게 실천하면서 효과적으로 배울 수 있다.

26 **상향식 기능 학습 원리.** 기초적 기능은 따로 떼어 내서 배우거나 탈맥락적으로 학습할 수 없다. 오히려 기초적 기능은 해당 게임/영역이나 그와 유사한 게임/영역을 점점 더 많이 경험해 봄으로써 상향식으로 알아 나가게 된다. 기초적 기능은 해당 게임/영역의 장르적 요소다.

27 **명시적 정보의 수요성 및 시의성 원리.** 학습자가 정보를 필요로 할 때 또는 실제로 정보를 가장 잘 이해하고 사용할 수 있을 때, 당면한 요구에 부합하면서 시의적절한 방식으로 명시적 정보를 제공한다.

28 **발견 원리.** 명시적 말해주기는 최소한의 수준으로 사려 깊게 사용함으로써 학습자가 직접 실험하고 발견해 보게 한다.

29 **전이 원리.** 이전에 배운 내용을 적용 및 변용하는 문제를 포함하여, 학습자가 이전 학습 내용을 이후 학습 문제로 전이할 수 있도록 충분한 기회와 지원을 제공한다.

30 **세계에 관한 문화 모형 원리.** 학습자가 자신의 정체성, 능력, 사회적 관계를 훼손하지 않으면서 세계에 관한 자신의 문화 모형을 의식적·성찰적으로 바라보고, 여러 가지로 자신의 문화 모형과 충돌하거나 연결될 수 있는 새로운 모형들을 마주 세워 놓고 비교할 수 있을 때 비로소 학습이 이루어진다.

31 **학습에 관한 문화 모형 원리.** 학습자가 자신의 정체성, 능력, 사회적 관계를 훼손하지 않으면서 학습에 관한 자신의 문화 모형을 의식적·성찰적으로 바라보고, 자신의 문화 모형과 새로운 학습 모형 및 학습자로서의 자신을 마주 세워 놓고 비교할 수 있을 때 비로소 학습이 이루어진다.

32 **기호 영역에 관한 문화 모형 원리.** 학습자가 자신의 정체성, 능력, 사회적 관계를 훼손하지 않으면서 특정 기호 영역에 관한 자신의 문화 모형을 의식적·

성찰적으로 바라보고, 자신의 문화 모형을 해당 영역에 대한 새로운 모형과 마주 세워 놓고 비교할 수 있을 때 비로소 학습이 이루어진다.

33 분포 원리. 의미/지식은 학습자, 대상, 도구, 기호, 기술, 환경에 분포해 있다.

34 분산 원리. 의미/지식은 학습자가 영역/게임 외부의 사람들과 그것을 공유한 다는 점에서 분산되어 있는데, 공유 대상에는 학습자가 거의 또는 전혀 대면한 적이 없는 사람들도 포함되어 있다.

35 친교 집단 원리. 학습자들은 인종, 성별, 국가, 민족 또는 문화가 아니라, 주로 공동의 노력, 목표, 실천을 통해 결속된 '친교 집단'을 구성한다.

36 내부자 원리. 학습자는 (단순히 '소비자'가 아니라) '내부자', '교사' 및 '생산자' 로서 학습 전반에 걸쳐 자신의 학습 경험과 영역/게임을 맞춤화할 수 있다.

이 책에 언급된 게임 소개(가나다순)

1

그랜드 테프트 오토

—

Grand Theft Auto
1997, 범죄·액션·어드벤처, 오픈 월드*

게임 소개

록스타 게임스사에서 개발한 오픈 월드 액션 어드벤처 게임이다.

주요 스토리 라인

플레이어는 범죄 세계에서 생존하고 번영하기 위해 여러 임무를 수행한다. 플레이어는 도시를 탐험하고 자동차를 운전하며, 무기를 사용하여 싸우고, 여러 가지 활동을 할 수 있다. 플레이어는 여덟 캐릭터 중 하나를 선택하여, 3개의 스테이지를 진행해야 한다.

게임 특징

- 탑 뷰 방식: 플레이어는 위에서 내려다보는 시점에서 플레이한다.
- 높은 자유도와 범죄 요소: 플레이어는 임무를 진행하는 것 외에 자유롭게 범죄를 저지를 수 있다(차량 절도, 폭행 등).

* 순서대로 '첫 작품 기준 발매 연도, 장르, 세부 장르'를 의미한다.

2

뉴 어드벤처 오브 타임머신
—

The New Adventures of the Time Machine
2000, SF·어드벤처·퍼즐, 포인트 앤드 클릭

게임 소개

시간 여행을 주제로 하는 어드벤처 게임이다. 허버트 조지 웰스의 소설 『타임머신』을 기반
으로 제작되었다.

주요 스토리 라인

1893년 1월 주인공 허버트 조시 웰스는 타임머신을 개발하였고, 테스트를 시작하려 한다.
타임머신을 작동시킨 그는 이내 80만 년 후 미래로 시간 여행을 하게 된다. 그가 타임머신
에서 내리자마자 타고 온 타임머신은 사라진다. 그는 여러 퍼즐을 해결하고 적으로부터의
위험을 극복하며 원래 시간으로 돌아갈 방법을 찾아야 한다.

게임 특징

- 퍼즐 요소: 플레이어가 다음 이야기로 나아가기 위해서는 미로 퍼즐, 음성 퍼즐 등 다양
  한 유형의 퍼즐을 해결해야 한다.
- 액션 요소: 게임은 주로 주인공의 탐험과 상호작용을 바탕으로 진행하지만, 전투는 서로
  다른 18가지의 주문을 활용하여 전개된다.

3

던전 앤 드래곤

—

Dungeon and Dragons
1974, RPG, TRPG

게임 소개

1974년 개발된 판타지 테이블 탑 롤플레잉 게임이다. 판타지 세계관에 규칙을 도입하여 게임화한 최초의 롤플레잉 게임(RPG)으로, 이후 많은 롤플레잉 게임에 영향을 미쳤다. 플레이어는 모험가가 되어 던전을 탐험하고 몬스터를 사냥하며 보물을 획득하는 등 모험을 즐길 수 있다.

주요 스토리 라인

이 게임은 테이블 탑 롤플레잉 게임(TRPG)로 게임의 이야기는 게임에 참여하는 플레이어 간 상호작용을 통해 전개된다. 던전 마스터 역할을 맡은 플레이어가 게임 진행을 위한 세계를 창조하고, 다른 플레이어는 그 세계 속에서 각자 자신의 캐릭터를 만들어 해당 캐릭터의 역할을 수행한다.

게임 특징

- 다양한 직업: 전사, 마법사, 성직자 등 다양한 직업을 선택할 수 있으며, 직업에 따라 능력치와 사용할 수 있는 기술은 달라진다.
- 성장 시스템: 모험을 통해 경험치를 획득하고 능력치를 향상시키며, 새로운 기술을 습득할 수 있다.
- 턴제 전투: 전투는 턴제 방식으로 진행되며, 플레이어들은 자신의 차례에 행동을 결정한다.
- 역할 수행: 플레이어들은 만들어진 세계 속에서 자신이 선택한 직업에 따라 역할을 연기해야 한다.

4

데이 오브 디피트
—

Day of Defeat
2003, 슈팅·전쟁, FPS

게임 소개
제2차 세계 대전을 바탕으로 만들어진 밸브사의 멀티플레이 기반 1인칭 슈팅 게임(FPS)이다.

주요 스토리 라인
플레이어는 연합국과 추축국 중 하나를 선택하여 제2차 세계 대전을 배경으로 하는 전투에 참여한다.

게임 특징
- 다양한 병과: 실제 전쟁과 유사하게 플레이어는 여러 가지 병과의 역할을 체험할 수 있다 (저격수, 돌격병, 소총수 등). 병과마다 사용하는 무기가 다르다.

5

데이어스 엑스
—

Deus ex
2000, RPG·슈팅·액션, ARPG·FPS·
이머시브 심(몰입형 시뮬레이션)·잠입

게임 소개
2052년, 기술이 세상을 지배하는 디스토피아 세계를 배경으로 하는 게임으로 액션 롤플레잉(ARPG), 1인칭 슈팅 게임(FPS), 잠입 요소가 결합되어 있다.

주요 스토리 라인
2052년 테러단체 엔에스에프가 테러방지연합 유넷코의 본부가 있는 리버티섬을 습격한다. 이에 유넷코는 그 습격의 목표를 파악함과 동시에 나노 강화 기술을 테스트할 목적으로 주인공인 제이시 덴턴을 파견한다. 주인공은 엔에스에프와 관련된 다양한 임무를 해결하는 한편, 엔에스에프와 유넷코를 둘러싼 감춰진 진실에 도달하게 된다.

게임 특징
• 비선형적 스토리와 높은 자유도: 플레이어가 어떤 행동을 하는가, NPC와 어떤 대화를 하는가에 따라 이야기 전개가 달라진다. 또한 주어진 임무를 해결하는 방법이 다양하다. 가령 적을 처치하지 않고도 임무를 해결할 수 있다.

6

리턴 투 캐슬 울펜슈타인
—

Return to Castle Wolfenstein
2001, 슈팅, FPS

게임 소개
제2차 세계 대전을 배경으로 하는 슈팅 게임 울펜슈타인의 리부트 게임이다.

주요 스토리 라인
제2차 세계 대전, 연합국의 첩보 기관의 군인인 윌리엄 블라스코비츠(일명 비제이)은 한 동료 요원과 오스트리아 근처에서 독일 준군사조직에 체포되어 독일군의 요새, 감옥, 연구소 역할을 하는 울펜슈타인 성에 수감된다. 동료 요원은 고문을 받던 중 사망하고 만다. 블라스코비츠는 성에서 탈출하는 동시에 독일 나치의 음모를 파헤쳐야 한다.

게임 특징
- 다양한 임무: 플레이어는 다양한 장소에서 전투를 벌이며, 탐색, 암살, 공작 임무를 수행한다.
- 멀티플레이 모드: 플레이어는 연합국과 추축국 두 진영을 택하여 다른 플레이어들과 멀티플레이에 참여할 수 있다. 멀티플레이는 시간 내 임무 수행, 깃발 포획 등 다양한 모드에서 이루어진다. 멀티플레이 모드는 플레이어들에게 좋은 평가를 받았다.

7

메달 오브 아너 얼라이드 어썰트

—

Medal of Honor: Allied Assault
2002, 슈팅·전쟁, FPS

게임 소개
이 게임은 제2차 세계 대전을 배경으로 하는 일인칭 슈팅 게임으로, 플레이어는 연합군의
일원이 되어 전투에 참여했다.

주요 스토리 라인
플레이어는 미군 최정예 전략 부대의 요원이자 중위인 마이크 파웰의 시점에서 독일군과의
전투에 참여한다. 그는 상관인 하그로브 대령의 명령을 받아 여러 가지 특수 임무를 수행해
야 한다.

게임 특징
• 역사적 사건의 재현: 이 게임은 제2차 세계 대전이라는 실제 사건을 바탕으로 제작되었
다. 게임이 재현한 노르망디 상륙 작전은 많은 플레이어에게 호평을 받았다.

8

메탈 기어 솔리드
—

Metal Gear Solid
1998, 액션·어드벤처·전략, FPS·잠입

게임 소개
일본의 게임 디자이너 코지마 히데오가 개발한 전략 스텔스 게임이다.

주요 스토리 라인
플레이어는 주인공 솔리드 스네이크의 시점에서, 알래스카에 위치한 섀도 모세스섬에서 리퀴드 스네이크가 이끄는 용병 부대로 이루어진 테러 집단을 소탕하는 임무를 수행한다. 이 과정에서 그는 자신을 둘러싼 진실에 도달하게 된다.

게임 특징
- 잠입 액션: 플레이어는 적에게 발각되지 않으면서 주어진 임무를 수행해야 한다. 플레이어는 벽을 두드리거나 담배를 피워 적을 유인하는 등 사실적인 플레이를 할 수 있다.
- 영화적인 연출과 스토리텔링: 플레이어는 영화를 보는 듯한 연출과 장면 전환 없는 실시간 컷신을 통해 게임 스토리에 몰입할 수 있다.

9

발더스 게이트

—

Baldur's gate

1998, RPG, CRPG

게임 소개

발더스 게이트 시리즈의 첫 번째 작품으로, 던전 앤 드래곤 세계관의 '포가튼 렐름'을 배경으로 전개되는 롤플레잉 게임이다.

주요 스토리 라인

살육의 신 바알의 자손이자 현자 고라이온의 양아들로 자란 주인공(플레이어)은 자신을 찾아온 암살자에게 양부를 잃는다. 주인공은 양아버지의 유언을 따라 그의 동료를 찾는 여정을 떠나게 된다. 이 과정에서 자신의 출생의 비밀을 찾고, 제국 '앰'과 자유도시 '발더스 게이트' 간 전쟁을 일으켜 신의 권능을 얻고자 하는 배다른 형제 사례복의 음모를 저지해야 한다.

게임 특징

- 실시간 전투와 전략적 전투의 혼합: 게임에서 전투는 실시간으로 진행되지만 테이블 탑 롤플레잉 게임의 규칙을 기반으로 한다. 주사위를 굴려 특정한 값이 나오면 적에게 공격이 명중하는 시스템이며, 특정한 값이 나올 확률은 캐릭터의 능력치에 영향을 받는다.

10

소닉 어드벤처 2 배틀
—

Sonic Adventure 2: Battle
2001, 액션·어드벤처, 플랫폼

게임 소개
고슴도치 소닉 더 헤지혹을 주인공으로 한 액션 어드벤처 게임이자 소닉 어드벤처 2의 확장
팩이다.

주요 스토리 라인
플레이어는 히어로 모드와 다크 모드 두 가지 시점 중 하나를 선택하여 게임을 진행한다. 히
어로 모드에서 플레이어는 카오스 에메랄드를 훔치고 도시를 혼란에 빠뜨렸다는 혐의를 받
는 주인공 소닉의 역할을 맡아 카오스 에메랄드를 이용해 세계를 위험에 빠뜨리려는 닥터
에그맨의 계획을 저지해야 한다. 다크 모드에서 플레이어는 기억을 잃은 섀도우를 맡아 닥
터 에그맨과 함께 소닉에 대적하는 한편 잃어버린 자신의 기억을 찾아야 한다. 두 가지 시점
에서 게임을 진행한다. 게임의 스토리는 소닉 그룹과 섀도우 그룹 간의 충돌 또는 협력 그리
고 개별 캐릭터의 서사가 서로 교차하면서 만들어진다.

게임 특징
- 다양한 게임 플레이 방식: 플레이어는 플랫폼 점프, 스피드 레이스, 보스 전투, 퍼즐 해결
  과 같은 다양한 게임 플레이를 경험할 수 있다.
- 풍부한 스토리: 각 캐릭터의 스토리라인은 전체 스토리와 긴밀하게 연결되고, 플레이어
  는 주요 캐릭터의 서로 다른 관점에서 플레이할 수 있다.

11

스타워즈 제다이 나이트 II:
제다이 아웃캐스트
—
Star Wars Jedi Knight II: Jedi Outcast
2002, SF, 슈팅, 액션 / FPS, TPS, 핵 앤 슬래시

게임 소개
SF 영화 스타워즈 시리즈를 기반으로 하는 동명의 1인칭 & 삼인칭 슈팅 게임(FPS & TPS)
이다. 2002년 발매된 스타워즈: 제다이 나이트: 미스테리 오브 시스의 2년 후 시점을 배경
으로 한다.

주요 스토리 라인
제국의 황제가 건조하던 거대 병기 데스스타의 설계도를 빼내 반란 연합에 전달하여 전쟁
을 종결하는 데 공을 세운 카일 카탄은 자신의 마음속 다크사이드를 느끼고 제다이로서의
힘인 포스를 봉인하였다. 어느 행성에서 파트너 잰과 함께 임무를 수행하던 그는 누군가 남
아 있는 제국의 잔당을 규합하여 반란을 꾀하고 있다는 사실과, 그들이 라이트세이버의 원
료를 다량으로 끌어모아 모종의 음모를 꾸미고 있다는 사실을 알게 된다. 그 배후에 다크 제
다이 데산이 있다는 것을 눈치채고 그와 전투를 벌이나 패배함과 동시에 잰을 잃게 된다. 이
에 그는 다시 자신의 포스를 깨우고 제다이가 되어 데산의 음모를 저지해야 한다.

게임 특징
• 화려한 전투 액션: 총을 주로 사용하는 FPS와 달리, 〈스타워즈〉의 세계관을 차용한 게임
  에서 플레이어는 광선검(라이트 세이버)을 활용하여 전투해야 한다. 이때 플레이어는 상
  황에 맞게 적절한 검식(검술)을 활용해야 한다.

12

시드 마이어의 문명
—

Sid Meier's Civilization
1991, 전략, TBS

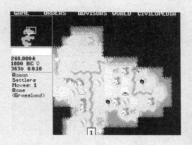

게임 소개
국가와 문명을 주제로 하여 개발한 턴 기반 전략 게임(TBS)이다. 중독성 높은 게임으로 유명하다.

주요 스토리 라인
플레이어는 자신의 문명을 선택하여 다른 문명과 경쟁해야 한다. 각 문명은 고유한 특성이 있으며, 플레이어는 이러한 특성을 활용해 기원전부터 현대 시대에 이르기까지 다른 국가보다 자신의 국가와 문명을 발전시켜야 한다. 플레이어는 여러 자원을 활용하여 자신 문명의 정치, 기술, 예술, 경제 등을 관리해야 한다.

게임 특징
- 다양한 문명: 플레이어는 역사적 문명 중 하나를 선택해야 한다. 각 문명에는 고유한 특성, 유닛, 건물, 위인이 있고 어떤 문명을 선택하느냐에 따라 플레이어의 게임 플레이 방향성(전쟁 중심, 외교 중심, 문화 승리 중심 등)이 달라진다.
- 다양한 승리 조건: 게임은 단순히 정복 전쟁으로만 승리하지 않는다. 문화, 과학, 외교 승리 등 다양한 방법으로 게임에서 승리할 수 있으며, 이를 위해 플레이어가 선택해야 하는 전략이 달라질 수 있다.
- 턴 기반 게임: 플레이어는 차례대로 돌아가며 게임을 진행한다. 이 한 턴 동안 플레이어는 유닛을 생산하거나, 불가사의를 짓고, 다른 문명과 동맹을 맺거나, 전쟁을 일으킬 수 있다.

13

시스템 쇼크 2

—

System Shock 2
1999(1994), SF·액션·어드벤처·호러,
FPRPG·이머시브 심(몰입형 시뮬레이션)

게임 소개
인공지능과 인간의 대결을 그린 1인칭 롤플레잉 게임(FPRPG)이다. 현세대 게임들의 클리셰와 설정에 영향을 미친 게임으로 평가받는 시스템 쇼크의 후속작이다.

주요 스토리 라인
이야기는 2072년 쇼단이 우주 정거장 시타델을 지배했던 사건(시스템 쇼크 시점)으로부터 42년 후를 배경으로 전개된다. 주인공인 국제기구인 유엔엔의 한 군인(플레이어)으로, 초광속 항법이 적용된 트리옵티멈사의 우주함 폰 브라운의 취항에 동행하는 임무를 받고 배치된다. 항해 5개월 후, 주인공은 폰 브라운 의료 갑판에 놓인 냉동 튜브에서 깨어난다. 깨어난 주인공은 우주함이 정체불명의 외계 생명체에 의해 공격받아 다수가 죽고, 아수라장이 된 상황을 발견한다. 이제 그는 이 혼란스러운 상태에서 탈출하고, 생존해야 한다.

게임 특징
• 다양한 플레이 방식과 전략: 플레이어는 게임 초반 자신의 클래스를 선택한다. 선택하는 클래스에 따라 능력과 사용하는 기술이 달라진다. 이러한 능력과 기술은 게임을 진행하면서 연구하고 개발할 수 있는데, 이것이 플레이 방식에 주요한 영향을 미친다. 또한 플레이어는 단순한 전투뿐만 아니라, 해킹을 통해 잠긴 문을 열고, 보안 시설이 적을 공격하게 하는 등 다양한 방식으로 게임을 플레이할 수 있다.

14

심즈
—

The Sims(Sims)
2000, 시뮬레이션, 사회시뮬레이션·인생
시뮬레이션

게임 소개
플레이어는 자신만의 심(캐릭터)을 생성하고, 캐릭터를 조작하며 캐릭터의 생활을 관리하고, 욕구를 충족시켜야 한다. 또한 자신의 다른 심과 교류하면서 실제 인생의 여러 경험을 체험해 간다.

주요 스토리 라인
플레이어는 자신의 심(캐릭터)을 생성해 다양한 심과 상호 작용하며 자신만의 삶을 만들어 간다. 플레이어는 자신의 심의 일자리를 구하고, 친구를 사귀고, 가정을 이룰 수 있다.

게임 특징
• 캐릭터 커스터마이징: 플레이어는 외모, 성격, 특기 등 자신만의 독특한 성격과 스타일로 캐릭터를 만들 수 있다.
• 인생 시뮬레이션: 심즈는 실제 인생에서의 여러 경험, 곧 직장 생활, 다양한 취미 활동, 연애, 결혼, 우정 등을 구현하여 플레이어가 이를 느껴볼 수 있게 했다.

15

아메리칸 맥기의 앨리스

—

American McGee's Alice
2000, 액션·어드벤처·퍼즐·호러, 플랫폼

게임 소개
루이스 캐럴의 원작 『이상한 나라의 앨리스』를 바탕으로 재해석한 어둡고 광기 어린 세계를 탐험하는 게임이다.

주요 스토리 라인
어린아이다운 상상력으로 아름답게 치장된 이상한 나라를 마음속에 그리던 주인공 앨리스 리델은 비극적인 화재로 가족을 잃었다. 이 사건으로 앨리스는 정신병이 발병해 정신병원에 혼수상태로 수감된다. 어느 날 그녀는 채셔 캣의 안내를 받고 하얀 토끼를 따라 자신의 상상 속 세계인 원더랜드(주인공 엘리스의 상처, 비극을 반영한 세계)에 도착한다. 그러나 자신이 어릴 적 그려왔던 아름다운 이상한 나라는 간데없고, 미치광이의 그림처럼 뒤틀리고 뒤집힌 이상한 나라가 그녀를 기다리고 있다. 하트 여왕이 완전히 지배해 버린 원더랜드는 음침하고 어두운 세계가 되었고, 여왕의 폭정에 이상한 나라의 주민들은 고통받는다. 앨리스는 하얀 토끼의 요청으로 하트 여왕에 맞서 원더랜드를 구해야 한다.

게임 특징
- 원작 스토리의 재해석: 루이스 캐럴의 원작 『이상한 나라의 앨리스』를 바탕으로 주인공 엘리스의 정신 상태를 반영하여, 암울하고 비극적인 세계관 속에서 이야기를 재해석했다. 원작에 등장하는 등장인물 역시 앨리스의 정신 상태를 반영하여, 암울하고 우울하며 음침한 것이 특징이다.
- 다양한 퍼즐 요소: 이 게임은 다양한 퍼즐과 도전 요소를 포함한다. 플레이어는 여러 가지 퍼즐을 해결하고, 원더랜드의 기괴한 환경에서 적들과 전투하면서 게임을 진행해 간다.

16

아케이넘: 오브 스팀워크 앤 매직 옵스큐라
—
Arcanum:of Steamworks and magick
obscura
2001, RPG, CRPG

게임 소개
트로이카 게임스가 개발하고 시에라 온라인에서 출시한 클래식 롤플레잉 비디오 게임
(RPG). 증기기관이 발달하던 산업혁명기에 판타지 요소를 결합하여 재해석한 세계관을 바
탕으로 구현된 게임이다.

주요 스토리 라인
플레이어는 인간, 엘프, 하프엘프, 드워프 오크 등 다양한 종족이 살아가며, 기술과 마법이
공존하는 세계인 아케이넘을 모험한다. 이야기는 비행선 아이에프에스 제퍼호가 격추당하
고, 유일한 생존자인 플레이어가 그 비행선에 탑승했던 죽기 직전의 노인으로부터 부탁(소
년을 찾고 반지를 돌려줘야 함)을 받는 것으로 시작한다. 궁극적으로 플레이어는 노인의 부
탁을 완수하고 아케이넘을 둘러싼 진실을 파헤쳐야 한다.

게임 특징
• 방대한 상호작용과 반응성: 플레이어의 행적은 플레이어의 선택에 따라 결정된다. 구체
  적으로는 기술과 마법 중 어떤 것을 선택하는지에 따라 플레이어가 경험하는 이야기 방
  향이 달라진다. NPC와의 상호작용 역시 다양하며, 퀘스트를 해결하는 방식 또한 여러
  가지로 구성되어 있다. 이러한 비선형적 구조로 인해 플레이어마다 각기 다른 방식으로
  스토리의 결말에 도달하게 된다.
• 캐릭터 생성과 육성: 플레이어는 다양한 종족 중 하나를 선택하여 캐릭터를 생성하고, 과
  학과 기술 중 하나를 선택하여 능력치와 기술을 육성해 간다.

17

언더 애쉬
—

Under Ash
2001, 슈팅·전쟁, FPS

게임 소개
이스라엘과 팔레스타인 간의 분쟁을 배경으로 하는 일인칭 슈팅 게임(FPS)이다.

주요 스토리 라인
플레이어는 팔레스타인 청년 아흐메드의 시점에서 이스라엘 군대와의 전투를 경험한다. 아흐메드는 다양한 장소에서 이스라엘 군대와의 접전에서 살아남고 싸우며 팔레스타인의 자유를 성취해야 한다.

게임 특징
• 실제 사건을 바탕으로 한 논란: 이스라엘과 팔레스타인 간 분쟁을 다룬다. 게임이 팔레스타인에 초점을 두고 이스라엘을 적으로 묘사한다는 점에서 선전용 게임으로 여겨진다.

18

에버퀘스트

—

Everquest

1999, RPG · 판타지, MMORPG

게임 소개

판타지 세계관을 중심으로 하는 대규모 다중 사용자 온라인 롤플레잉 게임(MMORPG)이
다. 탱커, 딜러, 힐러 등의 포지션과 레이드의 개념을 도입한 게임으로 알려져 있다.

주요 스토리 라인

플레이어는 노라스라는 대륙을 탐험하게 된다. 다양한 종족들이 서로 갈등하는 가운데서,
노라스 대륙의 안정을 회복하고, 세계를 위협하는 적들에 맞서 싸워야 한다.

게임 특징

- 다양한 캐릭터: 총 14가지의 종족과 15가지의 클래스로 구성되어 있으며, 각각의 종족과
  클래스에 따라 게임플레이 방식이 달라진다.
- 수많은 퀘스트: 에버퀘스트는 제목 그대로 퀘스트가 주요한 플레이 요소다. NPC와의 대
  화를 통해 핵심 키워드를 골라내어 퀘스트를 받는다. 퀘스트를 수행하기 위한 조건이 다
  양하다.
- 협동 멀티플레이: 게임은 혼자서 보스를 쓰러뜨리는 것이 아니라 다른 플레이어들과 협
  동하는 레이드를 권장한다.

19

오퍼레이션 플래시포인트
—

Operation Flashpoint
2001, 슈팅·전쟁, 전략 FPS

게임 소개
1985년 냉전을 배경으로 제작된 일인칭 전략 슈팅 게임이다.

주요 스토리 라인
대서양에 위치한 가상의 섬인 에버론섬과 몰든섬에서, 나토와 소련이 대립한다. 플레이어는
데이비드 암스트롱이라는 병사의 역할을 수행한다. 플레이어는 전투 성과에 따라 승진하고
자신만의 부대를 지휘할 수 있다. 플레이어는 게임을 진행하며 보급, 차량 조작, 순찰, 공습
등 다양한 임무를 수행한다.

게임 특징
- 현실적인 전술 전투: 오퍼레이션 플래시포인트는 플레이어가 현실적인 전쟁을 경험할
  수 있게 한다. 플레이어는 군사 장비와 차량을 이용하고, 엄폐물을 활용하는 등 전략적으
  로 전투해야 한다.
- 플레이어만의 에드온 제작: 플레이어는 무기, 차량, 임무의 내용을 편집하거나 새롭게 구
  성하여 게임 경험을 확장할 수 있다.

20

울펜슈타인 3D
—

Wolfenstein 3D
1992, 슈팅, FPS

게임 소개

잠입 액션 게임 〈캐슬 울펜슈타인〉과 〈비욘드 캐슬 울펜슈타인〉을 1인칭 슈팅 게임(FPS)
으로 재구성한 게임이다. 플레이어는 빠른 템포 속에서 마주하는 모든 적을 사살하며 다음
스테이지로 나아가야 한다. 1인칭 슈팅 게임 장르의 문법을 정립한 게임이라는 평을 받는다.

주요 스토리 라인

주인공 비제이 블라스코비츠는 연합군의 스파이다. 독일 나치군의 아이젠파우스트 작전을
알아내기 위해 독일군에 잠입했으나 붙잡혔고, 울펜슈타인 성에 수감된다. 그러나 블라스코
비츠는 간수를 유인해 처리하고 성에서 탈출한다. 탈출한 블라스코비츠는 다시 독일에 맞
서 싸우며 독일의 음모를 저지해야 한다.

게임 특징

- 3D 구현: Z축이 존재하지 않아 3D라고 할 수는 없으나 레이 캐스팅(2차원 맵에서 3차
  원의 원근감을 만드는 렌더링 기술)을 활용해 2D를 3D처럼 보이도록 했다. 이를 통해 빠
  른 템포로 플레이를 할 수 있게 됐다.
- 전략적 전투: 플레이어는 에피소드마다 10단계의 스테이지를 완수해야 한다. 적을 처치
  하면서 총알과 체력을 유지해야 하며, 숨겨진 비밀의 방(추가 목숨과 강력한 무기를 제공
  함)을 활용하여 스테이지를 완수할 수 있다.
- 아케이드 요소: 게임에는 각 레벨을 클리어할 시 클리어 시간에 따라 추가 점수가 부여되
  고, 점수 순위가 표시되는 등 아케이드 요소가 포함됨다.

21

인종 청소

—

Ethnic Cleansing
2002, 슈팅, FPS

게임 소개

2002년 발매된 1인칭 슈팅 게임(FPS)으로, 민족주의와 폭력을 선동하고 차별을 조장하는 내용으로 논란이 되었다. 제목 그대로 특정 인종을 학살하는 것이 주요한 게임의 내용이다.

주요 스토리 라인

플레이어는 인종 전쟁이 벌어진 가상의 세계에서 네오나치, 스킨 헤드, 그리고 큐 클럭스 클랜(KKK) 셋 중 하나를 골라 도시를 가득 메운 다른 인종(흑인, 히스패닉. 유대인 등)을 전부 죽여야 한다.

게임 특징

* 인종차별주의적 주제: 이 게임은 백인 우월주의를 중심으로 다른 인종을 차별하고 혐오하는 내용을 포함한다. 다른 인종에 대한 살인을 정당화하는 내용으로 논란의 대상이 되었다.

22

토니 호크의 프로 스케이터
—

Tony Hawk's Pro Skater
1999, 스포츠, 익스트림 스포츠

게임 소개
스케이트보드를 소재로 하고 세계적으로 유명한 프로 스케이터 토니 호크의 이름을 따서 만든 3D 스포츠 게임이다.

주요 스토리 라인
플레이어는 유명 스케이터를 조종하고, 다양한 스케이트보드 트릭을 수행하며 높은 점수를 기록해야 한다. 주어진 점수에 따라 동메달, 은메달, 금메달을 획득할 수 있다.

게임 특징
- 다양한 게임 모드: 플레이어는 제한 시간 내 주어진 목표를 수행하는 커리어 모드, 자유롭게 스케이트를 탈 수 있는 프리 플레이 모드. 다른 플레이어와 경쟁하는 멀티플레이어 모드 등 여러 가지 환경에서 플레이할 수 있다.
- 현실적인 물리엔진: 게임은 물체의 충돌 또는 물체에 작용하는 힘 등 물리적 현상을 현실적으로 구현하기 위해 물리엔진을 사용한다. 토니 호크의 프로 스케이터는 가능한 한 실제적인 스케이팅 경험을 제공하기 위해 현실적인 물리엔진으로 개발되었고 더욱 생생한 플레이를 즐길 수 있다.

23

툼 레이더: 더 라스트 레버레이션
—

Tomb Raider: The Last Revelation
1999, 액션·어드벤처, 플랫폼

게임 소개
모험가이자 고고학자인 라라 크로프트의 모험을 다룬 〈툼 레이더〉 시리즈의 네 번째 작품
이다.

주요 스토리 라인
게임은 라라 크로프트가 10대 시절 스승 폰 크로이와의 앙코르와트 유적 탐험 일화를 회상
하는 것으로 시작한다. 다시 현재로 돌아와 라라는 이집트에서 고대 신전을 탐험 중이다. 그
녀는 탐험 중 봉인된 이집트의 신 세트를 해방하게 되고 세계를 파멸로 이끌 수 있는 일련의
사건에 휘말린다.

게임 특징
- 트레이닝 스테이지: 플레이어들이 기본 조작법을 익히도록 게임 시작 전 라라 크로프트
  의 회상을 통해 튜토리얼을 진행한다.
- 다양한 상호작용: 플레이어는 3인칭 시점에서 라라 크로프트를 조작한다. 플레이어는 라
  라를 전력 질주하게 하고, 걷고, 주변을 둘러보고, 올라가고, 좁은 공간을 기어다니고, 굴
  리고, 점프하고, 다이빙하고, 등반하는 등 다양한 상호작용을 통해 주어진 퍼즐을 해결할
  수 있다.

24

파자마 샘
—

Pajama Sam
1996, 어드벤처·퍼즐, 포인트 앤드 클릭

게임 소개
어린이를 위한 교육용 게임으로 파자마 샘이라는 주인공이 펼치는 모험을 주제로 제작되었다.

주요 스토리 라인
이야기는 주인공 샘이 가장 좋아하는 슈퍼히어로 만화책 『파자마 맨』을 읽다가 잠자리에 들려고 하는 시점에서 시작한다. 샘은 어둠을 무서워하여 잠에 들지 못하지만, 파자마 맨에게서 용기를 받아 그의 마스크, 손전등, 도시락을 챙겨 옷장으로 들어가 어둠을 물리치려는 모험을 시작한다.

게임 특징
• 교육적인 주제: 게임은 교육용으로 제작되어 게임을 하는 어린이에게 용기, 상상력, 문제 해결 능력을 기르기 위한 주제와 교훈을 전달한다.
• 간단한 플레이 방법: 게임은 포인트 앤드 클릭 방식으로 설계되어 플레이어는 간단한 클릭이나 드래그로 게임을 쉽게 진행할 수 있다.

25

피크민
—
Pikmin
2001, 전략·퍼즐, RTS

게임 소개
마리오, 젤다의 전설 등을 제작한 미야모토 시게루가 개발에 관여한 실시간 전략 게임
(RTS)이자 퍼즐게임.

주요 스토리 라인
우주 비행사 올리마는 우주선 돌핀호를 타고 우주여행을 하던 도중, 운석과 충돌해 그대로
추진력을 잃고 가까이에 있는 어느 별에 불시착한다. 다행히 올리마는 살아남았지만, 우주
선의 부품은 공중 분해되어 행성의 곳곳으로 흩어져 버렸다. 정신을 차린 올리마는 행성에
서 피크민이라는 생물을 발견하는데, 이들은 올리마의 지시를 잘 따른다. 올리마는 피크민
군단과 함께 흩어진 우주선의 부품을 모아야 한다.

게임 특징
- 실시간 전략: 플레이어는 시간에 맞춰서 부품을 수집하고 행성을 모험해야 한다. 따라서
  플레이어는 일일 일정을 계획하고 관리해야 한다.
- 다양한 피크민: 게임에 등장하는 피크민은 종류마다 능력과 특성이 다르다. 플레이어는
  다양한 피크민을 활용해서 여러 퍼즐을 해결하며 게임을 진행해야 한다.

26

하프라이프
—

Half-Life
1998, 슈팅, FPS

게임 소개
밸브사에서 개발한 공상 과학 1인칭 슈팅 게임(FPS)이다. 제목인 하프라이프는 반감기를 의미한다.

주요 스토리 라인
플레이어는 물리학 박사인 주인공 고든 프리먼의 시점에서 연구소에서 발생한 일련의 사건을 해결해 간다. 200X년 5월 어느날, 그는 자신이 근무하는 블랙 메사 연구소로 출근한다. 연구실에서 실험을 하던 중 실험 장비가 폭주하여 대공명 현상이 일어나 일대가 아수라장이 된다. 정신을 차린 고든은 연구실 밖이 괴물로 가득하고 동료들은 죽어 쓰러져 있는 것을 발견한다. 그는 이 아수라장 속에서 살아남아야 한다.

게임 특징
- 전투와 퍼즐 요소의 결합: 플레이어는 한편으로 외계 생명체와 전투하고 다른 한편으로 퍼즐을 풀며 게임을 진행해야 한다.
- 컷신 없는 자연스러운 스토리 전개: 일반적으로는 한 챕터가 끝나면 컷신을 통해 다음 장으로 넘어가는 게임이 많지만, 하프라이프는 마치 책을 넘기듯 자연스럽게 챕터가 연결되며 모든 것을 주인공의 눈을 통해 볼 수 있다.

더 읽을 거리

1장

1. Poole(2000)와 Herz(1996)의 연구는 비디오 게임의 디자인과 문화적 기능에 대한
    분석을 제공한다. Kent(2001)의 작업은 흥미로운 비디오 게임의 역사를 담고 있다.
    Greenfield(1984)와 Loftus & Loftus(1983)는 비디오 게임의 경험에서 작동하는 학
    습과 사고의 역할에 대한 초기 연구사를 논의한다. 비디오 게임 박물관 전시를 위해
    집필된 King(2002)의 저서에는 다양한 측면에서 게임을 다룬 흥미로운 글들이 포함
    되어 있다. Raessens & Goldstein(2005)의 저작은 게임에 관한 제반 문제들을 탐
    구한 탁월한 연구들의 모음집이다. 게임 연구에 대한 통찰과 이론적 개관이 필요하다
    면 Juul(2005)의 연구를 참조할 수 있다. Salen & Zimmerman(2003)은 게임의 일반
    적 특성에 더하여 특별히 게임 디자인이 어떻게 규칙, 기술, 협력을 통해서 인간 상호
    작용을 촉진하는가에 관심이 있다면 누구나 쉽게 접근할 수 있는 게임 디자인의 고전
    이다. Salen & Zimmerman(2005)은 그들의 앞의 책에 대한 매우 훌륭한 안내서다.
    Koster(2004)는 게임 디자인, 학습, 흥미에 관한 흥미로운 통찰과 논의를 제공한다.
2. Pinker(1999)는 인지과학의 훌륭한 기본 입문서다. 학교와 학습에 적용되는 인지
    과학에 대한 자세한 내용은 Bransford, Brown, & Cocking(1999), Bruer(1993),
    Gardner(1991), Pellegrino, Chudowsky, & Glaser(2001), Sawyer(2006)를 참고하
    기를 권한다. 이 문헌들은 상황 인지 및 기타 여러 영역에 걸친 다양한 연구 작업들을
    논의한다. 상황 인지에 대한 연구가 더 궁금하다면 Brooks(2002), Brown, Collins, &
    Duguid(1989), Clark(1997), Gee(1992, 2004), Hawkins(2004), Lave(1988), Lave &
    Wenger(1991), Rogoff(1990), Tomasello(1999)를 권한다.
3. 학교 현장에서 효과적으로 실천되는 '개념 기반 과학 교육'에 대한 논의가 궁금하다
    면 Bruer(1993), Cognition and Technology Group at Vanderbilt(1997), diSessa
    (2000)를 참고해 보자. 뉴 리터러시 연구의 문서로는 Barton(1994), Gee(1996),
    Street(1995)를 추천한다. 패턴 인식을 강조하는 연결주의와 인간 정신에 관한 연구에
    는 Clark(1989, 1993), Gee(1992), Margolis(1987, 1993), Rumelhart, McClelland, &
    PDP Research Group(1986) 등이 있다.
4. 폭력성과 비디오 게임의 관계에 대한 실험 연구의 예로는 Anderson & Bushman

(2001), Anderson & Dill(2000)이 있다. 게임 대 텔레비전의 효과 크기와 1990년대 이후 폭력 범죄 감소에 대해서는 Sherry(2006)를 참고할 수 있다. 게임을 감정 관리 도구로서 사용하는 청소년에 대한 연구는 Kestenbaum & Weinstein(1985)을 참조하자. 미디어 효과 측면에서 텔레비전에 관한 나의 의견과 텔레비전 사용 현황에 대해서는 Greenfield(1984) 및 Sternheimer(2003)를 참고할 수 있다. 게임과 관련된 여학생 및 성인 여성의 사례에 대해서는 Hayes(2007)와 Kafai, Heeter, Denner, & Sun(2007)을 권한다.

2장

1. 이미지 읽기 또는 단어와 이미지가 조합된 복합양식 텍스트 읽기에 관하여 통찰력 넘치는 논의가 알고 싶다면 Kress(1985, 1996)와 Kress & van Leeuwen(1996, 2001)의 작업을 참고할 수 있다. 단수가 아닌 복수로서의 리터러시 즉, 멀티리터러시에 관해서는 1장에서 뉴리터러시 연구를 설명할 때에 인용한 참고 문헌들과 함께 Cope & Kalantzis(2000), Gee(2007a), Heath(1983), Scollon & Scollon(1981), Street(1984)의 연구들을 참고해 보자. 만화책에서 사용되는 언어와 의미의 복잡성에 관해서는 Jenkins(2006)의 해설이 유용하다.

2. 뉴턴 법칙은 잘 알고 있지만 그것을 구체적인 문제 상황에 적용하지 못하는 물리학과 전공생들에 관한 토론은 Chi, Feltovich, & Glaser(1981)의 연구에서 빌려왔다. 이와 유사한 문제에 관한 보다 심층적인 논의를 확인하고 싶다면 Gardner(1991)와 Mayer(1992)의 연구를 참고할 수 있다.

3. 읽기 시험의 본질에 대해서는 Hill & Larsen(2000)의 훌륭한 분석을 살펴보라. 이 분석은 실제 시험 항목과 다양한 독해 방식 간의 관계를 다루고 있다. 독해에 대한 일반적인 논의는 Adams(1990), Coles(1998), Gee(1991), Snow, Burns, & Griffin(1998)를 참고할 수 있다. 이 분야의 논쟁 범위에 대해서는 Pearson(1999)를 참고해 보자. "4학년 슬럼프"에 대한 논의는 Gee(1999a)를 확인하고, 이 주제에 대한 초기의 영향력 있는 논의는 Chall(1967)를 찾아보자.

4. Noam Chomsky의 연구에 대해서는 McGilvray(1999)를, C. S. Peirce의 연구에 대해서는 Kloesel & Houser(1992)를 확인해 본다.

5. 기호학과 내용 학습에 관한 논의는 Kress(2003), Kress, Jewitt, Ogborn, & Tsatsarelis(2001), Kress & van Leeuwen(2001), Lemke(1990), 그리고 Ogborn, Kress, Martins, & McGillicuddy(1996)의 작업들이 도움이 될 것이다. 소속감이나 친교 집단에 대한 설명을 위해서는 Beck(1992, 1994), Gee(2004), Rifkin(2000), 그리고

Taylor(1994)의 연구를 활용하면 좋다. 학습 전이 또는 후행 학습 준비 등에 관한 논의를 위해서는 학습이라는 주제에 관심 있는 누구에게나 매우 중요한 자료이자 쉽게 읽히는 Bransford & Schwartz(1999)의 탁월한 논문을 참고해 보자. 디자인과 디자인 문법에 관해서는 언어 및 리터러시 연구 분야에서 국제적으로 저명한 학자들(나를 포함해)이 공동으로 저술한 New London Group(1996)의 선언문을 참고할 수 있다.

6. 비판적 학습에 대한 나의 견해에 대해서 더 알고 싶다면, 상황 인지에 관한 연구(4장의 참고 문헌) 특히, 메타인지에 관한 작업 가령 Bereiter & Scardamalia(1989), Bruer (1993, pp. 67-99), Pellegrino, Chudowsky, & Glaser(2001), Schon(1987) 등과 함께 단어 읽기를 넘어 세상 읽기의 방법으로 비판적 리터러시 및 비판적 사고에 관해 통찰한 Paulo Freire(1995)의 저술을 통합적으로 활용할 수 있다.

7. 이 장의 논의와 관련된 게임 설계에 대한 논의는 Bates(2002)와 Rouse(2001)을 찾아보자.

3장

1. 사회적으로 맥락화된 정체성과 그것이 현대 사회에서 어떻게 변화하는지에 대해 상당한 양의 연구가 축적되어 있다. 특히 이 장의 내용과 관련해서는 Alvermann, Moon, & Hagood(1999), Baumann(2000), Beck, Giddens, & Lash(1994), Castells(1996), Foucault(1980), Gee, Hull, & Lankshear(1996), Giddens(1991, 1992), Hacking(1995, 1998), Martin(1995), Mishler(2000), Rifkin(2000), Sternberg & Grigorenko(1999), Taylor(1989, 1992, 1994)를 참고할 수 있다. 특별히 과학 영역에 관련된 사회적 상황 정체성에 대해서 알고 싶다면 1935년에 출판된 Fleck(1979)을 찾아보자.

2. 우리의 학교 체제에서 중산층 이상의 자녀들이 갖는 혜택과 이점, 사회경제적 저소득층 소수자 학생들이 경험하는 불이익과 어려움에 대한 논의가 궁금하다면, Finn(1999), Gee(2004, 2007a), Heath(1983), Miller(1995), Varenne & McDermott(1998)의 연구를 참고할 수 있다.

3. 심리사회적 유예기에 관한 에릭슨의 생각은 Erikson(1968)의 연구를 확인해 보자. 이 장에서 다룬 여러 가지 학습 원리와 관련하여 인지과학 분야에서 제공하는 효과적 학습에 관한 최신 설명이 알고 싶다면, Bransford, Brown, & Cocking(1999), Pellegrino, Chudowsky, & Glaser(2001), Sawyer(2006)을 활용해 본다. 이 장에서 설명한 많은 이론이 학습과 전문성에 대한 Bereiter & Smardamelia의 토론과 잘 부합한다는 점도 염두에 둔다. Bereiter & Smardamelia의 책에서 자동화의 습득과 재조정이 갖는 중요성과 그것이 지속적 학습의 원리와 어떻게 관련되는지에 대해 깊이

논의되었다. 실천의 원리는 Scribner & Cole(1981)의 저명한 연구에서 사회적 관점을 바탕으로 논의되었다. 역량 실현의 원리는 diSessa(2000)에서 논의해 왔는데, 이는 비고츠키의 유명한 개념인 근접발달영역과 관련된다. 이에 관해서는 Vygotsky(1978)를 참고해 보자. DiSessa(2000)는 또한 입력 증폭의 원리를 설명하면서, 헌신적 학습에 관해서도 매우 중요한 확장적 논의를 제공한다.

4장

1. 이 장에서 우리의 패턴 인식에 기반한 사고가 세계에 대한 체화된 경험에서 비롯된 다고 논의한 것은 이른바 연결주의적 관점에 폭넓게 의존한다. 이에 대해서는 P. M. Churchland(1989), P. S. Churchland(1986), P. S. Churchland와 Sejnnowski (1992), Clark(1989, 1993, 1997), Margolis(1987, 1993), Rumelhart, McCleland, 및 PDP Resarch Group(1986)을 확인해 볼 수 있다. 내가 깊이 영향을 받은 관련 연구 로는 Barsalou(1999a, b), Glenberg와 Robertson(1999), Hutchins(1995), Nolan (1994)가 있다. 사람의 이해가 지각 시뮬레이션에 기반한다는 인용은 Barsalou(1999a, p.77)에서, 인간이 무엇을 할 수 있는가의 의미에 관한 인용은 Glenberg(1997, p.3)에 서, 인간의 사고와 지각 사이의 밀접한 관련성에 관한 인용은 Hawkins(2004, p.96) 에서 발췌하였다. Hawkins(2004)는 대중적인 설명을 제공하지만, 조금 더 학술적 인 설명을 원한다면 Schwartz와 Heiser(2006)의 공간적 표상과 이미지에 관한 연 구를 참고해 볼 수 있다. 인간이 이전 경험을 저장하고 활용하는 방식, 이런 경험이 최상의 학습으로 이어지는 조건에 대해 알고 싶다면 Kolodner(1993, 1997, 2006)와 Schank(1982, 1999)를 찾아보자.
2. 추상적인 개념이 체화된 경험의 은유에 뿌리를 두고 있다는 생각에 대해서는 Lakoff (1987), Lakoff와 Johnson(1980)를 참고해 보자. 상황적이고 체화된 의미에 대해서 는 Brooks(2002), Brown, Collins, & Dugid(1989), Clancy(1997), Clark(1997), Gee (1996, 1999b, 2004), Lave & Wenger(1991), Rogoff(1990), Tomasello(1999)에서 확 인해 볼 수 있다.
3. 갈릴레오가 진자의 문제를 해결하기 위해 기하학을 사용한 방법과 어린이들이 기하 학 없이 동일한 문제를 해결해야 할 때 겪는 어려움에 대해서는 Edwards & Mercer (1987)를 참고해 보자. 디세사의 연구와 복서에 대한 논의는 diSessa(2000)에 있으며, 인용문은 32-33쪽, 33쪽, 34쪽에서 발췌했다 '탐색, 가설 설정, 재탐색, 재고'의 순환 은 Donald Schon의 연구와 깊이 관련되어 있으며, 이를 위해 Schon(1987)과 함께 Gee(1997)도 찾아보자. 평가 체계에 대한 논의는 Schon의 작업에서 영감을 받았다.

학습자는 디자이너이어야 한다는 생각에 대해서는 New London Group(1996)을 확인해 본다. 지표면 파괴에 관한 인용문은 Martin(1990, p.93)에서 인용한 교과서에서 발췌했다.

4. 상호텍스트성은 바흐틴(Bakhtin)의 영향력 있는 연구에서 주요 주제이며, 특히 Bakhtin(1986)을 찾아보자. 물질 지능 원리와 직관적 지식 원리와 관련된 자료는 diSessa(2000)에서 논의하였으며, 현대 직장에서 지식이 어떻게 기능하는지에 관한 직관적 지식 원리에 대해서는 Gee, Hull, & Lankshear(1996)를 참고하기를 권한다. 복합양식성에 대해서는 Kress(1996)와 Kress & van Leeuwen(1996, 2001)을 찾아보자.

5장

1. 말해주기와 실천해 보기의 쟁점에 관해서는 Gee(2001, 2004)와 Kirschner, Weller & Clark(2006)의 논의와 인용을 참고할 수 있다. 이 문제를 실제 영역과 하위 영역의 학습과 관련하여 더 논의하고 싶다면 Beaufort(1999), Coe, Lingard & Teslenko(2001), Collins(2006), Dias, Freedman, Medway, & Pare(1999), Dias, Pare, & Farr(2000), Scardamalia & Bereiter(2006)를 활용해 볼 수 있다. 이 연구들은 이 장에서 논의한 상향식 기초 기능 원리와도 관련이 있다.

2. 이 책의 학습관에 어울리는 전이에 대한 설명은 Beach(1999)와 Bransford & Schwartz(1999)를 참고할 수 있다. 점진적 학습 원리는 일부 연결주의 학습 모형에서 중요한 역할을 한다. 예를 들어 Elman(1991a, b)을 확인하고, Karmiloff-Smith(1992) 도 참고해 볼 수 있다. 필요 시점에 제공되는 명시적 정보에 관한 원리는 현대 직장에서의 학습과 사고에 관한 연구에서 큰 역할을 해왔다. 이에 대해서는 Gee, Hull 및 Lankshear(1996)를 찾아보자. 이 장에서 다룬 학습 원리 전반에 대해서는 Gee(1994)와 인용 자료들을 확인해 보자.

6장

1. 문화 모형에 관한 주요 문헌은 D'Andrade(1995), D'Andrade & Strauss(1992), Holland, Lachicotte, Skinner & Cain(1998), Holland & Quinn(1987), Shore (1996), 그리고 Strauss & Quinn(1997)를 참고해 보자.

2. 고등학교 물리 수업의 예는 Hammer(1996a)에서 가져왔다. 세계에 대한 일상의 이해 방식과 과학적 이해 방식 사이의 관계, 그리고 이 둘을 연결하는 방법에 대해서는

diSessa(2000), Hammer(1996a, b)와 Minstrell(2000)를 확인해 보자.
3. 오퍼레이션 플래시포인트에 대한 설명은 2002년 3월 18일자 게임질라 닷컴(www.gamezilla.com) 리뷰를 참고했다.

7장

1. 게임의 사회적 성격과 대규모 멀티플레이어 게임에 관한 연구는 Castranova(2005), Steinkuehler(2006), Taylor(2006)를 참고해 보자.
2. 사회문화적 접근법에 관한 문헌은 방대하다. 다양한 관점을 접하고 싶다면 다음을 확인해 보자. Bereiter(1994), Brown(1994), Cobb, Yackel, 및 McClain(2000), Delpit(1995), Engestrom, Miettinen, 및 Punamaki(1999), Gee(2004), Kirshner 및 Whitson(1997), Lave 및 Wenger(1991), Lee 및 Smagorinsky(1999), Moll(1992), Wenger(1998), Wertscho(1998), Wertsch, Del Rio, 및 Alvarez(1995).
3. 체화된 경험 내에서 패턴 인식을 강조하는 마음의 관점에 대해서는 제4장 참고 문헌에서의 연결주의적 관점을 확인해 보자. 분산된 지식(혹은 분산된 인지)에 대해서는 Brown(1994), Brown, Collins 및 Dugid(1989), Hutchins(1995), Latour(1999, 2005)를 참고할 수 있다. Lave의 연구에 대해서는 Lave(1988, 1996, pp.161, 157) 및 Lave와 Wenger(1991)를 살펴보자. Brown과 Campione의 교실에 대해서는 Brown(1994), Brown 및 Campione(1994), Brown, Ash, Rutherford, Nakagawa, Gordon 및 Campione(1993, p.191)를 참고하자. 상호 교수법에 대해서는 Brown 및 Palincsar(1989)를 확인하고, 직소 학습법에 대해서는 Aronson(1978)을 살펴보라. 근접 발달 영역에 대해서는 Vygotsky(1978)를 찾아보자.
4. 학습과학 분야에서 Brown과 Campione의 연구와 유사한 강점을 가진 다른 교육 접근법에 대해서는 Sawyer(2006)에 실린 여러 논문을 참고할 수 있다. 게임을 활용한 접근법에 대해서는 Shaffer(2007)를 확인해 볼 수 있다.
5. 친교 집단 개념은 Beck(1992, 1994), Rifkin(2000), Wenger(1998)의 연구와 현대 직장에 관한 연구를 결합하여 영감을 받았다. 이에 대해서는 Gee, Hull, 및 Lankshear(1996), Gee(2004)를 참고할 수 있다. 나는 새로운 자본주의(산업과 위계가 아닌 지식과 네트워크의 자본주의)에 대해 비판적 입장이 있으나, 여기서 다루지는 않는다. 이에 대한 비판은 Gee, Hull, 및 Lankshear(1996)와 Sennett(2006)를 확인하라. 학습자를 내부자로 여기는 것은 현대 비즈니스에서 소비자를 내부자 및 생산자로 만드는 경향이 있는 공통 원칙이다. 이에 대해서는 Kelly(1998)와 Rifkin(2000)을 살펴보자.
6. 하프라이프에 대한 두 개의 리뷰는 각각 1998년 12월 4일 www.avault.com/

reviews/review에 기고한 Email Pagliarulo의 리뷰와 1999년 1월 12일 www.gamezilla.com/reviews에 기고한 Shaffer Buttars가 리뷰에서 가져왔다. Salon.com에서 인용한 내용은 Wagner James Au의 "Triumphs of the Mod,"(2002년 4월 16일 기고, p.2)에서 발췌했다.

8장

1. 플로우 혹은 몰입의 개념에 대해서는 Csikszentmihalyi(1990)의 연구를 참고해 보자. 사람들이 언어의 의미를 정말로 이해하기 위해서는 그 언어가 지시하는 경험 즉, 그 언어와 관련된 일련의 행동, 이미지, 대화와 결속되어야 한다고 제안하는 연구들에 관해서는 Gee(2004)와 그 안의 참고 문헌들을 살펴보자. 이 책의 1판과 2판이 출판되는 사이에 게임과 학습에 관해 내가 쓴 논문들은 Gee(2007b)에 종합되어 있다.
2. Jonathan Rose의 책에서 인용된 내용은 책 45쪽에서 확인할 수 있다.

참고 문헌

Alvermann, D. E., Moon, J. S., and Hagood, M. C. (1999). *Popular culture in the classroom: Teaching and researching critical media literacy*. Newark, DE: International Reading Association and National Reading Conference.

Anderson C. A. and Bushman, B. J. (2001). Effects of violent video-games on aggressive behavior, aggressive cognition, aggressive affect, physiological arousal, and prosocial behavior: A meta-analytic review of the literature. *Psychological Science* 12: 353-359.

Anderson, C. A. and Dill, K. E. (2000). Video games and aggressive thoughts, feelings, and behavior in the laboratory and in life. *Journal of Personality and Social Psychology* 78: 772-790.

Aronson, E. (1978). *The jigsaw classroom*. Beverly Hills, Calif.: Sage.

Bakhtin, M. M. (1986). *Speech genres and other late essays*. Austin: University of Texas Press.

Barsalou, L. W. (1999a). Language comprehension: Archival memory or preparation for situated action. *Discourse Processes* 28: 61-80.

Barsalou, L. W. (1999b). Perceptual symbol systems. *Behavioral and Brain Sciences* 22: 577-660.

Barton, D. (1994). *Literacy: An introduction to the ecology of written language*. Oxford: Blackwell.

Bauman, Z. (2000). *Individualized society*. Cambridge: Polity Press.

Beach, K. (1999). Consequential transitions: A sociocultural expedition beyond transfer in education. *Review of Research in Education* 24: 101-139.

Beaufort, A. 1999). *Writing in the real world; Making the transition from school to work*. New York: Teachers College Press.

Beck, U. (1992), *Risk society*. London: Sage.

Beck, U. (1994). *Ecological politics in the age of risk*. Cambridge: Polity.

Beck, U., Giddens, A., and Lash, S. (1994), *Reflexive modernization: Politics, traditions and esthetics in the modern social order*. Stanford, Calif.: Stanford University Press.

Bereiter, C. (1994). Constructivism, socioculturalism, and Popper's World 3. *Educational Researcher* 23: 21-23.

Bereiter, C, and Scardamalia (1989). *Surpassing ourselves: An inquiry into the nature and implications of expertise*. Chicago: Open Court.

Bransford, J. D., Brown, A. L., and Cocking, R. R., eds. (1999). *How people learn: Brain, mind, experience, and school.* Washington, D.C.: National Academy Press.

Bransford, J. D., and Schwartz, D. L. (1999). Rethinking transfer: A simple proposal with multiple implications. *Review of Research in Education* 24: 61-100.

Brooks, R. A. (2002). *Flesh and machines: How robots will change us.* New York: Pantheon Books.

Brown, A. L. (1994). The advancement of learning. *Educational Researcher* 23: 4-12.

Brown, A. L., Ash, D., Rutherford, M., Nakagawa, K., Gordon, A., and Campione, J. (1993). Distributed expertise in the classroom. In G. Salomon, ed., *Distributed cognitions: Psychological and educational considerations.* New York: Cambridge University Press, pp. 188-228.

Brown, A. L., and Campione, J. C. (1994). Guided discovery in a community of learners. In K. McGilly, ed., *Classroom lessons: Integrating cognitive theory and classroom practice.* Cambridge, Mass.: MIT Press, pp. 229-270.

Brown, A. L., Collins, A., and Dugid (1989). Situated cognition and the culture of learning. *Educational Researcher* 18: 32-42.

Brown, A. L., and Palincsar, A. S. (1989). Guided, cooperative learning and individual knowledge acquisition. In L. B. Resnick, ed., *Knowing, learning, and instruction: Essays in honor of Robert Glaser.* Hillsdale, N.J.: Lawrence Erlbaum, pp. 393-451.

Bruer, J. T. (1993). *Schools for thought: A science of learning in the classroom.* Cambridge, Mass.: MIT Press.

Castells, M. (1996). *The information age: Economy, society, and oulture, volume 1: The rise of the network society.* Oxford: Blackwell.

Castranova, E. (2005). *Synthetic worlds: The business and culture of online gaming.* Chicago: University of Chicago Press.

Chi, M. T. H., Feltovich, P. J., and Glaser, R. (1981). Categorization and representation of physics problems by experts and novices. *Cognitive Science* 13: 145-182.

Churchland, P. M. (1989). *A neurocomputational perspective: The nature of mind and the structure of science.* Cambridge, Mass.: MIT Press.

Churchland, P. S. (1986). *Neurophilosophy: Toward a unified science of the mind/brain.* Cambridge, Mass.: MIT Press.

Churchland, P. S., and Sejnowski, T. J. (1992). *The computational brain.* Cambridge, Mass.: Bradford/MIT Press.

Clancey, W. (1997). *Situated cognition: On human knowledge and computer representations.* Cambridge: Cambridge University Press.

Clark, A. (1989). *Microcognition: Philosophy, cognitive science, and parallel distributed processing*. Cambridge, Mass.: MIT Press.

Clark, A. (1993). Associative engines: Connectionism, concepts, and representational change. Cambridge: Cambridge University Press.

Clark, A. (1997). *Being there: Putting brain, body, and world together again*. Cambridge, Mass.: MIT Press.

Cobb, P., Yackel, E., and McClain, K., eds. (2000). *Symbolizing and communicating in mathematics classrooms: Perspectives on discourse, tools, and instructional design*. Mahwah, N.J.: Lawrence Erlbaum.

Coe, R. M., Lingard, L., and Teslenko, eds. (2001). *The rhetoric and ideology of genre: Strategies for stability and change*. Cresskill, N.J.: Hampton Press.

Cognition and Technology Group at Vanderbilt (1997). *The Jasper Project: Lessons in curriculum, instruction, assessment, and professional development*. Mahwah, N.J.: Lawrence Erlbaum.

Collins, A. (2006). Cognitive Apprenticeship. In R. K. Sawyer, ed., *The Cambridge handbook of the learning sciences*. Cambridge: Cambridge University Press, pp. 47-60.

Cope, B., and Kalantzis, M., Eds. (2000). *Multiliteracies: Literacy learning and the design of social futures*. London: Routledge.

Csikszentmihalyi, M. (1990). *Flow: The psychology of optimal experience*. New York: Harper Collins.

D'Andrade, R. (1995). *The development of cognitive anthropology*. Cambridge: Cambridge University Press.

D'Andrade, R., and Strauss, C., eds. (1992). *Human motives and cultural models*. Cambridge: Cambridge University Press.

Delpit, L. (1995). *Other people's children: Cultural conflict in the classroom*. New York: The New Press.

Dias, P., Freedman, A., Medway, P., and Pare, A., eds. (1999). *Worlds apart: Acting and writing in academic and workplace contexts*. Mahwah, N.J.: Lawrence Erlbaum.

Dias, P., Pare, A., and Farr, M., eds. (2000). *Transitions: Writing in academic and workplace settings*. Cresskill, N.J.: Hampton Press.

diSessa, A. A. (2000). *Changing minds: Computers, learning, and literacy*. Cambridge, Mass.: MIT Press.

Edwards, D., and Mercer, N. (1987). *Common knowledge: The development of understanding in the classroom*. London: Methuen.

Elman, J. (1991a). Distributed representations, simple recurrent networks and grammatical structure. *Machine Learning* 7: 195-225.

Elman, J. (1991b). *Incremental learning, or the importance of starting small*. Technical Report 9101, Center for Research in Language, University of

California at San Diego.

Engestrom, Y., Miettinen, R., and Punamaki, R. L., eds. (1999). *Perspectives on activity theory*. Cambridge: Cambridge University Press.

Erikson, E. (1968). *Identity, youth and crisis*. New York: Norton.

Finn, P. J. (1999). *Literacy with an attitude: Educating working-class children in their own self-interest*. Albany, N.Y.: State University of New York Press.

Fleck, L. (1979, org. 1935). *The genesis and development of a scientific fact*. Chicago: University of Chicago Press.

Foucault, M. (1980). *Power/knowledge: Selected interviews and other writings 1972-1977*. Ed. by C. Gordon, L. Marshall, J. Meplam, and K. Soper. Brighton, Sussex: The Harvester Press.

Freire, P. (1995). *The pedagogy of the oppressed*. New York: Continuum.

Gardner, H. (1991). *The unschooled mind: How children think and how schools should teach*. New York: Basic Books.

Gee, J. P. (1992). *The social mind: Language, ideology, and social practice*. New York: Bergin and Garvey.

Gee, J. P. (1994). First language acquisition as a guide for theories of learning and pedagogy. *Linguistics and Education* 6: 331-354.

Gee, J. P. (1996). *Social linguistics and literacies: Ideology in Discourses*, 2nd ed. London: Taylor and Francis.

Gee, J. P. (1997). Thinking, learning, and reading: The situated sociocultural mind. In D. Kirshner and J. A. Whitson, eds., *Situated cognition: Social, semiotic, and psychological perspectives*. Norwood, N.J.: Lawrence Erlbaum, pp. 235-259.

Gee, J. P. (1999). Reading and the New Literacy Studies: Reframing the National Academy of Sciences' Report on Reading. *Journal of Literacy Research* 31: 355-374.

Gee, J. P. (1999b). *An introduction to discourse analysis: Theory and method*. London: Routledge.

Gee, J. P. (2001). Progressivism, critique, and socially situated minds. In C. Dudley-Marling and C. Edelsky, eds., *The fate of progressive language policies and practices*. Urbana, Ill.: National Council of Teachers of English, pp. 31-58.

Gee, J. P. (2004). *Situated language and learning: A Critique of traditional schooling*. London: Routledge.

Gee, J. P. (2005a). *Why video games are good for your soul: Pleasure and learning*. Melbourne: Common Ground.

Gee, J. P. (2005b). *An introduction to discourse analysis: Theory and method*. 2nd ed. London: Routledge.

Gee, J. P. (2007a). *Social linguistics and literacies: Ideology in Discourses*, 3rd ed. London: Taylor and Francis.

Gee, J. (2007b). *Good video games and good learning: Collected essays on video games, learning and literacy.* New York: Peter Lang.

Gee, J. P., Hull, G., and Lankshear, C. (1996). *The new work order: Behind the language of the new capitalism.* Boulder, Colo.: Westview Press.

Giddens, A. (1991). *Modernity and self-identity.* Cambridge: Polity Press.

Giddens, A. (1992). *The transformation of intimacy.* Cambridge: Polity Press.

Glenberg, A. M. (1997). What is memory for? *Behavioral and Brain Sciences* 20: 1-55.

Glenberg, A. M., Gutierrez, T., Levin, J. R., Japuntich, S., and Kaschak, M. P. (2004). Activity and imagined activity can enhance young children's reading comprehension. *Journal of Educational Psychology* 96: 424-436.

Glenberg, A. M., and Robertson, D. A. (1999). Indexical understanding of instructions. *Discourse Processes* 28: 1-26.

Greenfield, P. (1984). *Media and the mind of the child: From print to television, video games and computers.* Cambridge, Mass.: Harvard University Press.

Greider, W. (1997). *One world, ready or not: The manic logic of global capitalism.* New York: Simon and Schuster.

Hacking, I. (1995). *Rewriting the soul: Multiple personality and the sciences of memory.* Princeton, N.J.: Princeton University Press.

Hacking, I. (1998). *Mad travelers: Reflections on the reality of transient mental illnesses.* Charlottesville: University of Virginia Press.

Hammer, D. (1996a). More than misconceptions: Multiple perspectives on student knowledge and reasoning, and an appropriate role for education research. *American Journal of Physics* 64: 1316-1325.

Hammer, D. (1996b). Misconceptions or p-prims: How may alternative perspectives of cognitive structure influence instructional perceptions and intentions? *Journal of the Learning Sciences* 5: 97-127.

Hawkins, J. (2004). *On intelligence.* New York: Henry Holt.

Hayes, E. (2007). Girls, gaming, and trajectories of technological expertise. In Kafai, Y. B., Heeter, C., Denner, J., and Sun, J., eds., *Beyond Barbie and Mortal Kombat: New perspectives on gender, games, and computing.* Cambridge, Mass.: MIT Press.

Heath, S. B. (1983). *Ways with words: Language, life and work in communities and classrooms.* Cambridge: Cambridge University Press.

Herz, J. C. (1996). *Joystick nation.* Boston: Little, Brown and Company.

Holland, D., Lachicotte, W., Skinner, D., and Cain, C. (1998). *Identity and agency in cultural worlds.* Cambridge, Mass.: Harvard University Press.

Holland, D., and Quinn, N. eds. (1987). *Cultural models in language and thought.* Cambridge: Cambridge University Press.

Hutchins, E. (1995). *Cognition in the wild.* Cambridge, Mass.: MIT Press.

Jenkins, H. (2006). *Convergence culture: Where old and new media collide.* New

York: New York University Press.

Johnson, S. (2005). *Everything bad for you is good for you: How today's popular culture is actually making us smarter.* New York: Riverhead.

Juul, J. (2005). *Half-real: Video games between real rules and fictional worlds.* Cambridge, Mass.: MIT Press.

Kafai, Y.B., Heeter, C., Denner, J., and Sun, J., eds. (2007). *Beyond Barbie and Mortal Kombat: New perspectives on gender, games, and computing.* Cambridge, Mass.: MIT Press.

Karmiloff-Smith, A. (1992). *Beyond modularity: A developmental perspective on cognitive science.* Cambridge, Mass.: MIT Press.

Kelly, K. (1998). *New rules for the new economy: Ten radical strategies for a connected world.* New York: Viking.

Kent, S. L. (2001). *The ultimate history of video games: The story behind the craze that touched our lives and changed the world.* New York: Three Rivers Press.

Kestenbaum, G. I. and Weinstein, L. (1985). Personality, psychopathology and developmental issues in male adolescent video game use. *Journal of the American Academy of Child Psychiatry* 24: 329-337.

King, L., ed. (2002). *Game on: The history and culture of video games.* New York: Universe Publishing.

Kirschner, P. A., Sweller, J., and Clark, R. E. (2006). Why minimal guidance during instruction does not work: An analysis of the failure of constructivist, discovery, problem-based, experiential, and inquiry-based teaching. *Educational Psychologist* 41: 75-86.

Kirshner, D., and Whitson, J. A., eds. (1997). *Situated cognition: Social, semiotic, and psychological perspectives.* Mahwah, N.J.: Lawrence Erlbaum.

Kolodner, J. L. (1993). *Case-based reasoning.* San Mateo, Calif.: Morgan Kaufmann Publishers.

Kolodner, J. L. (1997). Educational implications of analogy: A view from case-based reasoning. *American Psychologist* 52: 57-66.

Kolodner, J. L. (2006). Case-based reasoning. In R. K. Sawyer, ed., *The Cambridge handbook of the learning sciences.* Cambridge: Cambridge University Press, pp. 225-242.

Koster, R. (2004). *A theory of fun for game design.* Scottsdale, Ariz.: Paraglyph Press.

Kress, G. (1985). *Linguistic processes in sociocultural practice.* Oxford: Oxford University Press.

Kress, G. (1996). *Before writing: Rethinking paths into literacy.* London: Routledge.

Kress, G. (2003). *Literacy in the new media age.* London: Routledge.

Kress, G., Jewitt, C., Ogborn, J., and Tsatsarelis, C. (2001). *Multimodal teaching and learning: The rhetorics of the science classroom.* London: Continuum.

Kress, G., and van Leeuwen, T. (1996). *Reading images: The grammar of visual design*. London: Routledge.

Kress, G., and van Leeuwen, T. (2001). *Multimodal discourse: The modes and media of contemporary communication*. London: Edward Arnold.

Lakoff, G. (1987). *Women, fire, and dangerous things: What categories reveal about the mind*. Chicago: University of Chicago Press.

Lakoff, G., and Johnson, M. (1980). *Metaphors we live by*. Chicago: University of Chicago Press.

Latour, B. (1999). *Pandora's hope: Essays on the reality of science studies*. Cambridge, Mass.: Harvard University Press.

Latour, B. (2005). *Reassembling the social: An introduction to Actor-Network-Theory*. Oxford: Oxford University Press.

Lave, J. (1988). *Cognition in practice*. Cambridge: Cambridge University Press.

Lave, J. (1996). Teaching, as learning, in practice. *Mind, Culture, and Activity* 3: 149-164.

Lave, J., and Wenger, E. (1991). *Situated learning: Legitimate peripheral participation*. Cambridge: Cambridge University Press.

Lee, C. D., and Smagorinsky, P., eds. (1999). *Vygotskian perspectives on literacy research: Constructing meaning through collaborative inquiry*. Cambridge: Cambridge University Press.

Lemke, J. (1990). *Talking science: Language, learning, and values*. Norwood, NJ.: Ablex.

Loftus, G. R., and Loftus, E. F. (1983). *Mind at play: The psychology of video games*. New York: Basic Books.

Margolis, H. (1987). *Patterns, thinking, and cognition: A theory of judgment*. Chicago: University of Chicago Press.

Margolis, H. (1993). *Paradigms and barriers: How habits of mind govern scientific beliefs*. Chicago: University of Chicago Press.

Martin, E. (1995). *Flexible bodies: Tracking immunity in American culture: From the days of polio to the age of AIDS*. New York: Beacon.

Martin, J. R. (1990). Literacy in science: Learning to handle text as technology. In Francis Christe, ed., *Literacy for a changing world*. Melbourne: Australian Council for Educational Research, pp. 79-117.

Mayer, R. E. (1992). *Thinking, problem-solving, cognition*, 2nd ed. New York: Freeman.

Medlin, D. L., Lynch, E. B., and Coley, J. D. (1997). Categorization and reasoning among tree experts: Do all roads lead to Rome? *Cognitive Psychology* 32: 49-96.

Miller, L. S. (1995). *An American imperative: Accelerating minority educational advancement*. New Haven, Conn.: Yale University Press.

Minstrell, J. (2000). Student thinking and related assessment: Creating a facet-based learning environment. In N. S. Raju, J. W. Pelligrino, M. W. Bertenthal, K. J. Mitchell, and L. R. Jones, eds., *Grading the nation's report card: Research from the evaluation of NAEP*. Washington, D.C.: National Academy Press, pp. 44-73.

Mishler, E. (2000). *Storylines: Craftartists' narratives of identity*. Cambridge, Mass.: Harvard University Press.

Moll, L., ed. (1992). *Vygotsky and education: Instructional implications and applications of sociohistorical psychology*. Cambridge: Cambridge University Press.

New London Group (1996). A pedagogy of multiliteracies: Designing social futures. *Harvard Educational Review* 66: 60-92.

Nolan, R. (1994). *Cognitive practices: Human language and human knowledge*. Oxford: Blackwell.

Ogborn, J., Kress, G., Martins, I., and McGillicuddy, K. (1996). *Explaining science in the classroom*. Buckingham, U.K.: Open University Press.

Pelligrino, J. W., Chudowsky, N., and Glaser, R. (2001). *Knowing what students know: The science and design of educational assessment*. Washington, D.C.: National Academy Press.

Pinker, S. (1999). *How the mind works*. New York: Norton.

Poole, S. (2000). *Trigger happy: Videogames and the entertainment revolution*. New York: Arcade.

Rifkin, J. (2000). *The age of access: The new culture of hypercapitalism where all of life is a paid-for experience*. New York: Jermey P. Tarcher/Putnam.

Rogoff, B. (1990). *Apprenticeship in thinking: Cognitive development in social context*. New York: Oxford University Press.

Rose, J. (2001). *The intellectual life of the British working classes*. New Haven, Conn.: Yale University Press.

Rumelhart, D. E., McClelland, J. L., and the PDP Research Group (1986). *Parallel distributed processing: Explorations in the microstructure of cognition, vol. 1: Foundations*. Cambridge, Mass.: MIT Press.

Salin, K. and Zimmerman, E. (2003). *Rules of play: Game design fundamentals*. Cambridge, Mass.: MIT Press.

Salin, K. and Zimmerman, E. (2005). The game design reader: *A Rules of Play* anthology. Mass.: MIT Press.

Sawyer, R. K., ed. (2006). *The Cambridge handbook of the learning sciences*. Cambridge: Cambridge University Press.

Scardamalia, M. and Bereiter, C. (2006). Knowledge building: Theory, pedagogy, and technology. In R. K. Sawyer, ed., *The Cambridge handbook of the learning sciences*. Cambridge: Cambridge University Press, pp. 97-115.

Schank, R. C. (1982). *Dynamic memory*. New York: Cambridge University Press.

Schank, R. C. (1999). *Dynamic memory revisited*. New York: Cambridge University Press.

Schon, D. A. (1987). *Educating the reflective practitioner*. San Francisco, Calif.: Jossey-Bass.

Schwartz, D. L. and Heiser, J. (2006). Spatial representations and imagery in learning. In R. K. Sawyer, ed., *The Cambridge handbook of the learning sciences*. Cambridge: Cambridge University Press, pp. 283-298.

Scollon, R., and Scollon, S. B. K. (1981). *Narrative, literacy, and face in interethnic communication*. Norwood, N.J.: Ablex.

Scribner, S., and Cole, M. (1981). *The psychology of literacy*. Cambridge, Mass.: Harvard University Press.

Sennett, R. (2006). *The culture of the new capitalism*. New Haven: Yale University Press.

Shaffer, D. W. (2007). *How Computer Games Help Children Learn*. New York: Palgrave Macmillan.

Sherry, J. L. (2006). Would the great and might Oz play *Doom*?: A look behind the curtain of violent video game research. In P. Messaris and L. Humphreys, eds., *Digital media: Transformations in human communication*. New York: Peter Lang, pp. 225-236.

Shore, B. (1996). *Culture in mind: Cognition, culture, and the problem of meaning*. New York: Oxford University Press.

Steinkuehler, C. A. (2006). Massively multiplayer online videogaming as participation in a Discourse. *Mind, Culture, and Activity* 13: 38-52.

Sternberg, R., and Grigorenko, E. L. (1999). *Our labeled children: What every parent and teacher needs to know about learning disabilities*. New York: Perseus.

Sternheimer, K. (2003). *It's not the media: The truth about pop culture's influence on children*. Cambridge, Mass.: Westview Press.

Strauss, C., and Quinn, N. (1997). *A cognitive theory of cultural meaning*. Cambridge: Cambridge University Press.

Street, B. (1984). *Literacy in theory and practice*. Cambridge: Cambridge University Press.

Street, B. (1995). *Social literacies: Critical approaches to literacy in development, ethnography and education*. London: Longman.

Taylor, C. (1989). *Sources of the self: The making of the modern identity*. Cambridge, Mass.: Harvard University Press.

Taylor, C. (1992). *The ethics of authenticity*. Cambridge, Mass.: Harvard University Press.

Taylor, C. (1994). The politics of recognition. In C. Taylor, K. A. Appiah, S. C. Rockefeller, M. Waltzer, and S. Wolf (1994), *Multiculturalism: Examining the politics of recognition*. Ed. by A. Gutman. Princeton, N.J.: Princeton University Press, pp. 25-73.

Taylor, T. L. (2006). *Play between worlds: Exploring online game culture*. Cambridge, Mass.: MIT Press.

Tomasello, M. (1999). *The cultural origins of human cognition*. Cambridge, Mass.: Harvard University Press.

Varenne, H., and McDermott, R. (1998). *Successful failure: The school America builds*. Boulder, Colo.: Westview Press.

Vygotsky, L. S. (1978). *Mind in society: The development of higher psychological processes*. Cambridge, Mass.: Harvard University Press.

Wenger, E. (1998). *Communities of practice: Learning, meaning, and identity*. Cambridge: Cambridge University Press.

Wertsch, J. V. (1998). *Mind as action*. Oxford: Oxford University Press.

Wertsch, J. V., Del Rio, P., and Alvarez, A., eds. (1995). *Sociocultural studies of mind*. Cambridge: Cambridge University Press.

**게임에서
배우는
학습 원리**

2024년 9월 20일 초판 1쇄 찍음
2024년 9월 30일 초판 1쇄 펴냄

지은이 제임스 폴 지
옮긴이 조병영
편집 이근영·조유리
디자인 김진운
본문조판 민들레

펴낸이 윤철호
펴낸곳 ㈜사회평론아카데미
등록번호 2013-000247(2013년 8월 23일)
전화 02-326-1545
팩스 02-326-1626
주소 (03978) 서울특별시 마포구 월드컵북로6길 56
이메일 academy@sapyoung.com
홈페이지 www.sapyoung.com

ISBN 979-11-6707-164-4(93370)